Reformed Dogmatics
改革派教義学
7

終末論

牧田吉和
Yoshikazu Makita

一麦出版社

目次

序　論　9

 A．名称について　9

 B．終末論の取り扱う内容　10

 C．終末論の教義学における位置　11
  1．伝統的教義学における終末論の位置についての問題点　11
  2．教義学における終末論の決定的重要性　12
  3．教義学における「始源論」（Protology）と「終末論」（Eschatology）との関係性　15

 D．終末論の取り扱いにおける基本姿勢　16
  1．「聖書的限界」の中で　17
  2．「未来論」との区別の中で　17
  3．再臨の主キリストに対する信仰的姿勢の中で　18

Ⅰ．聖書における救いの歴史と終末論　22

 A．創造と終末　22
  1．創世記1章1節－2章3節における終末的契機　23
  2．創世記2章4－25節における終末的契機　24

 B．堕落後における終末的救いの約束　26

- C. 旧約における「主の日」・「終わりの日」などの意味　28
  1. 旧約における終末論の前提的根本問題　29
  2. 旧約における「主の日」とは何か　30
  3. まとめ　34

- D. 実現した終末的救い　35
  1. 旧約における終末的救いの約束とキリストの到来との関係　35
  2. キリストの十字架と復活の終末論的意味　38
  3. 聖霊降臨とそれ以降の「今」の時代の終末論的意味　39

- E. 実現した終末的救いの最終的完成　42

II. 歴史における終末論　47

- A. 教理史における終末論の未成熟　47
  1. 使徒時代から5世紀初頭まで　48
  2. 5世紀初頭から宗教改革まで　48
  3. 宗教改革から19世紀まで　50

- B. 20世紀における終末論　51
  1. 20世紀における終末論の復権　51
  2. 終末論の二つの類型
     ——「年代史的・水平的終末論」と「価値論的・垂直的終末論」　53
  3. 「超越論的終末論」
     ——K. バルトの場合，P. アルトハウスの場合　56
  4. 「超越論的終末論」の軌道修正　60
  5. 「実存論的終末論」——R. ブルトマンの場合　61
  6. 「現在的終末論」——C. H. ドッドの場合　63
  7. 「年代史的終末論」——O. クルマンの場合，J. モルトマンの場合，A. ファン・ルーラーの場合　67

    8.「年代史的・水平的終末論」と「価値論的・垂直的終末論」との関係 87

Ⅲ. 個人的終末論 103

　序として 103

　A. 肉体的死 105
　　1. 肉体的死についての聖書的理解 105
　　2. 肉体的死の聖書的理解の特質——ソクラテスの死とイエスの死 111
　　3. 聖書的死生観と日本的死生観 112

　B. 信者にとっての死の意味 113
　　1. 問題の所在 113
　　2. 解放としての死と神の愛 114
　　3. 聖化の手段としての死 115

　C.「霊魂の不滅の教理」の問題性 117
　　1. 問題の所在——ギリシア的思惟における霊魂の不滅性 117
　　2. 聖書は「霊魂の不滅性」を教えているのか？ 119
　　3.「霊魂の不滅性」の神学的取り扱いの注意点 121

　D.「中間状態」(status intermedius) について 123
　　1. 中間状態の教理の歴史的展開 123
　　2. 旧約聖書における中間状態の理解 124
　　3. 新約聖書における中間状態の理解 127
　　4. カルヴァンと歴史的改革派神学における中間状態の理解 133

　E. 中間状態についての非聖書的見解 138
　　1. ローマ・カトリック教会の「煉獄」の教理 138

2.「練獄」の教理に対する宗教改革者の立場　140
　　3.「父祖リンボ界」の教理　141
　　4.「幼児リンボ界」の教理　141
　　5.「霊魂睡眠説」　142
　　6.「霊魂絶滅説」あるいは「条件的不死説」　142
　　7.「再試験説」　143
　　8.「中間状態についての非聖書的見解」についてのまとめ　146

　F.【付論】幼児の死の問題　147
　　1.「ドルトレヒト信仰規準」の場合　147
　　2.「ウェストミンスター信仰告白」の場合　149
　　3. C. ホッジ，B. B. ウォーフィールドの場合　151
　　4. 本書の立場　152

　G. 中間状態についての教会論的理解の重要性
　　　──個人化への流れに抗して　153
　　1.「天上の教会」への"転籍"としての死　154
　　2.「天上の教会」と「地上の教会」との関係　155
　　3. 先に召された聖徒との礼拝的交わりの牧会的意味　157

Ⅳ. 一般的終末論　168

　A. 時のしるし　168
　　1.「時のしるし」としての諸事象　169
　　2.「時のしるし」の問題性　170
　　3. 聖書の救済史的構造と「時のしるし」　172
　　4. 神の恵みを示す「時のしるし」　174
　　5. 神との対立を示す「時のしるし」　182
　　6. 神の裁きを示す「時のしるし」　190

B. 千年王国をめぐる諸見解　191
　　序として　191
　1. 千年王国論にかんする教理史的検討　193
　2. 「無千年王国説」（Amillennialism）　200
　3. 「千年王国後再臨説」（Postmillennialism）　204
　4. 【付論】「キリスト教再建主義」（Christian Reconstructionism）の問題　209
　5. 「歴史的千年王国前再臨説」（Historical Premillennialism）　213
　6. 「契約期分割主義的千年王国前再臨説」（Dispensational Premillennialism）　217

C. キリストの再臨　226
　1. 救済の歴史的事実としてのキリストの再臨　226
　2. 「第一の来臨」と「第二の来臨」との関係　228
　3. キリストの再臨の諸要素　229
　4. 【付論】「中間時」の隠れたキリストの臨在と「再臨時」のキリストの可見的顕現との関係──聖餐との関連において──　233
　5. 再臨の遅延の問題とキリストを待ち望む姿勢　236

D. 体の復活　239
　1. 体の復活とその一回性　239
　2. 聖書的使信の中心としてのキリストに結び合わされた者の復活　240
　3. 復活の体の性質　241
　4. 復活の体とその宇宙論的意味　243

E. 最後の審判　245
　1. 審判者キリスト　245
　2. 審判の規準　247
　3. 審判の対象　247
　4. 最後的分離　249

5. 最後的分離に反対する諸見解　251
　　6. 現代神学における普遍救済主義の問題
　　　　——E. ブルンナーの場合，K. バルトの場合　254

F. 新しい天と地　257
　　1. 見失われてきたテーマ　257
　　2. 歴史における終末論の宇宙論的側面の弱体化　259
　　3. 終末論における宇宙論的次元の重要性　261
　　4. この世界は絶滅するのか？
　　　　——いわゆる"アニヒラチオ"（annihilatio）の問題　264
　　5. 「更新」（renovatio）としての新しい創造　265

G. 栄光の神の国におけるキリストの問題　271
　　1. 神の国の完成　271
　　2. 受肉の放棄？　272
　　3. 栄光の神の国における「キリスト中心性"と"神中心性」　275
　　4. 結論的要約　276

H. 栄光の神の国における「永遠の命」　277
　　1. 「永遠の命」の本質　277
　　2. 「永遠の命」の包括的理解の重要性　279
　　3. 「永遠の命」における対神関係——「神を喜ぶこと」　280
　　4. 【付論】「神を見ること」（visio Dei）をめぐる問題性　282
　　5. 「永遠の命」における対自関係——「自分を喜ぶこと」　286
　　6. 「永遠の命」における対人関係
　　　　——「隣人を喜び，聖徒の交わりを喜ぶこと」　287
　　7. 「永遠の命」における対世界関係——「世界を喜ぶこと」　289
　　8. 頌栄と祈り　291

参考文献　302
あとがき　311

序　論

A. 名称について

　教義学において,「終末論」は,英語では「エスカトロジー」(Eschatology),ドイツ語では「エスカトロギー」(Eschatologie) と呼称される．これは,ギリシア語の「ト・エスカトス」(to eschatos)（単数）あるいは「タ・エスカタ」(ta eschata)（複数）という言葉と,「ロゴス」(logos) という言葉の組み合わせによって成立した言葉である．前者は「終わりのこと」あるいは「最後のこと」という意味をもっており,後者は「ことば」とか「教え」という意味をもつ．したがって,「終末論」(Eschatology, Eschatologie) とは,「最後のことがらの教え」を意味している．

　しかし,教義学において,終末論がいつも上記のように呼称されてきたわけではない．歴史的には,多様な名称が用いられてきた．たとえば,「肉体の復活と最後の審判について」「栄化について」「永遠の時代について」「最後的刷新あるいは終末について」「神の国の完成について」「教会の完成について」「神の共同体の完成について」「時代の完成について」などというさまざまな名称が用いられてきたのである[1].

　「エスカトロギー」(Eschatologie) という名称自体は,Th. クリフォート (Th. Kliefort) によって,彼の著『キリスト教終末論』(*Christliche Eschatologie*, 1886) ではじめて用いられたものであり,比較的新しい．しかし,今日ではほぼこの用語が定着していると言ってよいであろう．

B. 終末論の取り扱う内容

　終末論が取り扱う対象は，内容的には二つの主要部分に分類できる．終末論は「最後のことがらの教え」であるが，"個としての人間存在の最後のことがら"と"歴史と世界の最後のことがら"とに分類できる．事実，教義学は伝統的に両者を区別して取り扱ってきた．通常，前者を「個人的終末論」（Individual Eschatology），後者を「一般的終末論」（General Eschatology）とよぶ．後者は時には「宇宙的終末論」（Cosmic Eschatology）ともよばれる．「個人的終末論」は，人間の死と死後の中間状態を扱う．「一般的終末論」は，キリストの再臨，復活，最後の審判，新天新地などの問題を扱う[2]．

　「一般的終末論」と「個人的終末論」との関係についてはあらためて論議することになるが，このところではひとまず以下の点を確認しておくことにする．

(1) 両方の終末論は，区別はされえても，分離されてはならず，不可分離的な関係にあること．

(2) したがって，両方の終末論が扱う具体的な個々の神学的諸問題もそれぞれ無関係に孤立しているのではなく，相互に有機的に関係していること．

(3) とりわけ，終末論が扱う「最後のことがら」，すなわち個人的終末論・一般的終末論を含むすべてのことは，自分自身を"最後の者"（ὁ ἔσχατος　黙示 22：13．他に参照，黙示 1：8，イザヤ 44：6, 48：12）と語られるお方の約束に一切は収れんするものであること．したがって，「最後のことがら」について語る場合には，一瞬たりともキリストのことを忘却してはならないこと．

　この意味において，たとえばベルカワーは「終末論」を扱う教義学研究

のタイトルそのものを「キリストの再臨」(De wederkomst van Christus)とする[3]．われわれは，その神学的意図を十分に理解することができる．確かに個別的項目としての「キリストの再臨」は終末論の取り扱いにおいて位置的には「一般的終末論」の冒頭で扱われることになる．しかし，本質的意味においてはその位置に限定されず，むしろ終末論全体の中心的位置を占め，終末論全体を内的に規定する統括的意味をもっていることに留意しなければならない[4]．このような終末論におけるキリスト論的規定については，終末論の各論においてもくり返しふれることになるであろう．

C. 終末論の教義学における位置

1. 伝統的教義学における終末論の位置についての問題点

L. ベルコフは，終末論について，彼の『組織神学』においてすでに1938年に次のように指摘している．

> 「一般的にいって，終末論は今日でさえも教義学の各論（ロキ）の中で最も発展の貧しかったものであると言える．さらに，終末論は神学の体系的取り扱いにおいてたびたびきわめて従属的な場所しか与えられてこなかったのである[5]」．

この点で，注目しておきたいのは，契約神学で有名なコクツェーウス（Johannes Coccejus, 1603-1669）の場合である．特に，コクツェーウスの教義学における終末論の取り扱いは重大な問題点を潜めていた．L. ベルコフは次のように指摘する．

> 「コクツェーウスの誤りは，彼が，諸契約の図式に従って教義学全体を配列し，そうすることによって教義学をキリスト教信仰の全真理の体系的提示というより

も，むしろ歴史的研究として取り扱ってしまったことである．そのような図式化では，終末論は歴史の最終的局面として取り扱われうるのみで，真理体系の構成要素の一つとしては全くあらわれてこないのである．最終的事柄についての歴史的議論は，『啓示史』(historia revelationis) の一部分をなすとしても，教義学の不可欠な部分として導入されることはありえないのである[6]」．

このようなコクツェーウスの取り扱いには，従来の教義学的取り扱いと体系化において聖書テキストが単に証拠聖句としてのみ機能し，歴史的釈義が無視されたことへの異議申し立てを含んでいたことは記憶しておく必要がある．しかし，コクツェーウスの試み自体は，つまるところ教義学的体系化というよりも聖書神学的取り扱いにとどまる結果となったのである．

終末論にかんして，コクツェーウスのような取り扱いが存在したことは事実であるが，歴史的改革派教義学全体としては，教義学的な意味における体系的な取り扱いを行ってきたのである．しかし，その場合でさえ，終末論が教義学の主要な教理の一つとして正当な位置を占めてきたわけではない．むしろ，他の諸教理の枠内で従属的なしかたで取り扱われたにすぎなかった．具体的には言えば，たとえば，終末論の課題は，聖徒の栄化，キリストの支配の完成と見なされ，客観的・主観的"救済論"の完成として取り扱われたのである[7]．確かに，この場合には，終末論のある部分は当然受けるべき強調を受け取ったのであるが，本来終末論で扱われるべき他の諸部分はほとんど無視される結果になったのである．

以上のように，終末論は，L. ベルコフの指摘どおり，歴史的に検証すれば改革派教義学においてもたびたび従属的にしか扱われてこなかったという問題点をもっているのである．

2. 教義学における終末論の決定的重要性

事情が以上のようであるとすれば，終末論は，改革派教義学において本

来どのような位置を占めるべきであろうか．われわれは，この問いをあらためて問わなければならない．

　終末論が，「終わりのことがらについての教え」である以上，教義学の論述の最後に位置することは理解できることである．しかし，論述の最後にくるとはいかなる意味をもつのであろうか．

　L. ベルコフは，ローマ・カトリック神学者ポール（J. Phole）の次のような言葉を引用する．「終末論は，教義学の冠であり，頂点である[8]」．しかし，この言明でもことがらはなお明瞭ではない．終末論が，教義学の冠であり，頂点であると言っても，結局は本体には影響せず，大事ではあっても最後の"飾り"にしかすぎない場合もあるからである．言うまでもなく，そのような意味で終末論は教義学の冠でも頂点でもない．

　終末論は「完成の教理」とも言われる．教義学の各論は終末論において答えを与えられない限り，ことがらは未解答のまま取り残される．すなわち，神論について言えば，三位一体の神の永遠の聖定はどのように完全に実現されるのか．すなわち，神の聖定の実行としての創造と摂理の業はどのように完成されるのか．人間論について言えば，神の似姿に創造され，しかし罪と腐敗の中に落ちた人間は，その罪の破壊的影響からどのように回復され，本来的完成に至るのか．キリスト論について言えば，キリストの贖いの御業はどのように完全な勝利を見るに至るのか．救済論について言えば，聖霊の業はどのようにキリストの体なる教会・神の民，さらにはこの世界そのものを完全な聖化へと導き，栄光化に至らせるのか．これらの諸問題は終末論においてはじめて最終的解答を得ることになる[9]．

　このように考えるならば，終末論は三位一体論的基盤において考えられなければならないことが明確になる．すなわち，終末論においては，存在論的三位一体の神を前提とし，この神の聖定に基づく経綸的三位一体の神の歴史的働き，すなわち父なる神によって創造され，キリストによって贖われ，聖霊によって聖化され完成されるという三位一体の神の歴史的働きの総括が問題となる．三位一体の神の歴史的働きの最終的完成の実体とは

何かが問われるのである．したがって，一面的にキリスト論的終末論とか，一面的に聖霊論的終末論というのは正しくない．終末論は三位一体論的バランスにおいて包括的に把握される必要があるのである[10]．

岡田稔も，終末論の重要性について次のように的確に語っている．

>「……教理学においてはその構造上，終末論は直接的には聖霊論と教会論の統合点であり，一層さかのぼると摂理論と救贖論の合流点と言えようが，更にそれは創造論に対応する終末論すなわち創造の完成論である．しかし改革派教理学においては更にさかのぼって，終末論は聖定論の完成，成就を取り扱う教理であるといわなければならない[11]」．

以上のような意味において，終末論は単なる最後の飾りとしての冠ではなく，教義学のすべての課題がそこへと流れ込み，そこに収れんし，完成に至る終極点である．あるいは，終末論から逆算すれば，終末論に至る水の流れは網の目のように教義学各論に入り込んでいるのであり，教義学のどの各論も必然的に終末論的要素を包含しているとも言えるのである．

J. モルトマンは，彼の著名な『希望の神学』の中で次のように指摘している．少し長いが，引用しておこう．

>「終末についてのこれらの教えは，キリスト教的教義学の終わりに来る実に不毛な事柄を扱っていたのである．それらは，偽典的非本質性の中に堕落したつまらない附録のようなものであった．それらは十字架や復活，キリストの高挙や支配についての教えと何の関わりも持っていなかったし，そこから必然的に出て来たものでもなかった．それらは，死者慰霊日の説教が復活祭から離れているのと同じく，そのような教えから遠く隔たっていたのである．……．終末論的なものは何かキリスト教に附随しているものではなく，それは端的にキリスト教的信仰の媒体なのであり，キリスト教信仰において一切が規定される原音なのであり，ここにおいては一切がその中に浸されるところの待望された新しい日の燭光の色なのである[12]」．

モルトマンのこの言葉は，違った文脈で，異なった神学的意味で語っていることであり，その意味については後ほど言及する．しかし，ここでわ

れわれが論じてきた文脈と意味においてこのモルトマンの言葉をあえて適用することが許されるならば，われわれは教義学における終末論の重大性を明確に確認することができるはずである．

3. 教義学における「始源論」(Protology) と 「終末論」(Eschatology) との関係性

　終末論の教義学における重要性について論じたのであるが，ここでは特に「始源論」と「終末論」との関係について特に取り挙げておきたい．両者の関係とは「始まり」(プロートス) と「終わり」(エスカトス) との関係，すなわち「創造」と「終末」との関係を問うことを意味する．

　上述のように終末論は教義学の各論に入り込んでいるという本質的性格をもっている．したがって，終末は，確かに終末に至る途上のさまざまな教義学的課題においても問題とはなるのであるが，とりわけ創造との関係は注目しなければならない．

　「終わり」は「はじめ」があってはじめて「終わり」として成立する．スタートなしにゴールはない．ゴールはスタートの最終的到達点である．神の御業における創造のスタートは，終末においてゴールに達する．ゴールを正しく理解するためにはスタートにおいて何が問題であったのか，神は何をそこで意図されたのかが問われなければならない．スタートに含まれた意味を曖昧にしてゴールの実質的内容を的確に理解することはできない．スタートにすでにゴールにおいて達成されるものが本質的核として存在するのである．

　このような意味において「創造」と「終末」との関係は特別な意味で注目しておく必要がある．両者の関係について J. ヘインスは次のように指摘する．

　　「善き創造は，善き創造の究極的完成の開始である．始源（die proton）は暫定的

で最終的ではない局面における終末（die eskaton）であり，他方では，終末は決定的で最終的な局面における創造である，とも言いうるであろう．その新しい完全な創造への移行は創造の消滅ではなく，創造の貫徹である．終末において，始源は依然として存在する．たとえ終末は始源の繰り返しではないとしても，そうである．終末は始源以上のものであり，始源は終末以下のものである．……．終末は，救済された，そして栄化された創造の全実在である．始源は歴史を貫いて終末へと動く：創造の業の歴史，罪の歴史，キリストの御業による救済，契約，聖霊の降臨の出来事，人間の文化的行為によるあらゆる被造的可能性の進展の歴史，そして最終的にキリストの再臨におけるまた再臨による終局的完成の歴史[13]」．

このような「創造」と「終末」との関係理解は，改革派教義学における終末論の取り扱いの上できわめて重要である．このことのもっている神学的意義は，今後の論述の中でそのつど言及し，さらに明瞭にする．少なくとも，ここで指摘しておくべきことは，上述した「個人的終末論」と「一般的終末論」の密接な関係を堅持するためにも意味をもつという点である．より神学的に表現すれば，すでに指摘したように，終末論を三位一体論的基盤において理解することの決定的重要さである．J. ヘインスが強調するように，終末論においては「創造の完成が，つまり父なる神によって創造され，キリストによって贖われ，聖霊によって聖化される創造の完成が常に問題」だからである[14]．

D. 終末論の取り扱いにおける基本姿勢

この序論的叙述において，前提的に覚えておくこととして終末論を扱うに際しての基本的姿勢の問題がある．

1.「聖書的限界」の中で

　終末論を取り扱う場合に，人間の思弁に対し特に警戒すべきである．終末論は，終末的未来像を問題にするために人間の好奇心を駆り立ててやまない．それだけに人間の自由気ままな思弁が闊歩する可能性があるからである．歴史を見れば，それが単なる可能性にとどまらず，事実として終末論においてさまざまな異端が出現したのである．したがって，終末論においては，予定論の場合と同様に，「聖書的限界」の概念が確認される必要がある[15]．

　第一に，この「聖書的限界」は消極的意味をもつ．すなわち，教会も神学も，終末論において，聖書の啓示が許す限界を超えて，聖書の啓示が明らかにするところとは異なって思弁してはならないということである．聖書には終末についてのことがらのすべてが啓示されているわけではない．また，啓示されているすべてのことが確実に知られるわけでもない．この限界をわきまえて，終末論についての神学的営みはなされなければならないのである．

　第二に，「聖書的限界」は積極的意味をもつ．教会も神学も，終末論において，聖書の啓示が示すところよりも少なくしか期待しないようであってはならないということである．聖書の啓示するところを，その限界内で人間的思惑による留保なしにその真理を余すところなく受け入れ，信じ，告白しなければならないのである．

　以上の二重の意味において，われわれは，終末論において聖書の弟子にとどまる姿勢を必要としている[16]．

2.「未来論」との区別の中で

　人間的思弁との関係で，とりわけ問題になるのは「終末論」

（Eschatology）と「未来論」（Futurology）との相違性である．形式的に言えば，両方とも未来について論じる．

しかし，未来論は，「外挿法」（extrapolation）とよばれる方法を用い，すなわち既知のデータからその発展を未知の未来へと敷衍し推測して未来像を構築するのである．そこでは人間の主体性が中心的意味をもち，しかもその主体性は絶対的位置を占めることになる．そこには根源に人間への信仰がある．一言でいって，その未来像は人間の願望の"投影"を意味する．ここでは神の存在における「投影理論」と同様の問題点が認識される必要がある[17]．聖書的な表現を用いれば，この未来論を「6日間の労働の視点から明日をそして未来を計算する理論」と規定することもできるであろう．

これに対して，聖書的終末論も確かに未来について扱うのであるが，人間が「外挿法」による希望的観測によって計算し，構築する未来像ではない．"神"の未来が問題なのである．神の未来は，人間の行為，人間の発展と歴史を無にするものではないが，あくまで"神の行為"として生起する．したがって，人間の願望の投影や人間の思弁の結果ではなく，神の啓示の限界内にとどまり，それに服するしかたで神がもたらされる終末的未来について語ることになる．聖書的な表現を用いれば，聖書的終末論の取り扱いは，「6日間の労働を重んじつつ，7日目の安息，永遠の安息をもたらされる神の究極的行為を見つめ，待ち望」みながらなされなければならないものなのである[18]．

3. 再臨の主キリストに対する信仰的姿勢の中で

上に述べたことは，終末論における人格的関係の重要性と結びつく[19]．すでに指摘したように，キリスト教神学における終末的期待は，キリストにかかわる期待であり，終末における一切はキリストと共にもたらされる．したがって，キリスト教的終末論は，中立的な，第三者的傍観者とし

てこれを論じ，取り扱うことはできない．終末論を扱う者は，必然的にキリストに対する人格的関係における信仰的・実存的姿勢が要求されることになる．ここでは，「アーメン，主イエスよ，来てください」との祈りをともなった信仰における待望の姿勢が本質的なものとして要求されるのである．

　このような終末論における人格的要素の強調という点から，終末論を「最後の"事物"についての教説」とすることに反対する立場さえある．しかし，他方では確かに終末論における信仰的・人格的要素は重要であるが，極端な主張にも注意すべきであろう．信仰的・実存的要素が強調される場合には，終末論が個人的な・人格的な問題に解消される危険性もでてくるからである．終末論は宇宙論的問題を含むことを忘れてはならないのである．したがって，終末論における人格的性格は覚えられるべきであろうが，「最後の事物についての教説」という名称まで否定し去る必要はない．

註

1 Cf. A. G. Honig, *Handboek van de Gereformeerde Dogmatiek*, Kampen, 1938, p. 775; G. C. Berkouwer, *De wederkomst van Christus, vol. Ⅰ*, Kampen, 1961, p. 5.
　それぞれの呼称とそれを採用した神学者あるいは神学書は以下のとおり：「肉体の復活と最後の審判について」(De Resurrectione Carnis et Judicio extremo: Synopsis Purioris Theologiae, 1625),「栄化について」(De Glorificatio: H. Heppe, J. à Marck),「永遠の時代について」(Van de Bedelinge onder de eeuwigheid: Van Mastricht),「最後的刷新あるいは終末について」(de Novissimis of Eschatologie: H. Bavinck, F. Turretinus),「神の国の完成について」(die Vollendung des Reiches Gottes: F. A. B. Nitzsch),「教会の完成について」(die Vollendung der Kirche: Martensen),「神の共同体の完成について」(die Vollendung des Gottesgemeinshaft: Luthardt),「時代の完成について」(de Consummatione Saeculi: A. Kuyper) 等々.
2 「ウェストミンスター信仰告白」を例にあげれば, 第32章「人間の死後の状態について, また死人の復活について」が「個人的終末論」を, 第33章「最後の審判について」が「一般的終末論」を扱っている.
3 G. C. Berkouwer, *De wederkomst van Christus* 〔*Dogmatische Studiën*〕, *vol. Ⅰ－Ⅱ*, Kampen (vol. Ⅰ, 1961; vol. Ⅱ, 1963). 以後, Wederkomst Ⅰ あるいはⅡと略記.
4 Cf. G. C. Berkouwer, *Wederkomst I*, p. 9; J. van Genderen en W. H. Velema, *Beknopte Gereformeerde Dogmatiek*, Kampen, 1992, p. 738 (以後, *BGD*. と略記).
5 L. Berkhof, *Systematic Theology*, London, 1966, p. 664 (以後 *ST*. と略記).
6 *Ibid*.
7 *Ibid*., p. 665. この点で, J. ロールスが改革派諸信条の神学を論述した際に, 終末論を救済論の枠組みで取り扱ったのは理由のないことではない (J. Rohls, *Theologie reformierter Bekenntnisschriften*, Göttingen, 1987, S. 173－176 〔芳賀力訳『改革教会信仰告白の神学』一麦出版社, 2000年, 248－251頁〕).
　L. ドゥーケスも, 彼の『改革派信条学教本』の中で「終末論」という項目を設定していない (L. Doekes, *Credo, Handboek voor de Gereformeerde Symboliek*, Amsterdam, 1979). この事実も, 改革派神学における終末論の取り扱いの未

成熟の一つの証左であろう．
8 L. Berkhof, *ST.*, p. 665.
9 Cf. A. Kuyper, *Dictaten Dogmatiek V, Locus de Consummatione Saeculi*, z.j., Kampen, pp. 3−4.
10 J. A. Heyns, *Dogmatiek*, Pretoria, tweede druk, 1981, p. 390.
11 岡田稔『改革派教理学教本』新教出版社，1969年，491頁．
12 Jürgen Moltmann, *Theologie der Hoffnung*, München, 1964, S. 11f.（J. モルトマン，高尾利数訳『希望の神学』新教出版社，1968年，4頁．以下，引用は本訳による）．
13 J. A. Heyns, *Dogmatiek*, p. 112.
14 *Ibid.*, p. 390.
15 牧田吉和『改革派教義学2 神論』一麦出版社，2014年，171−173頁を参照のこと．
16 J. Heyns, *Dogmatiek*, p. 6；日本キリスト改革派教会憲法委員会第一分科会訳『改革派教会の終末論——改革派教会世界会議終末論研究委員会報告』聖恵授産所，2000年，69頁（以後，『改革派教会の終末論』と略記）；G. C. Berkouwer, *Wederkomst I*, pp. 8−12.

　なお，「改革派教会世界会議」（Reformed Ecumenical Synod：RES）は1946年に組織された．この組織は「世界改革派教会連盟」（World Alliance of Reformed Churches：WARC）とは異なる．RESは，歴史的改革派諸信条を厳密に堅持する保守的諸教会によって構成された組織であった．1988年には「改革派世界協議会」（Reformed Ecumenical Council：REC）と改称された．しかし，2006年にRECとWARCとは「世界改革派共同体」（World Communion of Reformed Churches：WCRC）という統一組織を構成することになり現在に至っている．

　『改革派教会の終末論』にはRESの終末論研究員会による1963年の「終末論についての報告書」と1972年の「終末論についての報告書」が収められている．
17 牧田吉和，前掲書，30−32頁．
18 H. ベルコフ，藤本治祥訳『確かなる希望』日本基督教団出版局．1971年，100−122頁；J. Heyns, *Dogmatiek*, p. 393.
19 Cf. G. C. Berkouwer, *Wederkomst I*. p. 11.

I．聖書における救いの歴史と終末論

われわれはすでに「創造」と「終末」との関係について論及した．"始め"は"終わりの始まり"であり，"終わり"は"始まりの完成"である．したがって，創造の始まりにはすでに終末への芽がある．しかし，問題は創造における終末的要素だけではない．神の御計画に基づく救いの歴史の展開を考えるとき，創造においてだけではなく，救いの歴史のあらゆる局面において終末的要素が問題になる．この意味において，終末論を扱う場合には，神の救いの御計画全体を視野において，終末論的要素を洞察することがきわめて重要なのである．この点を教義学的に表現すれば，次のようになる．

教義学は三位一体の神の御業全体を包括的に考察の対象とする．父なる神が御子を通して聖霊において遂行される神の働き全体を問題とする．これは教義学の根本的テーゼである．終末論に関して言えば創造と贖いの聖霊による最終的完成の局面が特に問題となる．聖霊による最終的完成という終末的局面は，創造と贖いの業を前提として考えなければならない．つまり，終末的要素は，創造と贖いの全局面においても問題となるのである．

以上のような意味で救いの歴史のあらゆる局面において終末的要素が捉えられなければならないのである[20]．

A．創造と終末

われわれはまず創造の局面における終末的要素に注目したい．われわれは，聖書における創造記事において終末的要素をどのように洞察すること

ができるであろうか.

　聖書においては二つの創造記事を見出すことができる．第一の記事は創世記1章1節−2章3節，第二の記事は創世記2章4−25節である．以下，それぞれについて考察を加える．

1. 創世記1章1節−2章3節における終末的契機

　第一の創世記1章1節−2章3節においては，神の6日間における創造の業が記されている．そこでは，神の力ある言葉により，知恵深い意図に基づき，実に美しい秩序において創造の業がなされていることがわかる．無生物から生物へ，その生物も植物から動物へ，そして創造の冠としての人間の創造へと創造の業がなされている．「6日間の創造は原初の未完成で，形なき『地』を完成させ，磨き上げる働きであった」と指摘されているとおりである[21]．このように，6日間の創造の業には発展的な秩序形成のプロセスがあり，そのプロセスは人間の創造をもって終わる．そして，7日目には「神は御自分の仕事を離れ，安息なさったので，第7の日を神は祝福し，聖別された」（創世2：2）のである．

　しかし，注意すべきことは，これで創造の業の発展がすべて終了したわけではないということである．確かに神は"創造の業"そのものは終えられたが，6日目に御自分に似せて人間を創造して地上におき，人間にその御業を継続する使命を与えられたのである．「産めよ，増えよ，地に満ちて地を従わせよ」（創世1：28）という，いわゆる「文化命令」を与えられたのである．この点に関連して注目すべき事実は，6日間の創造のケースとは異なり，7日目に関しては「夕べがあり，朝があった．第7日である」とは語られておらず，第7日はまだ閉じられていないという事実である．教会教父たちは終末の完成の日を"第8日"とよんだが，この意味における"第8日"にはまだなっていないのである．むしろ，"第8日"に向けて，人間は地上における神の代理者として，創造の御業を引き継いだ

のである．人間は産み，増え，地を満たし，地を治めていくことによって「文化命令」を遂行していく．つまり，神は，世界全体に対する御自分の支配を今や御自分に似せて創造した人間の働きをとおして進展させ，完成へともたらされるのである．摂理としての歴史の中で，人間による6日間の働きをとおして，また6日間の労働と7日目の安息という周期的なリズムを刻みつつ，"8日目"の終末的安息という完成に向かうことが意図されていたのである．

このように考えると，第一の創造の記事においてもすでに創造は目的論的に終末へと方向づけられていることを理解できるであろう．この意味において創造においてさえ終末的契機を見出すことができる．創造もまた"終末的方向性"と"終末的緊張"の中におかれているのである．

2．創世記2章4－25節における終末的契機

第二の創世記2章4－25節においては，神の国の進展への奉仕に参与する人間に焦点が合わせられ，人間を中心にして描かれている．人間の創造にかんしては，すでに創世記1章27節で「文化命令」を果たすべき存在として「神にかたどって創造された．男と女に創造された」と述べられている．第二の創造記事では，人間の創造にかんして，神が「土の塵で人を形づくり，その鼻に命を吹き入れられた．人はこうして生きるものになった」（創世2：7）と述べられている．すなわち，命の息が吹き込まれ，「神と同じ息を呼吸して」，神との交わりにおいて生きる者とされたのである[22]．人間には「善悪を知る木からは，決して食べてはならない．食べると必ず死んでしまう」（創世2：17）という神の命令が与えられ，人間がそれに従順であったなら「永遠の命」にあずかるべき存在であった．すなわち，「自らの創造主である神を正しく認識し，心から愛し，永遠の祝福の中に神と共に生き，神をほめたたえ，賛美すべき」（「ハイデルベルク信仰問答」問6）存在であった．しかし，あの神の命令に不従順であれ

ば死が罰としてもたらされる存在でもあった.

改革派神学はこのような創造の事態を「命の契約」（covenant of life）と表現した（「ウェストミンスター小教理問答」問 12,「ウェストミンスター大教理問答」問 20. 同じ契約を「わざの契約」（covenant of works）とも表現する．たとえば,「ウェストミンスター大教理問答」問 30,『ウェストミンスター信仰告白』7 章 2 節[23]).「命の契約」において，人間は男と女とに創造され，契約的な共同的愛の交わりの中で，契約的な使命として，神の御心に従い「園を耕し，守るようにされ」（創世 2：15），園の維持，管理，開発に当たらせられた．この点は，すでに説明したように，創世記 1 章 26－28 節において明示されていたのである．"神が創造された世界を，人間が神の代理者として治める" という人間の働きは，神の国の終末的完成への奉仕を意味している．

以上のように聖書における創造と終末との関係を見てくるときに，日本キリスト改革派教会が『創立 60 周年記念宣言』として表明した「終末の希望についての信仰の宣言」（以下の叙述においては「終末の希望についての宣言」と略記）の以下のような言葉が理解可能となるであろう．

> 「（創造） 神は，御子を万物の相続者と定め，御子によって世界を極めて良く創造されました．神はまた，御自分のかたちに人を創造し，人と命の契約を結ばれました．それは，人が神を知って崇め，神との交わりとしての永遠の命の喜びにあずかり，地を治めて神の国の終末的完成に奉仕し，神の栄光を現すためでした[24]」．

創造と終末という問題は，終末論を個人的終末論に極小化せず，宇宙論的広がりにおいて把握し，「有神的人生観・世界観」との関連で考察する上でも極めて重要である[25]．これは改革派終末論の一つの特色をなす点である．

B. 堕落後における終末的救いの約束

　前述のように，最初の人間アダムは神に似せて創造され，「命の契約」の中におかれたのであるが，契約の代表者としてアダムはその契約に違反してしまった（創世3：6，「ウ小教理」問12－16，「ウ大教理」問20－22）．その結果，命の源である神との交わりから絶たれて霊的死が，また神の怒りとのろいの下におかれてこの世でのあらゆる悲惨と肉体的死が，さらには裁きとしての永遠の死が全人類にもたらされたのである（「ウ小教理」問19，「ウ大教理」問27－29）．すなわち，違反の結果としての影響は，対神，対自，対人にとどまらず，対世界にもおよんだ．ローマの信徒への手紙8章20節において「被造物は虚無に服しています」と語られているとおりである．以上のような事態を「終末の希望についての宣言」は次のように要約している．

　　　「最初の人アダムは，この契約に違反し，彼にあって全人類は堕落し，神との交わりを失い，この世での悲惨と死と裁きを受ける者となりました．被造物もまた，虚無と滅びに隷属するものとなりました」．

　ここで述べられている事実は終末論との関係においても重大な意味をもつ．なぜなら，終末論においては究極的な神の裁きと審判が問題になるのであるが，今や人類も世界もその裁きと審判の対象として位置づけられることになったからである．したがって，もしそこに神が介入し，救いの手を差し伸べ，救いの光をもたらしてくださるのでなければ，終末論的視点から見た場合に，それは絶望的な世界と言わなければならない．

　以上のような終末的裁きと審判のもとにおかれた状況において，幸いにも救いの光がもたらされたのである．それが真の救いであるならば，上に

指摘したように今や罪と悲惨のもとにある人類と世界が終末的な裁きと審判の対象となっている状況において，その救いは"終末的救いの希望"としての意味をもつことになる．

憐れみに富む神は，このような救いを堕落後ただちに啓示されたのである．この救いの啓示について，日本キリスト改革派教会『創立30周年記念宣言』として表明された「聖書についての信仰の宣言」は次のように述べている．

> 「神は人間が堕落した後，再びアダムを求め，その名を呼び，その罪を責め，有罪の宣告をし，しかも女のすえは蛇のかしらを砕くとの喜ばしい約束，すなわち彼は悪魔のわざを打ち砕くであろうとの約束を与えられた[26]」．

これは，通常「原始福音」とよばれている創世記3章15節「お前と女，お前の子孫と女の子孫の間に／わたしは敵意を置く．彼はお前の頭を砕き／お前は彼のかかとを砕く」に関連して語られたことばである．そこでは「蛇の子孫と女の子孫」との敵対関係，すなわち「悪魔的な者たち，異教徒たち」と「神の民」との敵対関係が示されている．同時に「女の子孫」が「蛇の子孫」の頭を打ち砕いて勝利を得ること，すなわち神の民が決定的な勝利を収めることが明らかにされている．ただし，神の民の勝利は安易に収められるのではなく，"かかとを砕かれる"という痛手を被ること，すなわち苦難と迫害を受けることも明らかにされている．この意味において「神はほむべきかな，その受難をとおして，受難のしもべをとおして，蛇の頭に対する致命的な勝利は得られる」と語られるに至る[27]．

この場合の「受難のしもべ」とは時満ちて遣わされた救い主キリストであり，主の十字架の血潮によって勝利は得られるのである．しかし，「女の子孫」である神の民は絶えず「蛇とその子孫」からかかとをねらわれ，苦難と迫害を受けるが，世の終わりに「蛇とその子孫」は完全に敗北し，「女の子孫」は完全な勝利にあずかることになる．このように，"原始福

音"にはすでに終末的救いの希望が示されている．また，それは，以後の終末的救いの希望をめぐる歴史的展開の基本的道筋をさし示しているとも言えよう[28]．

改革派神学は，このような「原始福音」において開始されている救いの啓示のさまざまな形での歴史的展開を「恵みの契約」の歴史として理解してきた．したがって，「原始福音」に見られる，終末の希望と結びついた福音の約束は，「たびたび繰り返され，次第に明らかにされてきた．すなわち，アダムからノアへ，ノアからアブラハムへ，アブラハムからモーセへ，モーセからダビデへ，そしてキリストの受肉に至るまで，信仰の父祖たちは皆，キリスト・イエスの日を望み見て喜びにあふれたのである」と語られることになる[29]．つまり，ノアにおける自然契約を介して，アブラハム契約，モーセ契約，ダビデ契約と続く恵みの契約の歴史的展開の中で，"原始福音"において示された贖い主の到来は，「アブラハムの子孫」として（創世 12：3，22：18），「ユダ族の子孫」として（創世 49：10），さらには「ダビデの子孫」として（サムエル下 7：12－13）示されていったのである[30]．

このような意味において，聖書の神は，歴史の主であり，恵みの契約を通して，旧約においては神の民を約束としての終末的救いの希望のうちに養い，導いてくださったのである．

C．旧約における「主の日」・「終わりの日」などの意味

旧約における終末的救いと希望という観点で特に注目しなければならないのは，旧約聖書で用いられる「主の日」（アモス 5：18，オバデヤ 1：15，エゼキエル 30：3），「終わりの日」（イザヤ 2：2，ミカ 4：1，ホセア 3：5），「その日」（イザヤ 2：20，エレミヤ 46：10，アモス 8：9，9：13，ゼファニヤ 3：11，ホセア 1：5，ゼカリヤ 8：23），「そのとき」（イ

ザヤ 18：7, エレミヤ 8：1, 31：29, ゼファニヤ 3：20),「このような時がくる」(エレミヤ 7：32, 16：14, 23：5, アモス 9：13) などのさまざまな表現である．旧約聖書における終末思想を理解しようとするときに，具体的にはこれらの関係語が問題になる．したがって，旧約聖書の終末論が扱われる場合には，通常はこれらの用語と概念をめぐっての議論となる．

1. 旧約における終末論の前提的根本問題

上に挙げた諸表現をより適切に理解しようとするとき，忘れてはならないのは旧約聖書の終末論の根本的前提となることがらである．この点について，オランダ改革派教会の旧約学者 Th. C. フリーゼン（Th. C. Vriezen）は次のように指摘する．

>「終末論的な視点が可能であったのは，イスラエルがその神を，行為する創造の神，その聖においてこの世界をとらえてはなさず，絶えず歴史の中に働く神として認識したからである[31]」．

さらに次のように語る．

>「彼らを救いの待望へとみちびいたのは，民族的楽天主義ではなく，神秘的思惟でもなく，ただはじめから契約の聖なる神として民族に宣べ伝えられた神，人間の罪にもかかわらず，そのわざを実現される神の現実性の確信であった．……イスラエルの国民は，神が契約によって啓示され，歴史の流れにおいて立証された恩寵に基づいて終末的に考えるのを学んだのである．このようにして，イスラエルはその将来をも，全く神のみ手にゆだねることを学んだのである[32]」．

われわれが，これまでの論述で明らかにしたかったのは，フリーゼンが語るこの根本問題であった．すなわち，創造の神は，その聖においてこの世界を支配し，恵みの契約をとおして歴史の中に働き，終末的救いと希望

をもたらすということである．この意味において，イスラエルの歴史意識は自然宗教的な輪廻の世界や神話的循環思考とは異なる[33]．フリーゼンが指摘するとおり，「終末論的歴史観はイスラエル的現象」なのである[34]．

2. 旧約における「主の日」とは何か

以上のような前提のもとで，冒頭に挙げた旧約聖書における終末論にかかわる多様な表現は何を意味しているのであろうか．フォン・ラートによれば，「主の日」（ヤハウェの日）こそ預言者の終末論の核と見なされるべきものである[35]．したがって，特に重要なのは「主の日」に代表される，それらの表現が有する預言者の終末論的使信の内容である．

「主の日」（ヤハウェの日）という概念は，起源的にはヤハウェが自ら顕現し，イスラエルの敵を滅ぼし，救いをもたらす勝利の日を意味した[36]．契約の民イスラエルは，自分たちがさまざまな苦難に遭い，外的に苦しめられることがあっても，神が敵を打ち破り，勝利を得させ，自分たちに全き繁栄と祝福をもたらす日がくると信じてきた．その背後には契約の神がエジプトの奴隷状態の中で苦しんでいたイスラエルの民を訪れ，解放し，救ってくださったという原体験が歴史的には重要な役割を果たしつづけた．このような理解，すなわち選民のために契約の神が歴史を支配し，勝利に導くという理解は，無批判的な楽観主義的考え方をもたらすことにもなった．この楽観主義の中で「主の日」「その日」などの概念は，イスラエルにとって「光の日」としての意味をもつことになったのである．

預言者たちが問題にしたのはまさにこの楽観主義であった．「主の日」にかんする最も初期の意義深い言及は預言者アモスに見られる．アモスの時代のイスラエル王国には社会的・宗教的な圧制や不正，贅沢や偶像礼拝，腐敗した敬虔がはびこっていた（アモス8：4－6）．楽観的期待のみで，実際には罪を犯し，契約に違反し，背信的であっても，悔い改めようともしない神の民の姿があった．それに対して，アモスは「主の日」の

"暗さと恐ろしさ"，"神の厳粛な裁き" を強調し，注意を促したのである．アモスは次のように語る．

> 「災いだ，主の日を待ち望む者は．主の日はお前たちにとって何か．それは闇であって，光ではない」（アモス5：18，他に5：20）．

さらに，神の怒りは自然にまでおよぶのである．

> 「このために，大地は揺れ動かないだろうか．そこに住む者は皆，嘆き悲しまないだろうか．大地はことごとくナイルのように盛り上がり／エジプトの大河のように押し上げられ／また，沈まないだろうか．その日が来ると，と主なる神は言われる．わたしは真昼に太陽を沈ませ／白昼に大地を闇とする」（アモス8：8－9）．

他の預言者たちも，同様に「主の日」の恐るべき裁きを語った（ミカ1：2－2：5，ゼファニヤ1：2－2：15）．たとえば，ゼファニヤも次のように語る．

> 「主の大いなる日は近づいている．極めて速やかに近づいている．聞け，主の日にあがる声を．その日には，勇士も苦しみの叫びをあげる．その日は憤りの日／苦しみと悩みの日，荒廃と滅亡の日／闇と暗黒の日，雲と濃霧の日である」（ゼファニヤ1：14－15）．

このように神の裁きを語る中で，預言者たちは契約の民に悔い改めを迫ったのである．

> 「イスラエルよ，立ち帰れ／あなたの神，主のもとへ．あなたは咎につまずき，悪の中にいる」（ホセア14：2，他にアモス5：14－15）．

けれども，預言者たちによる審判と悔い改めのメッセージは受け入れられず，まず北王国が，続いて南王国ユダが滅び，神の審判の真実が立証さ

れたのである．最後的には，民はバビロンに捕囚され，エルサレム神殿は破壊され，神の祝福はまったく失われたかのように見えた．

　しかし，このような絶望的状態を見つめつつ，預言者はそこに新しい出発，新しい救いの希望を語り出す．捕囚期以前でさえ，預言者たちは，「主の日」の裁きを語りつつ，"残りの者"が裁きを免れ（ミカ5：6-7, ゼファニヤ3：12-13），メシアによって救われることを告げていた（ミカ5：1-5）．しかし，何よりも捕囚期において，たとえば，預言者エゼキエルは，絶望の中から，幻想的な「枯骨の谷の幻」によって死んだような民族の新しい生命へのよみがえりの希望を語った（エゼキエル37章）．

　エレミヤもイスラエルの背信によって無力にされた契約が「新しい契約」によって更新されるという終末的希望を次のように語った事実を覚えておく必要がある．

> 「見よ，わたしがイスラエルの家，ユダの家と新しい契約を結ぶ日が来る，と主は言われる．この契約は，かつてわたしが彼らの先祖の手を取ってエジプトの地から導き出したときに結んだものではない．わたしが彼らの主人であったにもかかわらず，彼らはこの契約を破った，と主は言われる．しかし，来るべき日に，わたしがイスラエルの家と結ぶ契約はこれである，と主は言われる．すなわち，わたしの律法を彼らの胸の中に授け，彼らの心にそれを記す．わたしは彼らの神となり，彼らはわたしの民となる．そのとき，人々は隣人どうし，兄弟どうし，『主を知れ』と言って教えることはない．彼らはすべて，小さい者も大きい者もわたしを知るからである，と主は言われる．わたしは彼らの悪を赦し，再び彼らの罪に心を留めることはない」（エレミヤ31：31-34，参照，ヘブライ8：8-13，Ⅰコリント11：25）．

　また，イザヤは，本土帰還への希望を失い，選民の自覚さえ萎えさせている民に，新しい「第二の出エジプト」による救済とイスラエルの回復を語った（イザヤ43：14, 19）．この新しい出エジプトは，栄光のメシアではなく，主の僕によってもたらされる（イザヤ52：13-53：12）．つまり，このメシアは，従来のダビデ的・政治的メシアではなく，人々の罪を

その苦しみによって贖うというユニークなメシアなのである．

　捕囚期においても，すでに預言者的終末論は黙示的終末論の性格を帯びていたが，捕囚期以降においてはその性格は強くなった．黙示的終末論の性格とは，歴史における将来的救済や希望という点よりも，超越的・宇宙論的な性格，彼岸的な希望の色が強くなることを意味している．たとえば，ゼカリヤにおいては超越的な神の宇宙論的到来が七つの幻の託宣において示され，終末的・彼岸的希望が語られている（1－8章）．そこで示されるメシア像は，ロバに乗ってエルサレムに来る王であり（9：9－10），また「刺し貫かれた者」（12：10）としてのメシア像である．

　預言者ヨエルは，終末時において神の霊がすべての人に再び注がれることを語った．

> 「その後／わたしはすべての人にわが霊を注ぐ．あなたたちの息子や娘は預言し／老人は夢を見，若者は幻を見る．その日，わたしは／奴隷となっている男女にもわが霊を注ぐ」（ヨエル3：1－2）．

　イザヤは，救いが全国民にもたらされ（イザヤ25：1－10），さらに「新しい天と新しい地」への期待さえ語る．

> 「見よ，わたしは新しい天と新しい地を創造する．初めからのことを思い起こす者はない．それはだれの心にも上ることはない」（イザヤ65：17，他に66：22）．

　この関連で注目すべきことは，イザヤ書には地上の終わりの時に関係して，次のような表現が見られることである．「荒れ野は園となり，園は森と見なされる」（イザヤ32：15），「荒れ野よ，荒れ地よ，喜び躍れ／砂漠よ，喜び，花を咲かせよ／野ばらの花を一面に咲かせよ」（35：1），「熱した砂地は湖となり／乾いた地は水の湧くところとなる．山犬がうずくまるところは／葦やパピルスの茂るところとなる」（35：7）．さらには動物的

世界の平和についてさえ「狼は小羊と共に宿り／豹は子山羊と共に伏す．子牛は若獅子と共に育ち／小さい子供がそれらを導く．牛も熊も共に草をはみ／その子らは共に伏し／獅子も牛もひとしく干し草を食らう．乳飲み子は毒蛇の穴に戯れ／幼子は蝮の巣に手を入れる」（11：6-8）と語る．また「水が海を覆っているように／大地は主を知る知識で満たされる」（11：9）とも語る．これらの表現は，贖われた終末的世界が，創造論的世界と密接に関係し，ギリシア的，グノーシス主義的な霊的理解の誤謬に落ち込まないように警告する意味をもつであろう[37]．

最後に，黙示文学的な典型としてのダニエル書にふれると，メシア的人の子は宇宙論的に描かれ，天の雲に乗って来臨し（7：13-14），諸国の王たちの審判ののち，「永遠の国」を実現し，王的支配を確立することになる．このメシア像は新約聖書においては苦難の僕像と結びついて，独特なメシア像を形成することにもなる．

3. まとめ

以上において概略ではあるが，旧約における約束としての終末的希望について述べてきた．このように理解するとき，上述の「終末の希望についての宣言」が次のように要約的に語るところも理解できるであろう．

> 「にもかかわらず，憐れみに富む神は，恵みの契約を通して様々な仕方で御自分の民に救いを啓示されました．とりわけ，神は，イスラエルの背信と苦難の中で，預言と黙示によって，『終わりの日』に臨む神の審判を告知し，同時に終末的救いをもたらす神の国の到来を約束し，希望を与えてくださいました．すなわち，新しい契約とその民が備えられ，聖霊が豊かに注がれ，救いの祝福は諸国民に及び，新しい天と地がもたらされます．神は，この神の国の実現と完成のために，約束の救い主を待望させられました[38]」．

D. 実現した終末的救い

　旧約から新約に移ると，終末論的色調に決定的な変化が生じる．旧約における終末論は未来待望という本質的特色を示していた．新約においても，"未来待望"という要素は後ほど述べるような意味において依然として残る．しかし，決定的なことは旧約の終末論的待望の中心的な事柄が成就したという事実である．すなわち，イエス・キリストの出現において待望された約束が成就したのである．だからこそ，イスラエルが慰められるのを待ち望んでいた老シメオンは，主イエスを抱いたとき「わたしはこの目であなたの救いを見たからです．／これは万民のために整えてくださった救いで，異邦人を照らす啓示の光，／あなたの民イスラエルの誉れです」（ルカ 2：30－32）と告白したのである．その時，女預言者アンナも「エルサレムの救いを待ち望んでいる人々皆に幼子のことを話した」（ルカ 2：38）のである．さらに「マリアの賛歌」（ルカ 1：47－55）も「ザカリアの預言」（ルカ 1：67－79）も同様の救済史における決定的な時の認識を示している．ここに揺らぐことのない新しい創造の礎石が置かれたのである．まさにこの点にこそ，終末論にかんして，旧約とは異なる新約の最大の特色がある[39]．

1. 旧約における終末的救いの約束とキリストの到来との関係

　イエス・キリストの到来は，上述のように旧約の預言者たちが約束した救い主の到来の預言が成就したことを意味した（マタイ 1：20－23）．イエス・キリストの生涯とその働きが旧約の預言の成就であることはいたるところで語られている．ベツレヘムにおける誕生（マタイ 2：5－6；ミカ 5：1），エジプトへの逃避行（マタイ 2：14－15；ホセア 11：1），御自分

の民による拒否（ヨハネ1：11；イザヤ53：3），エルサレムへの入城（マタイ21：4-5；ゼカリヤ9：9），主が銀貨30枚で売られたこと（マタイ26：15；ゼカリヤ11：12），十字架で脇腹を刺されたこと（ヨハネ19：34；ゼカリヤ12：10），兵士たちが主の服を分け合ったこと（マルコ15：24；詩22：19），主の足が折られなかったこと（ヨハネ19：33；詩34：21），主の体が金持ちによって埋葬されたこと（マタイ27：57-60；イザヤ53：9），主の復活（使徒2：24-32；詩16：10）および昇天（使徒1：9；詩68：19）などに明らかである[40]．

　以上のように，約束の救い主の到来は旧約預言の成就であり，終末論的観点から見ると，それは「終わりの時」の到来を意味した．

　たとえば，この意味においてガラテヤの信徒への手紙4章4節は「しかし，時が満ちると，神は，その御子を女から，しかも律法の下に生まれた者としてお遣わしになりました」と語った．「満ちる」とは，ギリシア語の"プレローマ"という言葉で，"充満""満了""完了"を意味する．すなわち，キリストの到来によって，旧約の預言的約束が成就され，時が満ちて歴史が決定的な点に到達し，新しい時代が始まったことを意味する．この時の意識の中で「時の終わりに直面しているわたしたち」（Ⅰコリント10：11）という表現も現れる．

　この点で，ヘブライ人への手紙1章1-2節も「神は，かつて預言者たちによって，多くの形で，また多くのしかたで先祖に語られたが，この終わりの時代には，御子によってわたしたちに語られました」と明確に述べることができたのである（他に，ヘブライ9：26，Ⅰペトロ1：20を参照のこと）．さらに新約聖書の中で最も終わりの時期に書かれたと考えられているヨハネ書簡においても「子供たちよ，終わりの時が来ています」（Ⅰヨハネ2：18）と語られているのである．御子によって到来した「今」というこの時は，救いの歴史において新しい時代の転換がもたらされた時であり，預言者たちのさし示した終末の時代の開始であることが明らかにされているのである[41]．

キリストによる終末の時代の到来は，主イエスの宣教の第一声にも現れている．「時は満ち，神の国は近づいた．悔い改めて福音を信じなさい」（マルコ 1：15）．さまざまな奇跡も終末の時代の到来を示すしるしであった（ルカ 7：22-23）．悪霊追放についても「しかし，わたしが神の指で悪霊を追い出しているのであれば，神の国はあなたがたのところに来ているのだ」（ルカ 11：20，参照，マタイ 12：28）とも語られた．それゆえ，「実に，神の国はあなたがたの間にあるのだ」（ルカ 17：21）とも宣言されたのである．

しかし，イエス・キリストの来臨によってもたらされた終末の時代は，恐ろしい「主の日」の到来という性格をもつものではなかった．むしろ，「主の恵みの年」の到来を意味するものであった（ルカ 4：18-19，21，7：22-23）．この救い主は婚姻の喜びをもたらす花婿であった（マルコ 2：18-20）．

上に述べたような事実は，この約束のメシアのもつ独特な性格と一体的に理解する必要がある．新約聖書は約束のメシア・キリストを「ダビデの子」（マルコ 10：47），「神の子」（マルコ 1：1），「預言者」（マタイ 21：11），「王」（ルカ 19：38），「神の聖者」（マルコ 1：24），「人の子」（マルコ 8：38）などのさまざまな称号で表現している．しかし，イエスのメシア性を最もよく示すのは，伝統的なイスラエルの民族的・政治的な栄光のメシア像ではなく，そのメシア像が"苦難の僕"と一体的である点である．特にこの点は，主イエス御自身が，ダニエル書の表現を反映している「人の子」の称号を（ダニエル 7：13），"苦難の僕"（イザヤ 52：15-53：12）と結びつけて好んで用いられた事実に顕著に現れている（マルコ 8：31，9：12 以下）．

このような独特な性格をもつメシアによって現実化された終末的神の国もまた独特な性格をもつことになる．たとえば，この救い主によってもたらされる終末的神の国に招かれる人たちも，ファリサイ人や律法学者よりも，むしろ彼らから排除された徴税人や娼婦であり，貧しい者，体の不自

由な者たちであった（マタイ21：31-32，ルカ14：12-14）．キリストによってもたらされた終末的神の国は，心砕かれ，悔い改めた人々には恵みの到来を意味したのである（ルカ4：18-19）．

2. キリストの十字架と復活の終末論的意味

到来した約束の救い主と彼によってもたらされた終末的神の国の独特な性格が決定的な形で示されたのが，「キリストの十字架と復活の事実」である．

ヘブライ人への手紙9章26節は「ところが実際は，世の終わりにただ一度，御自身をいけにえとして献げて罪を取り去るために，現れてくださいました」と述べている．旧約における大祭司は，年毎にイスラエルの希望を担って動物犠牲を献げて民の代表として罪の贖いを献げた．しかし，それはあくまで暫定的なものであった．しかし，「世の終わりに」神の小羊キリストは御自身を犠牲として献げて罪を贖われたのであり，それは"一度だけ"の最後的・決定的贖いであった．すなわち「ただ一度聖所に入って永遠の贖いを成し遂げられたのです」（ヘブライ9：12，参照，Ⅰペトロ3：18）とあるとおりである．このようなキリストの贖いの死は，"新しい契約の仲介者"としての死であり（ヘブライ8：6，9：15），"新しい契約の締結"をも意味した（ヘブライ8：8-13，Ⅰコリント11：25）．預言者エレミヤが語った「新しい契約」の成就であった（エレミヤ31：31-34）．このように旧約の預言者たちが待ち望んだ贖い主がついに到来したのであり，その贖い主の十字架の死は終末の時代の到来を示す明確な終末論的出来事であった．

さらに，キリストの十字架の死と復活とは一体的なものである．キリストの死人からの復活の事実は，キリストの犠牲の死が神に受け入れられ，御自分の民に対する罪の赦しの保証を意味した．したがって，「イエスは，わたしたちの罪のために死に渡され，わたしたちが義とされるために

復活させられたのです」（ローマ4：25）と語られる．また「キリストが復活しなかったなら，……あなたがたはいまなお罪の中にあることになります」（Ⅰコリント15：17）とも語られる．キリストの復活は，十字架の死と同様に，聖書に書いてあるとおりに起こった出来事であり，終末論的出来事であり，終末の時代の開始を意味するものなのである．

さらに，キリストの復活は，彼に結び合わされている者たちの復活の保証としての意味をももつ．「キリストは死者の中から復活し，眠りについた人たちの初穂となられました」（Ⅰコリント15：20）とあるとおりである．キリストの復活はわたしたちの復活，「不滅の命」（Ⅱテモテ1：10）の希望の根拠なのである．さらに，復活は「新しい創造」の根拠でもある（Ⅱコリント5：17）．

このような十字架と復活の一体的関係は，成就された終末的神の国の性格を考える場合に決定的意味をもつ．「主の僕」の苦難を核心にもつという事実こそ，キリスト教的な意味における，成就された終末的神の国の特質を構成するからである．

以上のように概観してくるときに，「終末の希望についての宣言」が以下のように要約的に述べる言葉の意味も明らかになるはずである．

> 「時が満ちてこの終わりの時代に，神は約束の救い主として御子キリストを世に遣わされ，神の国は到来しました．最後のアダムであるキリストは，御自分の民のために神の御心に完全に服従し，神の怒りと裁きを受けて十字架に死に，葬られ，三日目に死人の中から初穂としてよみがえられました．それによって，新しい契約が締結され，恵みの契約は成就されました．主の復活は，罪と死と闇の力に対する勝利，永遠の命と新しい創造の保証です[42]」．

3. 聖霊降臨とそれ以降の「今」の時代の終末論的意味

主イエス・キリストは，十字架に死に，葬られ，三日目に死人の中から

よみがえり，昇天された．復活と一体的に結びついた昇天の事実は，キリストの再臨と直結した意味をもつ．「あなたがたから離れて天に上げられたイエスは，天に行かれるのをあなたがたが見たのと同じ有様で，またおいでになる」とあるからである（使徒1：11）．この意味において，復活と一体的に結びついて，昇天の事実は，信者の死と復活，また新しい創造に密接に関係する終末論的な出来事なのである．

　昇天したキリストは，神の右に着座し，父なる神によって，天と地，この世と来るべき世における一切の権能を授けられた（エフェソ1：20－23）．このキリストの昇天と着座との関連において注目すべきことは，「聖霊の降臨」の事実である．主イエスは「神の国はあなたがたのところに来ています」（ルカ11：20）と語られたのであるが，救いの歴史の進展を念頭におく場合，主キリストが天にあって一切の権能を帯び，御自分の王的支配のもとでペンテコステに聖霊を注がれた時に，より確かな意味において主イエスの上述の言葉は妥当することになる．聖霊の降臨は，「終わりの日」の霊の注ぎを預言したヨエルの言葉の成就であった（使徒2：15－18；ヨエル3：1－2）．したがって，ペトロは，ペンテコステの聖霊の降臨において次のように説教したのである．

　　「ユダヤの方々，またエルサレムに住むすべての人たち，知っていただきたいことがあります．わたしの言葉に耳を傾けてください．今は朝の九時ですから，この人たちは，あなたがたが考えているように，酒に酔っているのではありません．そうではなく，これこそ預言者ヨエルを通して言われていたことなのです．『神は言われる．終わりの時に，／わたしの霊をすべての人に注ぐ．……」（使徒2：14－39）．

　このペトロの説教は，聖霊の降臨によって今や「終わりの時代」「終末の時代」が実現し，自分たちがその時のただ中に生かされているという自覚を明らかにしている．

　しかし，注意すべきことは，新約の時代の信仰者たちは現在が「新しい

時代」「終末の時代」であることを知っていたのであるが，同時にもう一つの側面についても知っていたという事実である．すなわち，彼らは，「次の世」（ルカ20：35），「後の世」（ルカ18：30，マタイ12：32），「来るべき世」（エフェソ2：7）についても知り，その「来るべき時代」を切望していた．つまり，「終末の時代」の現在における"すでに"と将来を見据えた"いまだなお"の二つの側面を認識していたのである．この点はあらためて後ほど取り扱うことになる．

　このような二面性をもつ終末の今の時代にあって，天上の主キリストは十字架と復活を通して御国の永遠の財産を勝ち取って神の右に座し，一切の権能を帯びて，神の国の完成に向かって歴史を支配しておられる．この場合，天上の復活のキリストに注目するならば，すでに指摘したように，彼こそがわたしたちの「復活の初穂」であり，「新しい創造の初穂」なのである．彼が再び来臨される時に，彼にあってわたしたちの復活も新しい創造も，栄光の神の国において実現されるのである．ここに，上に述べた"いまだなお"の未来待望の要素が語られる理由がある．

　このような意味において，やがて完成する終末の神の国の祝福は，初穂として，また原理的に，何よりも天上のキリストにおいて存在している．この点に目を留めるならば，キリストを信じ，キリストに結び合わされたわたしたちは，「キリスト・イエスによって共に復活させ，共に天の王座に着かせてくださいました」（エフェソ2：6）とあるように，すでに完了した事実としてさえ語られる理由がある．本来それは，キリストの再臨において将来的に実現すべきことなのであるが，わたしたちが結び合わされているキリストに目を留めるならば，わたしたちは確かに原理的にキリストにあってすでに復活し，共に天の王座に着かせていただいているとさえ言いうるのである．

　しかし，天上のキリストは，ペンテコステ以降の今の時代においては，御自分の支配を聖霊によって行っておられる．したがって，地上的にはキリストに結び合わされたわたしたち神の民は，天上のキリストにある終末

的祝福に聖霊においてあずかることになる．この意味において，教会は「聖霊で証印を押された」（エフェソ1：13）存在であり，その聖霊は「御国を受け継ぐための保証」（同1：14）と言われる．キリストに結び合わされた，彼の体としての教会は，「聖霊の神殿」（Ⅰコリント3：16，6：19）であり，聖霊において「来るべき世の力」（ヘブライ6：5）を味わい，この点で"来るべき世の力に満ちたキリストの体"なのであり，やがて来られる花婿・キリストを待ち望む「キリストの花嫁」（黙示19：7，21：2）なのである．このような意味において教会はまさに「終末的共同体」なのである．終末論を扱うときに個人的に偏向して取り扱うことなく，同時に教会論的視野をいつも保持しなければならない理由がここにある．

以上のような脈絡を理解するならば，「終末の希望についての宣言」が以下のように語ることも理解可能になるであろう．

> 「キリストは，復活の体をもって天に昇り，天国への道を開き，神の右の座に着かれ，天と地・この世と来るべき世における一切の権能を授けられました．天上の主キリストは，御国の永遠の財産を獲得し，来るべき世の力である聖霊を諸国民に注がれました[43]」．

E. 実現した終末的救いの最終的完成

上に述べたように，今は「終末の時代」であるが，そこには"すでに"と"いまだなお"という二つの側面があった．これは新約における終末論の本質的特質と言えよう．

ペンテコステの説教において，ペトロは自分たちが終わりの日に生きていることを明らかにした．その際，注目すべき点は，"終わりの日"という表現に関して，聖書の中で"終わりの日々"と複数で表現する場合と

Ⅰ．聖書における救いの歴史と終末論　*43*

"終わりの日"と単数で表現する場合があるという事実である．前者の例としては「キリストは，天地創造の前からあらかじめ知られていましたが，この終わりの時代に（「時」の複数形），あなたがたのために現れてくださいました」（Ⅰペトロ1：20，他にヘブライ1：2）を挙げることができる．後者の例としては「わたしをお遣わしになった方の御心とは，わたしに与えてくださった人を一人も失わないで，終わりの日に（単数）復活させることにある」（ヨハネ6：39，他に6：40，44，54，11：24）を挙げることができる．つまり，後者の場合には，現在の時代ではなく，常に来るべき時代，審判の日，復活の日のことを意味している．確かに現在わたしたちは「終わりの日々」に生きているが，キリストの再臨の時のあの「終わりの日」を待ち望んでいる存在だということである[44]．

「終末の時代」におけるこの二つの側面を，オスカー・クルマンは有名なたとえで説明した．D-dayとV-dayのたとえである．この場合のD-dayとは，キリストの最初の到来において戦争の決定的な戦いがなされ，そこで敵は決定的に打ち負かされた日を意味する．勝利はすでにそこで定まったが，戦い自体はなお続く．しかし，V-dayとは，キリストの第二の来臨において敵は完全に，徹底的に壊滅させられ，降伏するという「勝利の日」を意味する．新約聖書の「終末の時代」は，"すでに"と"いまだ"との間，D-dayとV-dayという二つの間に生きている時代だということになる[45]．

キリストの来臨，とりわけ十字架の死と復活において罪と死と悪魔的力に対する決定的勝利が与えられ，平和と救いをもたらす神の支配が打ち立てられた．今や，主キリストは神の右に勝利の主として座し，聖霊において終末の日における完全な勝利に向けて導いておられる．この行程は，世の終わりの「新しい創造」に至るまで続き，「神がすべてにおいてすべてとなられる」（Ⅰコリント15：28）ときにはじめて究極的なゴールに達する．これは「あらゆるものが，頭であるキリストのもとに一つにまとめられます．天にあるものも地にあるものもキリストのもとに一つにまとめら

れるのです」(エフェソ1：10) という聖書の言葉の成就を意味する．

　実現された終末的救いの最終的完成の内容については，本書の第Ⅲ章「個人的終末論」，第Ⅳ章の「一般的終末論」において詳細に論じることになるので，「聖書における救いの歴史と終末論」の叙述はひとまずここまでにとどめておくことにする．

註

20 以下の論述においては，牧田吉和『終末の希望に生きる──〔終末の希望についての信仰の宣言〕解説─』日本キリスト改革派教会憲法委員会第一分科会刊，2007年，38-63頁を参考にしている．
21 アルバート・M. ウォルタース，宮崎彌男訳『キリスト者の世界観　創造の回復』聖恵授産所出版部，1989年，65頁．
22 榊原康夫『創造と堕落』小峯書店，1966年，89頁．
23 以後の論述において，括弧内および註においては「ウェストミンスター小教理問答」「ウェストミンスター大教理問答」「ウェストミンスター信仰告白」をそれぞれ「ウ小教理」「ウ大教理」「ウ信仰告白」と略記する．なお，本文では全面表記を使用する．
24 『日本キリスト改革派教会宣言集』一麦出版社，2016年，112頁．
25 旧約学者 Th. C. フリーゼンは，神による世界創造に言及した後で，次のように注意を喚起する．「ここではまず，旧約聖書の宇宙的，普遍的な特質が注意に価する．というわけは，この点において旧約聖書はしばしば誤って解されてきたからであり，それと共に旧約聖書が開示する世界的な見方をかえりみることによって，はじめてその使信の壮大な視野が十分に展開されるからである」（田中理夫・木田献一共訳『旧約聖書神学概説』日本基督教団出版局，1969年，479-480頁）．
26 『日本キリスト改革派教会宣言集』46頁．
27 榊原康夫，前掲書，159頁．
28 A. A. Hoekema, *The Bible and Future*, Grand Rapids, 1986, pp. 4-5.
29 『日本キリスト改革派教会宣言集』46頁．
30 A. A. Hoekema, *op.cit.*, p. 5.
31 Th. C. フリーゼン，前掲書，512頁．
32 同上，513頁．
33 同上，514頁；G. フォン・ラート，荒井章三訳『旧約聖書神学　Ⅱ』日本基督教団出版局，1982年，153頁．
34 Th. C. フリーゼン，前掲書，511頁．
35 G. フォン・ラート，前掲書，161頁．

36 同上，161頁以下．
37 G. E. Ladd, *The Presence of the Future, The Eschatology of Biblical Realism*, Grand Rapids, 1974, pp. 9−60.
38 『日本キリスト改革派教会宣言集』113頁．
39 A. A. Hoekema, *op.cit.*, pp. 13−14.
40 *Ibid.*, p. 15.
41 *Ibid.*, pp. 16−18.
42 『日本キリスト改革派教会宣言集』113−114頁．
43 同上，114頁．
44 A. A. Hoekema, *op.cit.*, p. 19.
45 O. クルマン，前田護郎訳『キリストと時』岩波書店，1954年，69−70頁．
　なお，「D-day」とは，戦略上重要な攻撃が開始された日を意味する．歴史的に有名なのは，ナチス・ドイツに対する1944年6月6日の連合国軍のノルマンディー上陸作戦の決行日．この作戦は，その後の勝利を決定づける意味をもった．「V-day」とは，勝利の日のことを意味する．

II. 歴史における終末論

A. 教理史における終末論の未成熟

　この第II章では以後の論述を展開する上で，必要と考えられる終末論にかんする教理史的概観をしておくことにする．終末論にかんする個々の主題についての教理史的議論はそれぞれの項でも必要に応じて言及するので，このところでは概観にとどめる．

　終末論にかんして，教理史的に総括した上で，L. ベルコフは80年ほど前に次のように記している．

> 「最後のものに関する教理はいまだかつて神学者の関心の中心にあったことがない．それは，最も未発展の教理の一つであり，したがって詳細な議論を喚起するものではない[46]」．

　この意味において，教理史の叙述においても終末論に多くの頁が割かれることはまれであった．しかし，そのような中でJ. オアはすでに1901年には時代を先取りして次のように予想していた．

> 「わたしたちは現在，最後のものに関する教理が従来よりも多くの注意をひき，よりいっそう発展するような教理史上の地点に到達したのかもしれない」[47]．

　オアのこの予想は的を射たものであった．その後の1世紀間において終

末論は急速な発展を遂げたといえるからである．

1. 使徒時代から5世紀初頭まで

キリスト教は，最も初期の時代においても，キリスト教的希望のさまざまな要素について，いまだ部分的・断片的ではあったとしても十分に自覚していた．たとえば，次のような終末論に関係する諸要素を挙げることができるであろう．すなわち，肉体的死が永遠の死ではないこと，死者の霊魂は生き続けること，キリストが再臨すること，神の民の祝福された復活があること，それに続いて普遍的な審判があること，その審判では悪しき者には永遠の滅びが宣告され，敬虔な者は永遠の栄光をもって報いられることなどである．初期の頃には，終末論がキリスト教教理の構造的中心になるかのような様相さえ呈したのである．それは，最初の2世紀まで千年王国論がきわめて顕著であったという事実による．たとえば，千年王国論の思想はパピアス，エイレナイオス，ユスティノス，テルトゥリアヌスなどの著作に見られる．しかし，それはやがて後退し，終末論が大きく発展することにはならなかったのである．

2. 5世紀初頭から宗教改革まで

上述のように千年王国論は次第に忘れ去られ，教会の関心は未来に対してよりも，現在に向かうようになった．その理由としては，以下のような点が考えられる．
① モンタヌス主義（156－157年頃）の終末論的預言者運動に対する反動的警戒心．
② キリストの再臨がないまま何世紀かが経過し，迫害も止み，キリスト教はローマ帝国の中で確固とした位置を占めるに至り，ついには国教（392年）にまでなったこと．このために未来的希望よりも，

必然的に現在へと関心が向かうようになったこと.
③ アレキサンドリア学派,特にオリゲネス(185年頃−254年頃)によってもたらされた聖書の比喩的(アレゴリカルな)解釈は,聖書の歴史的解釈を弱体化させ,結果的に千年王国論的聖書解釈に打撃を与えたこと.
④ 西方教会では,アウグスティヌス(354−430年)が,現契約期の中に千年期を見出し,神の国と教会とを同一視し,その結果として教会の関心は未来から現在へと向かうことになったこと.

この時代において,確かに上に指摘したようなアウグスティヌスに見られる無千年王国論的理解が正統と見なされたのではあるが,それが体系的に展開されたわけではなかった.また,死後のいのち,キリストの再臨,死者の復活,最後の審判,栄光の御国についての信仰も存在はしたが,それが神学的に深められたわけでもない.アウグスティヌスの思想に見られるように,教会と神の国が同一視され(「神の国」20:7),「教会の外に救いなし」という理念が確立し,教権主義的な教会の組織が強化され,同時に教会自体がキリストの仲保的役割を担うことになった.それによって,終末的緊張は失われ,終末的関心は,千年王国的なものではなく,ますます個人化し,霊魂の死後の状態,特に煉獄の問題が注目されるようになった.その際,教会自体が仲保的役割を担うことになったことで,ミサや死者のための祈りや,免償符の問題も登場してくることにもなったのである.

以上のような教権主義的教会主義に対し,教会の形式主義と世俗化に対する反動,さらには抗議として千年王国論的運動も現れなかったわけではない.しかし,それはあくまで異端的セクトとしての動きにとどまった.中世における千年王国論運動については後ほどあらためて取り挙げることにする.

3. 宗教改革から 19 世紀まで

　宗教改革の神学的関心の中心は救済論にあった．すなわち，救いの適用とその獲得の問題であった．この点から終末論も把握され，したがって多くの改革派神学者たちも終末論を救済論の中で，具体的には信仰者の栄化の問題として扱ったのである．この結果，終末論は救済論のいわば"付けたし"のような位置を占めることになり，しかも終末論の一部分だけが研究され，展開されることにもなった．

　千年王国論に目を向ければ，確かに宗教改革も初代教会の教えであるキリストの再臨，体の復活，最後の審判，永遠の命などについて信じ，教えたことは事実である．しかし，千年王国論にかんしては，アウグスティヌスの無千年王国論的立場が引き継がれ，再洗礼派の熱狂主義に現れた千年王国論的思想は厳しく排除されることになった．このような宗教改革とその後の時代の千年王国論に対する批判的見解は，教会の公的信条にも表現されている．たとえば，ルター派信条では「アウグスブルク信仰告白」（1530 年）の第 17 条，改革派信条では「第二スイス信仰告白」（1566 年）の第 11 条などで，「ユダヤ的見解」として拒否されている．

　宗教改革は，確かに，ローマ・カトリックとの関係において，練獄思想に代表されるような死後の中間状態にかんする見解を退けたのではあるが，終末論それ自体の発展に神学的に大きく貢献したとは言えない．

　17 世紀になると，敬虔主義の流れの中で千年王国論が再び登場するようになる．すなわち，ルター派，改革派の神学者の中で，いわゆる千年期後再臨説の初期の形態が現れるようになる．

　18 世紀および 19 世紀は合理主義の時代であり，この時代の終末論は，無色の味気無い不死性の概念，死後の霊魂の単なる存続の思想だけをとどめたにすぎない．進化論の影響もあって，終末論はなくなったわけではないが，時代遅れのものと見なされるようになった．自由主義神学は，イエ

スの終末論的教えを無視し、その倫理的戒めに関心を集中させた。終末論はもはやその名に値しないものになったのである。永遠の命の希望に取って代わって、もっぱら地上における神の国の希望に強調点が置かれることになったのである。

しかし、18世紀および19世紀の脱終末論化の傾向の中にあっても、千年王国論がなくなったわけではない。ベンゲル学派によって、またエアランゲン学派によって、千年王国の教説は擁護されたのである。ホフマン（Hofmann）、デーリッチ（Delitzsch）、アウベルレン（Auberlen）、ローテ（Rothe）、エリオット（Elliott）、カミング（Cumming）、ビッカーステス（Bickersteth）、ボナー兄弟（Bonar）、オルフォード（Alford）、ツァーン（Zahn）といった人々によってその教説は唱道された[48]。

B. 20世紀における終末論

1. 20世紀における終末論の復権

20世紀は、H. ベルコフ（H. Berkhof）によって「終末論の意味を再発見した」といわれるほど、終末論の教理史的発展にとって重要な意味をもつ[49]。20世紀における「プロテスタント神学は、終末論を無視してはほとんどまったく理解できないし、また、終末論的でない神学は、現代神学でないと言って過言ではないのである」とさえ言われる[50]。したがって、概観的叙述であっても、現代の終末論の状況を見ておくことなしには、この後の論述を展開することは困難である。また、このような20世紀における終末論の特別な重要さのゆえに、一つの章として独立させて取り扱っておくことにする[51]。

しかし、上述のように20世紀は「終末論の意味を再発見した」と言われるのであるが、それはいかなる意味において語られるのであろうか。

一つは歴史的背景が考えられる．歴史的背景としては，特に 1914－1918 年の第一次世界大戦の歴史的経験が大きな意味をもった．それまでのヨーロッパ近代社会は楽観的・進化論的生活感覚の中に生きていたのであり，自由主義神学の繁栄に見られるようにキリスト教神学も例外ではなかった．しかし，世界大戦の破滅的惨禍の経験はそのような楽観主義を徹底的に打ち砕いたのである．その惨禍の経験をとおして楽観主義的進歩の理念に代わって，危機意識に裏付けられた究極的・終末的思惟が生まれてきたといえる．

　しかし，20 世紀の終末論の復権は，単に歴史的経験だけを理由にしてすべてを説明し尽くせるものではない．今一つの背景として，おそらく歴史的背景以上に重要な意味をもつのは新約聖書の歴史的・批評的研究による終末論の再発見であろう．

　この終末論の再発見との関連で，最初にその名を挙げなければならないのは，ヨハネス・ヴァイス（Johannes Weiss, 1868－1914）の名である．ヴァイスは，1892 年に『イエスの神の国の説教』（*Die Predigt Jesu vom Reiche Gottes*）を出版した．19 世紀の自由主義神学においては，たとえば，アルブレヒト・リッチル（Albrecht Ritschl, 1822－1889）は，神の国の神学者とよばれるほどに神の国を重要視したが，その内容理解はカント的な線に沿った倫理主義的なものに他ならなかった．そこには終末論的視点は失われていたのである．ヴァイスは，リッチルの神の国概念が 19 世紀の進化論的概念と非終末論的思惟に基づいていることを明らかにした．その上で，さらに宗教史学派の研究成果を用いてイエスの神の国の説教がユダヤ教黙示文学の終末論に規定されていることを明らかにしたのである．

　しかし，終末論の再発見との関連で，名を挙げなければならないもうひとりの神学者はアルベルト・シュヴァイツアー（Albert Schweitzer, 1875－1965）である．シュヴァイツアーは 1901 年『メシアの秘密と受難の秘密――イエス伝素描』（*Messianitäts- und Leidensgeheimnis. Eine Skizze des Lebens Jesu*）を出版した．ヴァイスの場合にはイエスの"説教"に終末論

的要素を見出したのであるが、シュヴァイツァーはそれでは不十分であり、"説教"だけではなく、イエスの"生涯全体"にまで終末論的解釈を一貫して"徹底"させねばならないと考えたのである。この意味において、シュヴァイツァーの終末論の立場は「徹底的終末論」(Consequent Eschtology) とよばれている。彼によれば、イエスはユダヤ黙示文学的終末思想に捉えられていたのであり、超自然的な神の国の到来が彼の存命中に実現すると信じていた（マタイ10：23）。しかし、期待したようには神の国は到来せず、そこで自分の死を犠牲にして神の国の到来を強いるという行動にでたのであるが、その期待は結局失敗に終わったというのである[52]。

このような聖書学における終末論の再発見は、教義学にも決定的影響を与えることになった。このような終末論的洞察を教義学において具体的に導入したのはK.バルトであった。

われわれは、バルトをはじめ、20世紀における終末論の教義学的な展開を以下において論及し考察を加えることにする。

2. 終末論の二つの類型
——「年代史的・水平的終末論」と「価値論的・垂直的終末論」

20世紀の終末論の教義学的な展開を扱うのであるが、あらかじめ序論的にふれておかなければならない問題がある。それは終末論的思考における二つの類型についてである。この二つの終末論的な思考類型を理解することなしに、20世紀の終末論を理解することはできない。

「終末論」（エスカトロジー）は、ギリシア語の「エスカトス」(eschtos) に言葉の起源をもっていることをすでに指摘した。「エスカトス」は、「終わりのことがら」という意味をもっているので、終末論は「終わりのことがらについての教え」ということになる。しかし、厳密に言えば、「エスカトス」は二つの概念を含む。その結果、今日では終末論

の思考において二つの類型が現れている．

　今日「終末論」という言葉が神学や実践の場でたびたび用いられるのであるが，その言葉によって何が意味されているのか，読み手あるいは聞き手には明確でない場合も少なくないように思われる．ここではその混乱を避けるために，「終末」（エスカトス）という言葉の概念を整理しながら，終末論の思考における二つの類型について説明しておきたい．それによって，20世紀の終末論をめぐる議論をより的確に理解できるはずである．

　(1)「年代史的・水平的終末論」

　第一の類型は，一般的には「年代史的終末論」(Chronological Eschatology) とよぶことができる．これは「エスカトス」という言葉を"長さの次元"，すなわち"水平的次元"における「終わり」を意味するものと理解する終末論である．この意味ではこの類型の終末論を「水平的終末論」(Horizontal Eschatology) とよぶことも許されるであろう．この場合には，終末論は，われわれの後方と前方の延長線という意味における歴史の「終わりのことがらについての教え」ということになる．これは伝統的な終末論の概念である．

　(2)「価値論的・垂直的終末論」

　第二の類型は，「価値論的終末論」(Axiological Eschatology) とよぶことができる．ギリシア語の「エスカトス」は，「終わり」を意味するだけではなく，「究極的なもの」をも意味する．この概念の意味するところを理解するためには，円における接線の例を考えるとよい．円における接点は「エスカトス」としての意味をもつ．円の内部に場所を占める者にとって，接点は「究極的なもの」なのである．円の内部を「時間的世界」と考え，円の外部を「神的・永遠的世界」と考えるならば，円の内部である「時間的世界」の中にいる者は，「神的・永遠的世界」が「時間的世界」に接線がふれるように，接点のまさにその一瞬において「究極的なもの」

「永遠的な究極的価値」にふれるのである.「究極的なもの」にふれるその一瞬において「時間的世界」の中にいる者に「究極的な出来事」が生起するのである.この出来事は「エスカトス」に関わる出来事であり,その意味で「終末論的出来事」とよぶことができるのである.一瞬にふれることにおいて生起する事態であるので終末的出来事として出来事性が強調されることになる.

この終末論的思考類型は,いわば「横」の次元における水平的・歴史的終わりの概念を,「縦」の次元に組み替えたものとも言えよう.すなわち,水平的次元における「最後的なもの」が未来的次元からこちら側の世界に突入してくるのに対して,垂直的次元における「究極的なもの」が上からこちら側に突入してくることを意味するとも表現できる.このような終末論は"垂直的次元""深さの次元"を問題にすることになる.この意味においてこの類型の終末論を「垂直的終末論」(Vertical Eschatology)とよぶことも可能である.この終末論のもつ実存的契機に着目するならば,この終末論の類型は「実存論的終末論」としての姿を現すことにもなる.

以上のような意味で,第一のものを「時代史的・水平的終末論」,第二のものを「価値論的・垂直的終末論」として類型化しておくことにする.第二のタイプは,初期のK.バルトさらにはR.ブルトマンなどの終末論的思考にその類型を見出すことができるであろう.これらの類型については,以下の論述であらためて取り上げてさらに考察する.第一の類型は伝統的な終末論的思考に属する.しかし,第二の終末論的概念は新しい概念である.この終末論的概念は,今日終末論の議論ではさまざまな形で登場するので的確に理解しておくことが必要である.

以上のように終末論には二つの思考類型が存在するのであるが,これら二つの類型を単純にそれぞれ別の類型として分離してしまってはならない.両者を分離せず,終末論的思考には「長さの次元」と「深さの次元」が密接不可分的に含まれることを念頭におくことが終末論の健全な理解のために重要である[53].この点についてもあらためて論及する.

3.「超越論的終末論」
——K. バルトの場合, P. アルトハウスの場合

われわれはすでに終末論的思考における二つの類型について論及した. 20世紀において, 終末論の新しい類型として登場したのは「価値論的終末論」「垂直的終末論」「深さの次元の終末論」であった.

この項で扱うのは, この新しい終末論の類型における上から下へと向かう傾向性をもつ「超越論的終末論」のタイプとしてのK. バルト（Karl Barth）, P. アルトハウス（Paul Althaus）の終末論についてである.

(1) K. バルトの場合

20世紀の終末論の復権の背景として言及したように, ヴァイスやシュヴァイツァーによって終末論が聖書の歴史的・批評的研究によって確かに再発見された. しかし, それはいまだ教義学的な形態を取っていたわけではない. 再発見された終末論が教義的形態をとったのはK. バルト（K. Barth, 1886－1968）においてであった. とりわけ初期バルトのそれであった. その際, バルトにとって終末論は「教義学の終わりにある無害な『終末論を扱った』小章」を意味してはいなかった[54]. バルトは, 当時の神学界に衝撃を与えた『ロマ書講解』（第一版1919年, 第二版1921年）を出したが, その中で「まったく絶対的徹底的に終末論でないようなキリスト教は, まったく絶対的徹底的にキリストと関係がない」と明確に語っている[55].

ここには「徹底的終末論」という言葉が登場するが, これを直接的にシュヴァイツァー的な意味内容において必ずしも理解する必要はない[56]. しかし, いずれにしても, 上記のバルトの主張を理解するには, 終末論の新しい概念を念頭におかなければならないであろう. すなわち, バルト自身が明言しているように, 終末論は教義学の終わりにやっと現れてくるよ

うないわゆる「年代史的終末論」を意味していない．これを理解するには，すでに指摘した「価値論的・垂直的終末論」の概念を思い起こす必要がある．

バルトは，『ロマ書』第二版の「序文」で次のような有名な言葉を記した．

> 「もし私が『体系』をもっているとすれば，それはキルケゴールが時と永遠の『無限の質的差異』といったことを，その否定的，肯定的意味においてできるだけしっかりと見つめることである．
> 『神は天にあり，汝は地上にいる』．この神のこの人間に対する関係，この人間のこの神に対する関係，私にとっては，聖書の主題であると同時に哲学の全体である．哲学者たちは，この人間の認識の危機を根原と名づけた．聖書はこの十字路にイエス・キリストを見る[57]」．

バルトにとって，神は「絶対他者」「完全な他者」であり，神と人間の間には「切断線」「死の一線」がある．神と人間とは「数学上の接点」「接線」「稲妻」の関係なのである．それは永遠と時間の"弁証法"であり，しかもそこには永遠による時間の審判の関係が存在する．永遠が一瞬にして時間にふれるとき，それは審判であり，審判を通して恵みの出来事，終末的出来事が生起する．「時間と永遠の恒久的危機」である．ここには"危機神学"とよばれるものの姿がある．

バルトは，ローマの信徒への手紙13章11節に関連して，このような終末的出来事について次のようにも述べている．

> 「永遠の瞬間はすべての瞬間に無比なるかたちで対立するが，それというのもこの瞬間はすべての瞬間にとって超越的な意味だからである．また「救い」，「日」，神の国は無比なるかたちですべての時間と対立するが，まさしくそれがすべての時間の充実化だからである．しかし，われわれは瞬間の系列の中に，時間の変遷の中に生きる．……．ある瞬間においてこの瞬間の認識が出来事とならざるをえず，あ

る時間の中で永遠への後退が出来事とならざるをえない[58]」．

このような終末的出来事性を中核にもつ「超越的・垂直的終末論」では，年代史的地平における終末的な宇宙論的破局やキリストの再臨は意味をもたなくなる．後に取り扱うブルトマンとは方向と性質が違うが，しかしバルトの終末論もその決定的・終末論的出来事性の強調において実存論的契機を含む終末論と性格づけることができよう[59]．

(2) P. アルトハウスの場合

ルター派神学者パウル・アルトハウス（Paul Althaus, 1888－1966）は，1922 年に『最後のことがら——キリスト教終末論試論』を出版し，しかも何度も版を重ねた[60]．アルトハウスは，この書の中で，黙示的・救済史的終末論を「終局史的終末論」（die endgeschitliche Eschatologie）とよんで，バルト同様，年代史的な意味での未来的終末論を否定し，超越論的な視点から「終末論と歴史的危機感とを同一次元で結びつけよう」としたのである[61]．アルトハウスは，終末論を「価値論的終末論」（Axiologische Eschatologie）と「目的論的終末論」（Teleologische Eschatologie）と区別したが，その際，彼はヴィンデルバント（Windelband）の価値哲学（Wertphilosophie）を用いてそれを説明した．

まず「価値論的終末論」についてであるが，ヴィンデルバントの概念では，一方では「無制約的なもの」（Das Unbedingte）の意味において「永遠的なもの」の概念が，他方において「制約的なもの」（die Grenztheit）の意味において「時間的なもの」の概念が導入される．

「永遠的なもの」が「規範的なもの」（die Normen）である．われわれは時間の中で生まれ，同時に時間を超えて妥当する現実性としてその「規範的なもの」に人生の時の流れの中で出合う．その際，"あるべき"であるという意識において，この「永遠的なもの」に直面するのである．このようにわれわれは時間のただ中で「時間を超えるもの」に出合い，「無制

約的なもの」に帰依することによって時間を超えるに至る．「終わり」すなわち「究極的なもの」は，「永遠的なもの」「無制約的なもの」が時間の中に介入する「価値的現実」において存在する．この「価値的現実」の中に時間と永遠の接点がある．この事態は「現在的体験」である．

次に，「目的論的終末論」についてであるが，これは上記の「価値論的終末論」から出てくるものであり，その結果である．アルトハウスは，第一版で次のように述べる．

> 「永遠なるものは今やただ単に与えられ（gegeben）ているだけでなく，同時に課せられ（aufgegeben）ているのである．それは意志に実現や決断を要求する．ただ単に存続する（bleiben）ものではなく，到来する（kommen）ものである．ただ単に時間の連続の中にある安らぎではなく，時間の単なる連続から歴史を形成するところの不安定である．こうして時間は歴史となるものであり，目的をめざした動きとなるのであり，無制約者に対する服従か不服従かの舞台となるのであり，決断の舞台，したがって行為の場，それ故に罪責の場，相克と緊張と闘争，そしてついにすすみゆく勝利の可能性の場となるのである[62]」．

アルトハウスの終末論は，バルトの終末論が倫理の不成立をもたらす傾向があるのに対し，倫理を位置づけようとする意図が明白である．「価値的現実」とは「与えられる」だけではなく，同時に「課せられる」現実だからである．すなわち，アルトハウスの「価値論的終末論」においては確かにバルト的な上からの超越論的終末論が継承されている．そこではルター派の信仰義認論が堅持されている．しかし同時に，「目的論的終末論」においては倫理が基礎づけられている．「所与あるいは賜物」（Gabe）と「課題あるいは使命」（Aufgabe）との関係において両者の関係が見られ，後者は，前者によってすなわち恵みによって基礎づけられた倫理を意味している．バルトのように永遠と時間の質的差別と同時に，アルトハウスの場合には上に指摘したような関係性も存在することがわかる．超越論的終末論ではあるが，倫理が意味をもち，歴史形成的方向性がそこに現れてい

るといえよう．オランダの改革派教義学者 K. スキルダーは，このようなアルトハウスの試みをバルトに比べて「妥協」（conpromis）の性格をもつと見なしている[63]．

4．「超越論的終末論」の軌道修正

　以上のように超越論的終末論の類型の代表的な例として K. バルトと P. アルトハウスを挙げることができる．しかし，終局的な未来的終末論を拒否した超越的終末論は，時間の経過とともに何らかのかたちで軌道修正がなされ，水平的次元における時間性が確保される傾向を示す．

　バルトについて言えば，すでに 1926 年の「死人の復活」（Die Aufentstehung der Toten）という主題によるコリントの信徒への手紙一15 章についての講義の中で，終末論における目的論的次元への軌道修正が見られるのである．さらに，1959 年の『教会教義学』（KD Ⅱ/1）においては，同様の問題点をかつての自著『ロマ書講解』の 13 章 11 節以下の釈義に関連して次のように率直に認めている．

> 「しかし，人はまた，いかにわたしがその際，まさに，ここの箇所の特別なことを，換言すれば，この箇所が時間に対して帰している目的論を，実際の終わりに向かっての時間の経過〔というもの〕を，多くの技巧と雄弁をもって通り過ごしていったかということをみるであろう[64]」．

　同じことが，アルトハウスの場合にも指摘できる．アルトハウスの『終わりのことがら』は版を重ねたが，第一版（1922 年）と第二版（1924 年）は同じであったが，第三版（1926 年），および第四版（1933 年）では大幅に内容が改訂された．第五版（1945 年）ではあまり大きな改訂はなされなかった．アルトハウスの場合には，すでに第一版においても上述の価値論的および目的論的終末論の区別によって明らかなように，目的論的方向性が自覚されていた．それはバルトとの微妙な差異性であった．しかし，

アルトハウスの場合には，版を重ねることをとおしてこの目的論的方向性すなわち水平的方向性がますます強調される傾向を示したのである[65]．

以上のように超越論的終末論の立場においてもその内容に微妙な変化が起きたことは事実であり，その意味では一方的なまた排他的な超越論的終末論でありつづけたわけではない．しかし，超越論的な意味におけるアクチュアリスティックな終末論としての基本的性格を失ったわけではないことは確かである[66]．

5. 「実存論的終末論」——R. ブルトマンの場合

垂直的終末論の一つの類型として上から下への「超越論的終末論」を見たのであるが，「垂直的終末論」には下から上への傾向性をもつ終末論も存在する．この意味において「垂直的終末論」のもう一つの類型と性格づけることができよう．このような終末論の類型としてR. ブルトマンの「実存論的終末論」を挙げることができる．この終末論は特に「深さの次元」を問題にする終末論とも表現できよう．

R. ブルトマン（R. Bultmann, 1884－1976）は，マールブルク大学でヨハネス・ヴァイスの伝統を受け継ぎ，宗教史学派の終末理解に近い立場であった．しかし，弁証法神学との接触によって，新たな終末理解に達したのである．

ブルトマンによれば，年代史的意味における終局史的終末論は神話論的と見なされ，それは「神話論的表象の背後に隠されたより深い意味の再発見」のために非神話化され，解釈されなければならないものである[67]．

しかし，この意味における非神話化の過程は，すでに新約聖書自身の中に見出される，とする．ブルトマンは次のように指摘する．

「イエスの終末論的説教は，初期キリスト教によって，神話論的様式のまま保存されたが，しかしかなり早くからすでに非神話化の過程がはじめられた．その一部

分は，パウロによって着手され，ヨハネによって徹底的に遂行された[68]」．

「パウロとヨハネによれば，終末論的なできごとは劇的な宇宙論的破局として理解されるべきではなくて，イエス・キリストの出現をもってはじまり，それにつながって歴史の中で繰り返し起こる歴史内の事件として理解されるべきであるが，どの歴史家によっても確証され得るようなかの歴史的発展としてではない――というこのことはキリスト教使信の逆説である[69]」．

しかし，この場合の「終末論的できごととは何か」が，次に問われなければならないであろう．ブルトマンは，次のようにこれについて述べる．

「新約によれば，イエス・キリストは終末論的なできごと，神がそれによって古き世界を終わらしめるところの神の行為である．キリスト教会の説教において，この終末論的なできごとが常に繰り返し現在となるであろうし，信仰において常に繰り返し現在となるのである．信仰にとって古き世界はその終わりに達したのであって，彼は『キリストにある新しき被造物』である．何故なら，信仰者自身が『古き人間』としてその終わりに達し，今や『新しき人間』，自由なる人間であるという事実と共に古き世界がその終わりに達したからである[70]」．

「それ〈終末論的なできごと〉は説教と信仰とにおいて繰り返しできごととなる．イエス・キリストは過去の時代の確立された事実として終末論的できごとであるのではなく，繰り返し現存するものとして，説教を通してここでいまあなたやわたしに呼びかけるものとして終末論的現在なのである[71]」．

「語りかけがなされるそのつどの今が，この瞬間が，終末論的今（eschatologisches Jetzt）である．死か生命かという決断がそこで下されるからである[72]」．

以上のように，ブルトマンにおいて，水平的次元における目的論的終末論は否定され，終末論は垂直的な意味における実存的次元に還元される．したがって，終末論の類型としては「垂直的・価値論的終末論」の枠組みの中に入ってくるものであり，"深さ"の次元が問題になっている．しかし，この立場はバルトやアルトハウスの場合のように「超越論的終末論」と性格付けるのは困難である．確かに，ブルトマンの場合にも，人間の終末的実存が生起するのは「外から」すなわち，「説教の呼びかけ」による

のであり、さらにそれに対する信仰の決断による。しかもその決断は、「神の恩寵に基づく新しい生を受け取るという決断」なのである[73]。したがって、"信仰のみ、恵みのみ"というルター的「信仰義認論」が展開されているとさえ見ることができる[74]。

しかし、宗教改革者の主張した"キリストのみ"、しかも水平的次元における歴史のただ中で、史的事実として十字架に死に、復活し、昇天し、神の右に座し、やがて再臨する、われわれの"外なるキリスト"は、ブルトマンにおいては場所をもたない。したがって、実存を生起させるケリュグマは"外"の根拠をもたず、内容もない。また、信仰の決断は、恵みに基づくと主張されても、それはあらゆる現在の瞬間に求められる人間の責任ある"決断"に最終的には委ねられることになる。まさにこの点でブルトマンの終末論における下から上への傾向性を指摘しなければならない理由がある。この場合には、彼の終末論が「垂直的」とは言えても、「超越論的」と性格づけることはきわめて困難である。さらに、「あなたのまわりを見まわして普遍史をのぞきこんではならない。あなたは自分自身の個人的な歴史（your own personal history）を見つめなければならない」とも語られる[75]。このような終末論は信仰の「非世界化」をもたらし、きわめて個人的なものに還元されることにならざるをえない。この意味において、ブルトマンの終末論は「実存論的終末論」と性格付けることが最も適当であろう[76]。

6.「現在的終末論」── C. H. ドッドの場合

C. H. ドッド（C. H. Dodd, 1884−1973）の終末論を「垂直的終末論」に類型化することはいささか単純化のそしりを免れないかもしれない。しかし、以下で論及するように、終末の現在性を強調して未来性を重視しないという点で「垂直的終末論」の類型の中に数えることも許されるであろう。

C. H. ドッドは、1935 年に『神の国の譬』(*The Parables of the Kingdom*)、さ

らには 1938 年に有名な『使徒的宣教とその展開』(The Apostolic Preaching and Its Development) を出版した[77]．ドッドの立場は，「現在的終末論」とよばれている．上に見たブルトマンの終末論も「現在的終末論」とよばれる場合があるが，ドッドの場合にはブルトマンとはその内容を異にする．ブルトマンの場合には，上述のようにケリュグマに対する信仰の決断による実存の終末論的現在性を意味している．これに対して，ドッドの場合には，実存論的現在性ではなく，それまでの期待がようやく実現されたという意味における"現在性"なのである．したがって，ドッドの終末論は「現在的終末論」ではあるが，「実現された終末論」(the realized eschatology) としての「現在的終末論」なのである．

この点をより正確に表現すると，ドッドは，「終末論と歴史」という論文の中で[78]，マタイによる福音書12章28節，使徒言行録2章16節，コリントの信徒への手紙二5章17節，コロサイの信徒への手紙1章13節，コリントの信徒への手紙二3章18節，テトスへの手紙3章5－6節，ヘブライ人への手紙6章5節，ペトロの手紙一1章23節，ヨハネの手紙一2章8－18節などの聖書箇所を挙げた上で，彼自身は次のように説明している．

> 「これらの多くの同様な聖句から明らかなことは，総じて新約聖書の記者たちにとっては，『最後のもの』が歴史の中にはいったということである．神の隠された支配が現わされ，来るべき時代が到来したのである．原始キリスト教の福音は現在終末論（Realized eschatology）の福音である[79]」．

この主張のもっている意味をより明確に認識するためには，シュヴァイツァーの「徹底的終末論」と対比して考えてみるとよい．すなわち，シュヴィツアーの場合には神の国は未来的でありつつ，結局それは「実現しなかった」と見なしたのに対して，ドッドの場合には神の国は「実現した」と考えたのである．

たとえば，『神の国の譬』の結論部分で，ドッドは次のように述べている．

> 「……イエスは黙示文学の伝統的な象徴をかりて，神の国の『他界的』な，絶対的性格を示そうとしたと同時に，彼は色々の譬を，神の国が，ここに，今，人々のところに来ているという観念を強調し，例示するのに用いたように見える．想像も及ばないことがすでに起こっている．歴史が永遠なるものをあらわすものとなってきている[80]」．
>
> 「世界は神の劇の舞台となっている．その舞台の中では永遠の諸問題があらわにおかれている．今は決断の時である．それは〔現在において〕実現されている終末論である[81]」．

『使徒的宣教とその展開』においては，イエスの説教と使徒の説教とが同じであることが明らかにされている．また，ドッドは「パウロ書翰と使徒行伝の説話とを比較してみれば，使徒的宣教の梗概の叙述が，かなり明瞭に，正確に与えられるのである」と述べ[82]，さらに次のように言う．

> 「使徒たちの初期における態度はどうであったろうか．初代教会は『神の国はすでにあなたがたのところに来たのである』（マタイ12：28, ルカ11：20）との言葉を，主の言葉として伝承してきたことを，わたしたちは記憶しなければならない．これは，偉大なる神的事件，最後のもの（eschaton）が，すでに歴史の中に入って来たことを意味する．これと一致して，パウロとエルサレム教会の宣教は共に，決定的事件がすでに起こったことを断定している．預言は成就されたのである．神は，その『大いなる業』を示されたのである．メシヤは来たのである．彼は神の右に上げられた．彼は御霊を与えたが，この御霊は，預言者によれば『終わりの時』に来るべきものであった[83]」．

以上のように，ドッドは「実現された終末論」を主張する．しかし，その場合に問いが残る．すなわち，彼が主張する「実現された終末論」において"未来的要素"はどのように位置づけられるのかという点である．

ドッドは「神の偉大なる行動は，メシヤの派遣，その奇跡的事業と権威ある教訓，（神の定められた御旨とあらかじめ知られたところによる）彼の死，後の復活，および彼の神の右に挙げられること，などの諸段階を

すでに経たのであった．そして今や彼の再臨によって，その終極点に達せんとしているのである」と言う[84]．この場合の再臨は「早い（early）再臨ではなく，差し迫った（immediate）再臨」を意味した[85]．すなわち，先行する救済の出来事の諸段階と再臨とは「分かちえざる一体としての経験」を意味したのである[86]．しかし，時が経つにつれ，この「分かちえざる一体としての経験」は破られることになる．主は雲に乗って来られなかったからである．いわゆる「再臨の遅延」の問題である．この点に関連して，ドッドは次のように考えるのである．

> 「わずか3，4年に足りぬ年月が過ぎたのに，本来の分かちえざる経験の分裂が，いつの間にか彼らの心の中に生じたのである．というのは，これらの年は，言わば，うるう年で，神の目的の最初の暦にはなかったのであるから，その結果として，その調整が要求せらるるに至ったことは，初代のキリスト教思想の展開の主要な原因であった[87]」．

以上のように，ドッドにとって終末論の未来性は再臨の遅延による調整が必要となった結果なのである．この調整の必要性から，実現された終末論のゆえに壊されていたユダヤ教終末論の構想があらたに再建されることになったのである[88]．ドッドは「キリスト教以前の終末論に逆戻りした結果は，ヨハネ黙示録自身の調子と気分の中に明らかである」と断ずる[89]．つまり，ドッドにとってヨハネの黙示録に典型的にみられる調整され，改訂された未来的終末論の要素は「現在的終末論」としての使徒的福音からの逸脱を意味したのである．

事情は以上のとおりであったが，ドッドはこの逸脱から「現在的終末論」が正当な取り扱いを受けるような動きが聖書自身の中にあるとして，以下のように指摘する．

> 「現在的終末論（Realized Eschatology）の原理が初めて正当な十分な取り扱いを受けるのは，パウロの書簡においてである．この終末論こそ全ケリュグマの中心な

のである．黙示録記者がまったく幻想的な用語で預言したあの超自然的生命の秩序は，今や経験的事実として示されるのである[90]」．

さらに，パウロ書簡以上に，ヨハネ福音書において「ケリュグマにおける素朴な終末論的要素が，いちじるしくみがきをかけられている」のが見られるとする[91]．この意味において，ドッドは第四福音書を高く評価するのである．このようにして「パウロとヨハネの著作は，新約聖書の使徒的宣教を，最も意義深くまた広範に展開したものである」と判断されるのである[92]．

ドッドの主張する「現在的終末論」において注目すべきことは，このような終末論が特に聖餐式と結びつく点である．聖餐式は，再臨において来たらんとするキリストを待ち望む礼典ではない．そうではなく，「聖餐式は実現された終末論の一つの礼典」なのである[93]．

ドッドは次のように語る．

「一つ一つの聖餐式は，それによってキリストの来臨が次第に近づく過程の一段階ではない．もしくはそれによって地上（に建てられる）神の国という遠い目標に，徐々に近づく道路上の一里塚ではない．それはイエスが来られたあの決定的瞬間を再び今に生きることである[94]」．

この意味において「聖餐式は実現された終末論の一つの礼典として述べることができる」ものなのである[95]．

7.「年代史的終末論」
——O. クルマンの場合，J. モルトマンの場合，A. ファン・ルーラーの場合

類型的に言えば，これまで扱ってきた終末論，すなわち初期バルト，アルトハウス，ブルトマン，ドッドなどの終末論は垂直的，価値論的，実存論的終末論であり，少なくとも水平的次元の方向性が弱体化している終末

論である.これに対して,この節で扱う終末論は水平的な次元が決定的な意味もつ終末論の類型,すなわち「水平的・年代史的終末論」に属するものである.

(1) O. クルマンの場合

「水平的・年代史的終末論」の典型は,O. クルマン(O. Cullmann, 1902 －1999)が彼の著『キリストと時』(*Christus und die Zeit*)において展開した終末論である[96].

クルマンは,この書においてギリシア的時間構造と聖書的時間構造の差異について論じている.ギリシア的な時間概念については,次のように述べている.

> 「ギリシャ的な考えにあっては,時間が,始めと終わりをもった上昇する線ではなく,円環として考えられているために,人間が時間にしばられているということが,奴隷状態であり,呪いとして感ぜられなければならない.時間は,永遠の環をえがいて運動し,すべてのものが回帰する.その故に,また……すべてのギリシア的な救済の努力も,この永遠の円環運動から解放されること,即ち時間自身から解放されることに向けられているのである[97]」.

このような時間概念においては,救済は上記の引用においてもすでに言及されているが,さらに次のように述べられることになる.

> 「ギリシャ人にとって,救いが,時間的出来事のうちに行われる神の行為によって来るべきであるとは,考えられない事である.…….救いについてのギリシャ的な考えは,従って空間的であり,こなたあなたの対立によって規定されていて,いまとその後という時間的な対立ではない.その円環的時間観からして,時間的には規定せられえないのである[98]」.

このようにギリシア的時間と救済概念を規定した上で,クルマンはK. バルトの終末論の概念を批判するのである.

バルトにかんして言えば，クルマンは，1939年の『教会教義学』(KD. I/2)における「新約信仰の，徹底したキリスト中心の性格を認識する点で」評価する[99]．しかし，1940年の『教会教義学』(KD. II/1)にふれつつ，クルマンは，「彼の以前の著作，殊にロマ書の時間観にあらわれる哲学的影響は，1940年の教理学の中においても亦，未だにその跡をとどめている」と指摘し，この教理学においてさえ「永遠が再び時と質的に異なったものとして把握される危険，……プラトン的な無時間の永遠という考え，再び執拗に迫って来る危険が現われている」と批判するのである[100]．

クルマンは，ブルトマンにかんして，新約学者として，彼が様式史的方法によって「福音書が傳記ではなくて信仰の證しの書であることを明白に示したこと」を評価する[101]．しかし，クルマンは，ブルトマンが「非神話化」の企てにおいてキリスト教の宣教から，その救済史的，時間的枠を剥奪し，救済史的"神話"の意味自体を問い，そうすることによって「最初から，時間的及び歴史的なるものを，中核から除去しうる外衣とみなす」，まさにそのところで原始キリスト教とは異なると判断し，批判するのである[102]．すなわち，救済"史的"な性格が取り除かれる点に聖書的時間との相違を見出すのである[103]．

このような見解に対し，クルマンは自らが理解する聖書的時間構造を提示する．

まず「すべてのキリスト教神学は，その根本的な性質上聖書的歴史であるという事実」を指摘する．さらに，「平凡な時間的な出来事の直線の上に於て，ここに神が自らを啓示し，そこから歴史全体だけでなく，自然界の出来事をもまた支配するのである！　ここでは時間及び歴史を度外視して，神について思弁をなす余地は存在しない」という大前提を明らかにするのである[104]．

「平凡な時間的な出来事の直線の上に於て」と述べているように，クルマンにとって水平的な意味における年代史的時間の枠組みは聖書的時間概念にとって決定的に重要なものなのである．クルマンは，このような聖書

的な意味における年代史的な時間把握を救済史的な時間把握と考えるのである．この救済史的な時間把握は，二つの特質をもつ．

　「第一には，救済が過去現在未来を包括する連続した時間的出来事に結び付けられている．啓示と救済は上昇してゆく時間の線上において行われる[105]」．

これは，ギリシア的な円環的な時間概念と一線を画すものである．

　「第二に，この救済史的な時間評価の特徴をなすのは，この救済の線のすべての点が，中心たる一つの歴史的事実にむすびつけられていることである．即ち，まさにその平凡な一回性において救済を決定的にする，イエス・キリストの死と復活という事実である．ここにおいて示さるべきは，いかに全体の線の種々な個々の部分が，たえずこの中心から規定せられていて，しかもその独自の時間的な意義をもっているかという事である[106]」．

以上のようなキリスト教的な救済史的時間把握において，ユダヤ教的時間把握との差異も明瞭にされている．クルマン自身が両者の差を下図のように説明している[107]．

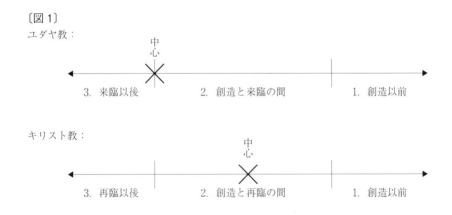

〔図1〕

クルマンによれば，聖書的時間は三つの部分に分けられる．「創造以前

の時」「創造より来臨（パルーシア）までの時」「来臨からはじまる時」という三つ部分である．この三区分は，ユダヤ教においてもキリスト教においても共通であり，決して廃棄されることはない．直線的時間概念においても，救済史が上昇する線の上で展開することも両者に共通である．では，ユダヤ教とキリスト教との相違点は何か．

　相違点は救済史の中心にかかわる．ユダヤ教の場合には，決定的な中心として，未来におけるメシアの来臨，メシアの救済の時の到来が考えられている．救済史の中心は前掲図の枠組みの第二と第三の切れ目と一致するのである．

　一方，「信仰をもつキリスト教徒にとっては，復活以来，中心がもはや未来にはないのである[108]」．すなわち，中心が三つに区分された線の切れ目の一つに合致するのではなく，二番目の区分のまん中に来て，そこに新しい刻み目をつくるのである[109]．三区分の枠組みに関して言えば，第三部分のメシアの再臨とともに始まる終末のときはまだ来ていない．キリスト教の場合にも，この意味における未来性は残っているのである．このようなキリスト教的時間把握，キリスト教的救済史理解に関して，クルマンは有名な例をもってつぎのように説明する．

　　「したがって待望ということは，ユダヤ教の場合と同じように残っている．ユダヤ教徒によって未来から待ち望まれたことは，引き続いて，未来から待ち望まれる．しかし，それはもはや救済史の中心ではない．逆にその中心は，いまやある歴史的出来事の中に存在している．中心はすでに到来した．しかし，終わりはまだ来らないでいる．この考えを一つの例によって明かにしてみよう．戦争の際に，その勝敗を決する戦闘は，戦争の比較的に初期の段階ですでに行われてしまっていることがありうる．しかも戦争は，なお長い間つづけられる．かの戦闘の決定的な影響力は，恐らく全部の人には認識されないのであるけれども，それはすでに勝利を意味している．しかし，戦争は，なお或る期間，『勝利の日』まで継続されねばならないのである．まさにこれが，新しき時の区分の認識によって，新約の自覚している状態である．啓示とは，十字架のかの出来事が，それに続く復活とともに，す

でに行われた決戦であったということが宣べ伝えられる, まさにその点なのである[110]」.

　以上のようなクルマンの終末理解は, A. シュヴァイツァーの「徹底的終末論」に対する批判を含むものであった. シュヴァイツァーは「出来事の中心としての未来におけるメシアの時代の到来」を考えるからである[111]. それに対して, 上述のようにクルマンにとってはキリストによって中心がもたらされたのである.

　次に, ドッドとの関係で言えば, クルマンは, ドッドと一致して, キリストの到来は旧約の終末的期待の成就を意味し, 神の国の到来を告げるものであった. われわれは, "すでに", 終わりの日, 新しい時代の只中にいる. 歴史の中に終末的事態が "すでに" 入りこんできているのである. しかし, ドッドとは異なって, クルマンは, 確かに "実現された終末論" を受け入れるのであるが, 同時に "未来的終末論" にも場所を与える. すなわち, クルマンは, 歴史の中に入りこんできた終末的神の国の未来的完成を承認するのである. "すでに" と同時に "いまだ" の次元を承認する点で, ドッドとは異なるのである.

　このようにクルマンの終末論を概観してくると, クルマンが "救済史学派" とよばれるのも肯けるし, 歴史的改革派神学の正統的立場からも評価されるのも理解できる[112]. この意味において, プリンストン学派の聖書神学者ゲルハルダス・ヴォスの終末論との親近性が指摘され, オランダ改革派の著名な新約学者ヘルマン・リダーボスも同一線上の神学的立場として扱われる理由もあるのである. むしろ, この種の救済史的思惟は, 改革派神学の特質であり, クルマンもまたその伝統を現代的な意味で提示したという方が事態を正確に言い当てているのではないかと思われる[113].

　しかしながら, クルマンの終末論に問題がないわけではない. とりわけ批判が向けられるのは, クルマンの「永遠」の概念に対してである. クルマンは, "元始" と "終末" について次のように語る.

「この出来事（聖書の啓示の出来事のこと——筆者）がいまだに存在しないかのはじめの状態，及び，この出来事がもはや存在しない終末の出来事に続くところのこの終極の状態，については，新約聖書の本題から離れた全く欄外的な個所で語られているにすぎない．新約聖書の真に独自な題目とは，決して『安息』の時ではない[114]」．

さらに，次のように結論する．

「聖書のすべての発言は，神の行為，即ち啓示を問題にするということを考察するならば，すでに，我々は次の如きことをさしひかえねばならない．即ち，聖書——新約も旧約もふくめた——の時の考えを理解するために，ある思弁的な，即ちこの啓示の出来事から遊離した永遠の概念から出発すること，例えば神の『安息』についての思弁から出発するなどのことである．この理由から原始キリスト教において，永遠は無限のうちにむかって延長された時間としてのみ考え得られるものである[115]」．

このようなクルマンの永遠理解に対して，ここでは神と人間との境界線があいまいにされ，神の超越性を正しく位置づけることができなくなる点が指摘されなければならない．ヘンドリクス・ベルコフが「クルマンに対して，絶対に時間をこえた神の永遠が，神と人間との限界を拭い去るという条件で人間にあてはめられてはならないことを，徹頭徹尾主張しなければならない[116]」，あるいはまた「人間と共にいます神は，神と人間を包括する一種の"時間"という神に服従せしめられている[117]」と批判するとき，われわれもまたベルコフと声を一つにしたい．これは，垂直的終末論への反動として，もう一つの極端へと振れてしまった一例と見なすことができるであろう．

(2) J. モルトマンの場合

水平的・年代史的終末論の類型に入る第二の例は，モルトマンの終末論

である．ユルゲン・モルトマン（Jürgen Moltmann, 1926－）は，1964年に『希望の神学』（*Theologie der Hoffnung*）を出版し，この書において彼の終末論的神学を提示したのである．

この書において，モルトマンはバルト，ブルトマン，アルトハウスなどの垂直的，実存論的，価値論的終末論を取り挙げて，次のように批判する．

> 「永遠をバルトのように超越論的に理解し，非歴史的なもの，超歴史的なもの，あるいは原歴史的なものについて語ったとしても，あるいは終末をブルトマンのように実存論的に理解し，『終末論的瞬間』について語ったとしても，あるいはそれをパウル・アルトハウスのように価値論的（axiologisch）に理解し，『時間の海のそれぞれの波がいわば永遠の岸辺を打つ』のを見たとしても，人はこれらの時代には，まさに敬虔な救済史的な歴史終末論や，世俗的な，進歩を信じる歴史終末論を克服しようとの努力の中で，一つの超越論的終末論に帰一したのであり，それと共に原始キリスト教終末論の発見は，再度展開される前に隠蔽されてしまったのである．実に，終末論の超越論的理解は，教義学における終末論的次元の出現を妨害したのである[118]」．

しかし，モルトマンにとって，なぜこれらの垂直的終末論が問題なのであろうか．なぜ「教義学における終末論的次元の出現を妨害した」というのであろうか．この点について，モルトマンは次のように指摘する．

> 「さて，終末論の固有の言葉がなお今日隠されているようなこれらの思考形式は，徹底的にロゴスの中に，存在の永遠の現在の顕現を経験し，その中に真理を見出すというギリシア的精神の思惟様式である．近世においてはカント的に思惟されるところにおいても，根本的にはこの真理概念が意図されている．しかし，キリスト教的終末論の固有の言葉は，ギリシア的ロゴスではなく，イスラエルの言語・希望・経験が示したような約束なのである．イスラエルは，神の真理を永遠の現在の顕現のロゴスの中にではなく，希望を基礎づける約束の言葉の中に見出したのである．それがゆえにここでは，全く違った，開放された仕方で歴史の体験がなされたのである[119]」．

以上のように，モルトマンは，クルマンと同様に，それが，超越論的であれ，実存論的であれ，価値論的であれ，垂直的終末論の類型は，ギリシア的思惟，あるいはカント的思惟のカテゴリーの中にあるものと理解するのである[120]．それに対して，それらの終末論においては失われているイスラエルの約束の概念を明示し，終末論における「希望」の水平的次元を見出そうとするのである．

このようなモルトマンの終末論的思惟には，ブルトマンにおけるM. ハイデッガーの実存論的哲学の場合と同様に，ユダヤ人哲学者エルンスト・ブロッホの『希望の原理』（E. Bloch, *Das Prinzip Hoffnung*, 1959），すなわちマルクス主義的「希望の哲学」が背景に存在する，と言えるであろう[121]．神学的には，オランダの改革派神学者ファン・ルーラー（A. van Ruler）の影響をモルトマン自身も明確に告白している[122]．さらに，フォン・ラート（von Rad）に代表される旧約聖書学も彼の終末論的思惟に洞察を与えた点も見逃すことはできない[123]．

モルトマンは，ギリシア的・カント的な終末論を批判し，水平的意味における未来的終末論を企てる．しかし，それは従来の年代史的終末論とは異なる．モルトマンは，従来の年代史的終末論について次のように批判的に述べる．

> 「それゆえ終末についてのこれらの教えは，キリスト教的教義学の終わりに来る実に不毛な事柄を取り扱っていたのである．……．終末論的なものは何かキリスト教に付随しているものではなく，それは端的にキリスト教信仰の媒体なのであり，キリスト教信仰において一切が規定される原音なのであり，ここにおいて一切がその中に浸されるところの待望された新しい日の曙光の色なのである[124]」．

従来の年代史的終末論は，最後のものを時の終わりに突如として起こることとして最後の日にまで延期し，その結果終末論を「キリスト教教義学の終わりに来る実に不毛な事柄」にしてしまったと批判しているのである．これに対して，モルトマンは，終末論は「キリスト教信仰において一

切が規定される原音」だと主張するのである．このことの意味内容について，次のように述べる．

> 「……聖書的な希望の契約においてわれわれに出会うところのものは，新しいものへの約束として，神からの未来への希望としてわれわれに出会うのである．ここで語られる神は決して世界内的あるいは世界外的な神ではなく，『希望の神』（ローマ 15：13）なのであり，『存在の特性としての未来』（Futurum als Seinsbeschaffenheit）をもつ神（E. ブロッホ）なのである．その神は，出エジプトやイスラエルの預言によって知られたのであり，それゆえ人が自分の中や自分の上にではなく，本来的にはただ自分の前に持つことができる神であり，人にその未来の約束において出会い，それゆえ『持つこと』ができず，ただ活き活きと望みつつ待望することができる神なのである．それゆえ正しい神学は，その未来の目的から出発して考察されなければならないであろう．終末論はその終わりではなく，その始めでなければならないであろう[125]」．

この引用において，モルトマンの終末論的な思惟がきわめて特徴的に現れていると言えよう．このような思惟は一見すると特にバルトに見られるような超越論的終末論とは全く対照的な別の思惟のように見える．しかし，ある意味ではバルトとの思惟構造の"親近性"を示しているといえるであろう．バルトの垂直的な超越性の思惟を水平面に横倒しにした思考構造を考えてみるとよい．すなわち"超越的な上から下へのタテの思考"をそのまま横倒しにして"超越的な未来から現在へのヨコの思考"を想定すれば，モルトマンの思惟の特質を明確に洞察できるはずである．バルトの「垂直的な超越性」の主張に対して，モルトマンの場合には思考の枠組みを横関係におき直した「未来的超越性」の主張と言えるであろう．啓示は"上から"垂直的に突入してくるのではなく，未来的超越性の場合には"前から"突入してくるのである．バルトの場合に「上から」の啓示を"もつ"ことができず，"待つ"ことしかできなかったように，モルトマンの場合にも「前から」の啓示を"もつ"ことができず，"待つ"ことしかできないのである[126]．このように両者の間の思考構造のある"親近性"を指摘できるであろう．

もちろん，神学的思惟が"上から"の超越性から出発するならば，"点"は形成可能としても，"線"を形成することは困難である．水平的次元における歴史の視野は開くことは難しい．その意味で言えば，未来的超越性による"前から"の終末論は，"線"の次元，すなわち水平的次元における歴史的局面を切り開くことになる．それは，キリスト教をして終末的に基礎づけられた歴史形成を可能ならしめることになる．モルトマンの意図もこの点にあるであろう．

しかし，以上のような意味において未来的に方向付けられた終末論が成立するとしても，そのときモルトマンの終末論はいわゆる未来論，すなわちその終末論的精神においてユートピア的性格をもつ未来論とはどのように区別されるのであろうか[127]．この問題が提起されることになる．

この問題はフォイエルバッハの宗教批判との関係においても問題になる．バルトは"下から"のあらゆる神認識への道を閉ざし，"上から"の啓示による宗教批判を徹底的に敢行した．それは，フォイエルバッハの宗教批判を自覚してのことであった．すなわち人間の願望の反映としての宗教，したがってその種の"宗教"としてのキリスト教の拒否をも意味した．

同様なことはモルトマンの未来的超越論の終末論にも妥当する．ユートピア的な意味における未来的終末論は，水平的次元における人間の願望の反映と見なすことができる．これをモルトマンは当然のことながら承認することはできない[128]．とするならば，いったいどの点にその種の楽観的・未来論的終末論との差があるのであろうか．次のようなモルトマンの言葉が，その問いに対する答えを与えることになる．

　「信仰はこれら現実的なものを天国的なもの，ユートピア的なものに移しかえるのでもないし，一つの他の現実を夢見るのでもない．信仰は，苦難・罪責・死の中に取り囲まれている人生の限界を，それらが現実(リアル)に打ち破られた場所においてだけ踏み越えうる．……．十字架につけられた者の復活において，すべての人間の望みが尽きる限界が打ち破られたあの場所において，信仰は希望に向かって自らを広げ

ることができるし，広げなければならない[129]」．

あるいは次のようにも語る．

「それは，キリストの復活の中に天国の永遠をではなく，そこに十字架が立っている大地の未来を認識するのである．それはキリストの中に，彼がまさにそのために死んだ人類の未来を認識するのである．それがゆえに十字架は大地の希望なのである．それゆえにこそ，この希望は，身体の服従を求めて苦闘するのである．なぜならそれは，身体から生かされることを待望するからである．それゆえ，この希望は破壊された大地とさいなまれた人間を柔和の中に引き受けるのである．なぜなら，その希望には全世界が約束されているからである．ほむべきかな十字架——唯一の希望よ！（Ave crux-unica spes!）[130]」．

以上の引用は何を意味するのであろうか．フォイエルバッハによる宗教は，指摘したように人間の願望の反映であり，人間を現実的なものから天国的なもの，ユートピア的なものに移し変える機能を果たすことになる．しかし，モルトマンによれば，「信仰は世界逃避や諦念や遁世とは関わりえないのである[131]」．むしろ，復活は天国の永遠ではなく，十字架が立っている大地の未来を，大地の希望を見させるものである．さらに，「この希望は，《永遠の都》に固定しようとする人間的社会においては，キリスト教会を絶えざる不安へと駆り立てる．その希望は教会を，ここにおいて告げられた来るべき未来の光において，正義・自由・人間性の実現のために常に新しい衝動の源泉とするのである[132]」．つまり，「キリストに望みをかける者は，もはや与えられた現実と妥協できず，それに苦しみ対立し始める．神との平和は世との不和を意味する[133]」．

ここには，フォイエルバッハの宗教批判を，しかも社会的次元にまで展開したマルキシズムの「宗教アヘン論」まで視野においた宗教批判を意識した神学的展開がある．その宗教批判の克服が明らかに自覚されている．したがって，キリスト教信仰は逃避や諦念や遁世ではなく，変革の戦いへ

と向かわしめる戦いの神学としての性格をもつことになる．キリストの復活の中に十字架が立っている大地の未来を認識し，絶えざる変革の戦いに生きることになるのである．

　しかし，フォイエルバッハの宗教批判を意識し，天国的なもの，ユートピア的なものを夢想し，安逸の中に生きる信仰の形態を批判しえたとしても，それでユートピア的・未来的終末論との決定的な決別がなされたと直ちに確証することはできない．モルトマンは「キリスト教的終末論にとっては，未来についてのあらゆる表出をイエス・キリストの人格と歴史において基礎づけることこそが，終末論的精神をユートピア的精神から区別する試金石なのである」と語る[134]．しかし，上に見たようにモルトマンのキリストの十字架と復活理解は本当にユートピア的未来論と決定的に決別しているのか，という問いは残る．

　確かに，モルトマンは，垂直的終末論のカテゴリーに入るバルト的超越論的終末論やブルトマン的実存論的終末論を批判し，聖書的終末論のもっている水平的次元を，またその次元の歴史的地平における神の約束の未来的契機を回復した．その点は評価すべきであろう．それは終末論が個人的終末論に終始するのを阻止し，終末論の社会的・宇宙論的次元を回復することにも貢献したと言えるからである[135]．

　しかし，問題はモルトマンにとってキリストの十字架と復活は約束の契機，希望の根拠として決定的意味をもつのであるが，現在における成就の契機はどの程度の現実性をもっているのであろうか．現在の経験と待ち望むものとの矛盾・対立があまりにも強調されすぎているのではないだろうか．それは垂直的次元における二元論的対立の図式に代わる水平的次元の二元論を持ち込んだとさえ表現しうるであろう．その際，キリストの十字架と復活は未来への約束のみならず，過去における救いの啓示，その意味においてすでに成就した過去における勝利でもあることに注目しなければならない．歴史の中にすでに決定的な終末的切り込みが入っているのである．神の国は，未来的なものとしてだけではなく，現在的なものとしても

すでに存在している．この点で，モルトマンの終末論に関連して「新約聖書の神は，ただ私たちの前にあるだけではなく，私たちの中にも，私たちのうしろにもいます．神はかつてあったもの，今あるものになるのである」という批判も提示されることになる[136]．おそらくモルトマンが神の国の現在性よりも未来性を強調した事実には，フォイエルバッハの宗教批判に関連して，教会とキリスト教信仰が現実に対して肯定的に機能することよりも，批判的に機能することを求めたからであろう．地上的なものの変革を志したということである．

しかし，この問題性がモルトマンの終末論を本質的にユダヤ的終末論に近づかせる結果を招くことになる．この意味において，「『希望の神学』自身もまた，今度は『希望の原理』の中で世俗化された千年王国論を今一度キリスト教化するだけに終わった」という批判も妥当性をもつことになる[137]．したがって，「社会的，ユートピア的な革命のロマン主義」とまで特色づけられることにもなる[138]．われわれの問題提示からすれば，つまるところモルトマンはその未来的終末論においてユートピア精神から自らを切り離すことには成功しなかったと判断しうるであろう．

(3) A. ファン・ルーラーの場合

ファン・ルーラー（Arnold. A. van Ruler, 1908-1970）は，ユトレヒト大学神学部教授として長く教鞭をとり，改革派神学者としてオランダ国内のみならず，バルト以降の現代神学にも大きな影響を与えた人物である．ファン・ルーラーの終末論的思想は，バルト的な意味で垂直的終末論の類型の中に入れることは困難であり，発展史的歴史観とは異なるが，年代史的終末論の類型の中に位置づけるべきであろう．時代的にはモルトマン（1926-）よりも18歳ほど年上であり，すでに言及したようにモルトマン自身にも大きな影響を与えた神学者である．この意味では，叙述の順序としてはモルトマンに先立って本来は扱うべき神学者であるが，この神学者の終末論的思想の独特な性格を考えるとき，年代史的終末論の類型の中に

あっても独自な意味をもつ存在として最後に特別に注意を払っておきたい．

　ファン・ルーラーは，彼の博士論文「律法の成就」の第一部の冒頭で，次のようなJ. H. フニング（J. H. Gunning）の言葉を掲げている．

　　「われわれの深く確信するところによれば，第一世紀において信仰告白の全体が終末からこちら側に向かって動いて形成されたように，この時代が求めている教義学や説教も終末論から出発しなければならないであろう[139]」．

　この言葉によって示唆されているように，ファン・ルーラーは彼の神学的思惟を終末論的観点から始める．すなわち，終末に向かって前方への思惟ではなく，終末から逆にこちら側へと向かってくる思惟である．このような意味における彼の終末論的思惟は，神観においても注目すべき主張を生むことになる．ファン・ルーラーは，神の本質について"来るべきお方"（God als de Komende）として理解する[140]．つまり，神の存在そのものをも未来性において把握するのである．この点と深く関連して，神の超越性の理解に関しても，二元論的な意味における上から下へという垂直的超越性というよりも，未来から"存在"（exisitentie）へと突入してくる"未来的・終末論的超越性"を主張する[141]．したがって，啓示の理解にかんしても，啓示もまた終末から"存在"の中へと突入してくることになる．これらの概念に出合うとき，モルトマンの神学的思惟との類似性に気づかされるはずである．注目すべきことは，彼のこのような終末論的思惟は，J. モルトマンの『希望の神学』（1964年）に先立って，すでに1947年になされている事実である．このような意味においてファン・ルーラーの終末論的な思惟は，終末論における"コペルニクス的転換"とも表現されるのも理解できることである[142]．

　ファン・ルーラーの終末論の特質は以下のような彼の言葉に端的に表現されている．

「受肉は純然たる終末においては放棄され，その時（神の国には）三位一体の神と裸の存在としての事物（de drieënige God en de dingen in hun naakte）以外の何ものも残されていない[143]」．

この引用における「裸の存在としての事物」とは，"完全に贖われた事物"，"事物そのもの"あるいは"物そのもの"を意味する．終末において完成される神の国においては，「受肉を放棄し，聖霊の内住を終了した三位一体の神」，すなわち「存在論的三位一体の神」と「完全に贖われた，純然たる事物（de dingen in hun nakte）」とが相対して存在するという主張である．この場合，「事物性」とは，事実上「世界」を，「神によって創造された被造的実在」を，ファン・ルーラーの言葉で表現すれば「存在」（existentie）を意味する[144]．しかし，ここでわざわざ「事物性」と表現されるのは，被造物的実在の被造物としての性質を最も端的に示すものが「事物性」だからである[145]．

このような終末における栄光の神の国における事物性の強調には創造論が決定的な役割を果たしている．第一に創造論における「無からの創造」の教説の果たしている役割である．この教説は被造物を，幻想や仮象や非存在ではなく，まさに現実，存在として洞察させる．第二に，より重要な役割を果たしているのは，「はなはだ良かった」（valde bonum）と語られた「善き創造」の教説である[146]．すなわち，神にとって，この事物的な世界こそ，御自身の本来的な現実性であり，「はなはだ良かった」と満足された事物的な世界なのである．神は物質的実在を喜び，そこで御自分の栄光を顕されたのである．

では，なぜ終末の栄光の御国において「"善きもの"として事物性」がそれほど強調されるのであろうか．創造から終末への通常の方向性において考えるとき，そこに罪の問題が入り込んでくるために，罪との関係において救済論的契機が決定的に機能することになる．キリスト論的な救済的

事業，聖霊の救済的働きに集中することになる．しかし，問題は，この救済論的契機が強力に機能することにより，創造論的契機すなわち「存在」の問題が弱体化する傾向を示すことになる．この問題性は，後に取り挙げるグノーシス主義的パン種を本質的に含みこむ結果をもたらすのである．ファン・ルーラーにとってこの点が問題であった．

　この問題性の克服として，ファン・ルーラーは栄光の御国における「三位一体の神と"完全に贖われた，純然たる事物"」とが相対して存在するという命題を提示するのである．「事物性」のこのような終末論的規定においては，創造論的契機が見失われることはないし，創造論的契機が救済論的契機に吸収されることもないからである．

　ファン・ルーラーにとっては，罪はあくまで創造に"加わってきたもの"である．たとえば，われわれは罪の中に生まれるのであるが，事柄としての"出生"自体は罪に関係しているわけではない．確かに被造物は罪責のゆえに贖いを必要としている．しかし，神と被造物それ自体が相互に敵対しているわけではないし，それ自体が和解を必要としているわけではないのである[147]．したがって，救済をもたらす受肉はあくまで罪に対するリアクションの出来事であり，いわば"緊急処置"（een noodmaatregel）なのである[148]．このことが終末における神の国の完成における「受肉の放棄」の主張と結びつくことになる．また，受肉と同様に，罪との関係において聖霊の内住も"緊急処置"なのである[149]．聖霊の内住は罪の侵入が原因だからである[150]．キリストの働きは「手段」に関係し，聖霊の働きは「目標」に関係する[151]．聖霊の働きは，"新しい創造"（nova creatio）ではなく，"再創造"（recreatio）なのであり[152]，本来の存在へ，本来の事物性へともたらすものなのである．したがって，終末的事態に近づけば近づくほど，キリストの受肉は消え始め，聖霊の内住も終了に近づく[153]．そうであれば，われわれの目は救済の目的へと，目的である"再創造"へと，すなわち"贖われた純然たる被造的現実性"へと向けられることになる．このようにして，終末的栄光の御国において，存在するのは「三位一体の

神」と「純然たる事物性」となるのである.

　以上のようなファン・ルーラーの独特な神学的思惟の背景を理解するには,「善き創造」の教説について歴史的に振り返ってみる必要がある.「善き創造」の教説が特に重要な意味をもつようになったのは, 歴史的にはエイレナイオスに代表される反グノーシス教父においてであった. つまり被造物を, とりわけ物質的な世界を蔑視するグノーシス主義との戦いにおいて強調された教説であった. 可見的な物質的世界を軽視する伝統はプラトニズムに代表されるギリシア思想にも現れる. この点で, ファン・ルーラー自身の次のような発言に注目しなければならないであろう.

> 「この世界こそが, 本来の世界, 唯一の世界なのである. 終末においても問題であり続けるのは, この世界であって, 他のどんな世界でもない. 古代のグノーシス主義のパン種が絶えず繰り返してキリスト教的な意識や思惟の中に働き続けていることは明らかである[154]」.

　このパン種との関係において, ファン・ルーラーは, 被造的実在, 特に物質的・事物的実在の強調, しかも終末論におけるそれの特別な強調をしているのである. そこにはこの問題点の克服という神学的意図がある.

　しかし, 問題をさらに深く追求する必要があるであろう. ファン・ルーラーはあのパン種がくり返しキリスト教的意識や思惟の中に働き続けてきている事実を指摘したのであるが, その点に関して具体的に次のように語ることにも耳を傾ける必要があるであろう.

> 「この点で私は, 古くからのキリスト教的ヨーロッパの伝統を意識的に打ち破りたいと思う. それはアウグスティヌス以来, 次のように定式化されてきたものである. すなわち, われわれは, 世界, つまり被造的現実をただ用いる (uti) ことだけが許されており, またわれわれは神御自身のみを楽しむこと (frui) が許されているのである[155]」.

　ここで述べられているようなアウグスティヌス以来の伝統の流れの中

で，カルヴァンとその後の改革派神学もその枠組みから逃れていないとファン・ルーラーは考える[156]．つまり，この場合には，世界は，"用いる"対象ではあっても，"喜び，楽しむ"対象ではないのである．終末において実現することは，ただ神を喜び，神を崇めることである．この世界なしに神をもつことができるかのごとくに，である．

　ファン・ルーラーは，このような姿勢は神を冒瀆するものであるとさえ見なすのである[157]．ファン・ルーラーは，世界を"用いる"対象としてのみ捉え，"神のみを喜ぶ"ありかたの中に，グノーシス主義のパン種，ギリシア的なパン種が潜んでいる，と見抜くのである．そこに今日までのキリスト教思想史が引きずってきた問題があり，あの命題はその問題の徹底的な克服を意味したのである．すなわち，終末は"三位一体の神と裸の存在としての事物"というあの命題である．その命題の中に，「善き創造」としての，神の喜びの対象としての被造物性，事物性の全面的肯定がある．それによって，キリスト教思想史が長い歴史の中で抱えてきた問題性の根源的克服が意図されているのである．

　ファン・ルーラーは，以上のような意味を含んで次のように主張する．

　　「救済の究極，福音の結晶は，喜ぶこと (de genieting)，純粋に喜ぶこと (de pure genieting)，美的なもの (het esthetische) なのである．絶望や疑いという要素を何も持つことなしに，神を喜ぶこと (de fruitio dei)，また世界を喜ぶこと (ook de fruitio mundi)，そして——これが最後のものであるが——自分自身を喜ぶこと (de fruitio sui) なのである[158]」．

　われわれは，冒頭に掲げたファン・ルーラーの終末論の命題について考察を加えてきた．終末論の観点から言えば，垂直的終末論においてはほとんど視野に入ってこない「存在」の問題，被造物的事物性，被造的世界の問題が真正面から取り挙げられていることを了解できるであろう．時代史的にはとりわけK. バルトへの批判を含むものと言えよう．その点では，ファン・ルーラーがモルトマンとの一定の連帯を同意したのも理解でき

る．すでに言及したことであるが，モルトマンは，ファン・ルーラーが一つの神学講演において「私はバラの香りをかぎ，また神の国の香りをかぐ」という言葉で講演を始めたとき，今まで耳にすることがなかった言葉であり，衝撃を受けたことを告白している．これまで概観してきたファン・ルーラーの終末論的思惟からすれば，彼が講演の冒頭で語った言葉は十分に理解可能な言葉である．モルトマンはこの言葉を聞いて，「バルトがすべてではない」と考えたことを告白している．モルトマンは，ファン・ルーラーが「終末論における前方の——希望の道へ，私を連れて行ってくれました」とも述懐している[159]．

ファン・ルーラーは，これまで述べてきたようなキリスト教思想史の抱え込んできた問題点を，彼の終末論において鋭く提示したと言える．しかし，鋭く提示したこと自体はそのとおりであるが，まさにその点でファン・ルーラーの終末論が「リアクション神学」という性格を帯びることにもなった．すなわち，救済的契機が中心的役割を果たし，その結果創造論的契機としての「存在」の問題が後退することへの鋭い"否"を確かに突きつけたのである．しかし，その反動的結果として，キリストの受肉は解消され，聖霊の内住も終了し，終末においては存在論的三位一体の神と純然たる事物が相対して存在するという主張に至った．神学的結論としては，経綸的三位一体の解消と結びつくことになったのである．経綸的三位一体の解消は，ファン・ルーラーの場合には"様態論的三位一体論"に近づいているとも考えることができるのである[160]．

この問題点のゆえに，ファン・ルーラーにおける"父中心主義"(patrocentrisme) あるいは「父一元主義」(patromonisme) が指摘されるのも当然である[161]．キリストの受肉が解消され，聖霊の内住が終了し，神がすべてのすべてとなるとき，神とその究極的対極としての被造的事物性が残るということになれば，ユダヤ教との差異性が問題化せざるをえなくなるからである．事物性，地上的生を強調すれば，当然旧約聖書がより重要な意味をもつことにもなる．事実，ファン・ルーラーにとって旧約聖

書は新約聖書以上に重要な意味をもつとさえ判断される[162]. この事実は, 事物性の問題だけではなく, 彼の神学全体の本質との関係において象徴的な意味をもっており, 同時にすでに指摘したユダヤ教との差異性にかかわる問題性を明確に示しているとも言えよう.

われわれは, 以上のような意味で, ファン・ルーラーの神学が「リアクション神学」の性格をもつことを認めなければならないように思う. しかし同時に, ファン・ルーラー自身がキリスト教思想史において長く抱え込んできた問題性を明るみに出した事実は認めなければならないであろう. このキリスト教思想史が抱え込んできた問題性は, 今日までの終末論の取り扱いにおいて露呈している. すなわち, 宇宙論的終末論の弱体化という問題性である. しかも, その宇宙論的終末論の理解においても, ファン・ルーラーの言う「存在」の問題,「事物性」の問題は十分には展開されてはいない. 伝統的改革派神学もこの点では例外ではない. ファン・ルーラーの問題提起は神学的には真剣に受け止められなければならない. 本書においても, この問題提起は絶えず考慮されることになろう.

8.「年代史的・水平的終末論」と「価値論的・垂直的終末論」との関係

(1)「実現されたそして実現しつつある終末論」

われわれは, 20世紀の神学における終末論を概観し, しかも終末論の二つの類型に分類して事柄を扱ってきた. すなわち,「年代史的・水平的終末論」と「価値論的・垂直的終末論」の二つの類型について扱ったのである. しかし, 両者はどのような関係にあるのであろうか. 両者は相容れない排他的関係にあるのであろうか. 両者が関係するとすればどのように関係するのであろうか. この点を明確にすることは, 終末論にかんするわれわれ自身の神学的位置設定を明らかにすることをも意味する.

「改革派教会世界会議」(RES) による『終末についての研究報告』

(1972年)が次のように述べている点に注目したい．

> 「終末論の二つのタイプを拒否しなければならないであろう．すなわち，『未来主義的終末論』と『実現された終末論』の二つである．未来主義的終末論は，終末を終わりの時に限定してしまい，終末が"今"現在していることを否定する．実現された終末論は，すべてが現在の内にすでに取り込まれていると教え，完成をもたらす未来的出来事を考慮しない[163]」．

われわれは，この表明にまず同意したい．すなわち，われわれは「年代史的・水平的終末論」の極端な形態すなわち終末を終わりの時だけに限定する立場を承認しない．また「価値論的・垂直的終末論」の極端な形態すなわち現在性においてのみ終末を問題にする立場も承認しない．われわれは，それらのどちらの立場でもなく，「実現されたそして実現しつつある終末論」とも言うべき立場を保持したいと思う．

(2) パウロにおける「実現されたそして実現しつつある終末論」の概念とその教義学的意味

「実現されたそして実現しつつある終末論」の概念については，すでに本論Ⅰ「聖書における救いの歴史と終末論」の取り扱いの中で終末的救済の現実にかんする「すでに」と「いまだ」との関係ついて議論した際に事実上言及した．しかし，ここでは，取り扱ってきた「年代史的・水平的終末論」と「価値論的・垂直的終末論」の神学的課題に関連して，特にパウロにおける「実現されたそして実現しつつある終末論」の概念に注目しておきたいのである．具体的にはパウロにおける終末的「今」の概念に注目し，上記の二つの終末論の関係について考察を加えたいのである．

パウロはローマの信徒への手紙3章21節において「ところが今や，律法とは関係なく，しかも律法と預言者によって立証されて，神の義が示されました」と語っている．U. ヴィルケンスによれば，「26節 ab から，νυνι〔今や〕は論理的のみならず救済史的に新時代を画する意味で考えら

れていることがわかる．怒りが関係している時代に対し，今や新しい時代がはじまった．明らかにここには古い時代（アイオーン）の終末時の新しい時代（アイオーン）による交代というユダヤ教的表象が視野に入っている[164]」．

この点で注意すべきことは，上記のテキストにおける「ところが今や……示された」の"示された"（ペファネロータイ：πεφανρωται）は完了時称であり，歴史の中でたった一度かぎりの完了した出来事を指示している事実である．したがって，ここでの"今や"は，時間的地平における救済史の終末的・新しい時代の決定的"切れ目"が入った事実を意味しており，終末的現実が"すでに"として決定的な形で実現したことを明らかにしている．すなわち「実現された終末」である．この事態は，「この恵みは，永遠の昔にキリスト・イエスにおいてわたしたちのために与えられ，今や，わたしたちの救い主キリスト・イエスの出現によって明らかにされたものです」（Ⅱテモテ1：9－10，他にローマ16：25－26）とも表現されている．

さらに注目すべきことは，この終末的な新しい時代の転換が「未来性」のパースペクティブを保持しているという事実である．ケーゼマンは次のように指摘する．

> 「パウロにとって来るべき『世』（アイオーン）はキリストと共にすでに古き『世』（アイオーン）の中にはいり込んで来ており，後者の過ぎ去り行く中で広がるのである．逆に，神の怒りの下にある世界（コスモス）にとって救いは世界大に，だがキリストの支配領域においてのみ存在する．そしてキリスト者は再びその怒りに落ち込む可能性があり，またこの現実は〔キリストの〕再臨と共に初めて終焉させられるのである．それゆえ救いが現在するということは宇宙論と人間論に対して『もはやない』と『いまだに』ということが同時に存在するような構造を持ち，またその両者はこの構造の投影されたものなのである．したがって8・22において被造物がその中に置かれている『苦しみ』について語られるのである．キリストの到来によって歴史的運動の傾斜が決定されている[165]」．

この引用で明らかなように,「すでに」を伴った終末的新しい時代は同時に「いまだ」という側面を保持し,キリストの再臨においてその「いまだ」は終焉する．この意味では,終末的な転換を示す決定的「今や」は「いまだ」との関係において暫定性の中におかれていると言えよう．しかし,「示された」というあの完了時称は完了した出来事の結果の継続をもさすものであり,その点では終末的な「今や」はこの暫定性の中で決定的妥当性をもち続ける．したがって,「今や,恵みの時,今こそ,救いの日」（Ⅱコリント6：2）と高らかに宣言されることになる．それはあの「今や」の決定的性格のゆえに,決定的勝利の宣言でもある．

　以上のようにわれわれは,単なる「未来主義的終末論」でもなければ,単なる「実現された終末論」にとどまるのでもない．われわれは,実現されたそして同時に実現されつつある終末論,終末的「すでに」と「いまだ」が一体的に結びついた「実現しつつある終末論」を見出すことができるはずである．

　さらに言えば,上記のケーゼマン引用文は,一方では「今や」という終末的新しい時代の転換が「宇宙論的な意味」をもっていることを明らかにしていた．また松木治三郎によれば,「それは,アダムによって始められた罪と死の全歴史の終末として,全被造物におよぶ新しい時を,指示している」とさえ指摘されるのである[166]．この全被造物におよぶ新しい時も,「今や」と同時に「いまだ」の二面性をもっていることを上にすでに見たのである．

　しかし,ケーゼマンの上記の引用文は,もう一方では「今や」という終末的新しい時代の転換が「人間論的な意味」をもっていることをも明らかにした．すなわち,あの終末的「今や」は,信仰者の実存における"今や"をも生起させるのである．コリントの信徒への手紙二5章17節が「だから,キリストと結ばれる人はだれでも,新しく創造された者なのです．古いものは過ぎ去り,新しいものが生じた」と断言するとおりである．キリストに結ばれ,キリストにある存在において終末論的・究極的転

換が，この意味における"今や"が信仰者の実存においても生起する（他にローマ7：6，8：1）．さらに，未来的要素がこれに加わる．パウロはフィリピの信徒への手紙1章6節において「あなたがたの中で善い業を始められた方が，キリスト・イエスの日までに，その業を成し遂げてくださると，わたしは確信しています」と語っている．ここには信仰者の終末的実存における未来的次元が明らかにされている．

　以上のように見てくるならば，垂直的な終末論，すなわち超越的・価値論的あるいは実存論的終末論が明らかにした終末論の「深さ」の次元は，信仰者の実存において確かに存在する．キリストにある終末的「今や」が，終末的な「新しさ」が，キリストにある信仰者の実存において生起する．そこに終末的新しい自己が出現する．その終末的「今や」は信仰者の存在において継続的妥当性をもつ．この信仰者の終末的存在は未来的視野における完成の要素さえ保持する．つまり，信仰者の実存における「今や」は，未来的契機，水平的な「長さ」の契機さえもっているのである．信仰者の実存においても「実現されたそして実現しつつある終末論」は妥当するのである．すでにこの点で「深さ」の次元にのみ偏向し，水平的な「長さ」の次元を見失った超越的・価値論的あるいは実存論的終末論の問題点も明らかになるであろう．

　このような垂直的終末論のもつ妥当性と問題性は，個人の信仰的実存にとどまるものではない．「信仰共同体的な意味」をももっている．キリストにある信仰共同体においても妥当するのである．キリストにある共同体としての教会は，水平的な「長さ」の次元における終末的契機については比較的に敏感であるが，垂直的な「深さ」の次元における終末的契機の自覚においては必ずしも鋭くはないように思われる．終末的「今や」のもつ「深さ」の実存的契機は，教会の営みそのものの再検証を求めることにもなるのである．礼拝，とりわけ説教や聖礼典のありかたについて批判的自己検証が迫られることになるであろう．それらにおける終末的「今や」の実態が問われるからである．

一方,「年代史的・水平的終末論」は,イスラエル的伝統を継承するキリスト教終末論における「すでに」と「いまだ」の関係理解を含む救済史の時間理解において正当性をもつ.しかし,上にふれたように,終末的「今や」のもつ「深さ」の次元における実存的契機に十分に自覚的とはいいがたいのである.以上のように考察を加えてくるとき,「改革派教会世界会議」(RES) による「終末についての研究報告」(1972 年)が終末論の「年代史的意義」と「価値論的意義」に言及した後で,次のように指摘する点を深く留意する必要があるであろう.

> 「終末論は,救いの出来事の長さという次元からだけではなく,救いの出来事の深さという次元からも構築されなければならないのである[167]」.

さらに,最後に覚えておくべきことがあるであろう.すなわち,終末論的「今や」のもつ人間論的,共同体的意味にとどまらず,宇宙論的意味についても再検証を迫られることになるという点である.垂直的終末論の「深さ」の次元を強調する人々は,終末論における未来的・宇宙論的次元にかんして特別の弱点をもっている.「水平的・年代的史的終末論」の「長さ」の次元を強調する人々は確かに終末論の未来的・宇宙論的次元を見失っているわけではない.しかし,「長さ」の次元を強調する人々でさえ未来的・宇宙論的な終末論への意識とその展開という点で必ずしも十分ではないのである.この点にも留意が必要である.

(3)「実現されたそして実現しつつある終末論」と「キリストとの結合」との関係

以上のことを教義学的により明瞭に認識するには,終末論について「年代史的・水平的意義」,「価値論的・垂直的意義」に引き続き,第三の要素として終末論の「キリスト論的意義」に注目する必要がある[168].この点は,すでに本書の「序論」の「D. 終末論の取り扱いにおける基本姿勢」

においても言及した点であるが，われわれの現在の議論との関連であらためて取り挙げて論じておきたい．

「実現されたそして実現しつつある終末論」の立場は，キリスト教終末論があくまで"キリスト教"終末論であり，徹頭徹尾キリストとの関係において理解されなければならない点が自覚されるとき，この立場の妥当性が直ちに明らかになるはずである．

キリストは十字架にかかり，三日目に甦ったお方である．その十字架と復活の主は昇天し，神の右に座し，もうひとりの助け主である聖霊を遣わし，御言葉と聖霊によって神の国を進展させ，完成に向かって働いておられる．そのキリストは，終わりの日に再び到来し，神の国を完成されるのである．

これはキリスト教信仰の基本的な信仰告白に属することである．しかし，"挙げられたキリスト"に注目するならば，そこには救済史の「過去」と「現在」と「未来」が集約されていることが認識できるはずである．挙げられたキリストは，十字架と復活という「過去」の出来事に根拠をもち，神の右に座し預言者・祭司・王として「現在」生きて働き，同時にこの方はやがて再臨される方として「未来性」を帯びる方だからである．

ところで，挙げられた復活のキリストは，聖書によれば「死人からの初穂」として意味をもつ（Ⅰコリント15：20）．「初穂」とは，キリストの復活が彼だけに関係するのではなく，それは「キリストに属している人たち」（同15：23）の復活に関係する．すなわち，挙げられた復活のキリストはわれわれの復活の保証である．さらに，その挙げられた復活のキリストは御自分の御霊をわれわれに送ってくださったのである（ヨハネ7：39，使徒2：33）．われわれはその御霊にあずかり，自分自身のうちにもその保証をもつことがゆるされる（Ⅱコリント1：22，5：5，エフェソ1：14）．したがって，われわれが聖霊によってキリストに結び合わされる時，新しい終末的創造としての「今」が自己自身の中に生起し，キリストにあってその終末的な「今」は絶えず妥当し，同時に結び合わされた「キ

リストの将来」においてその「今」は未来性の次元をももつことになる．

このような終末的事態は，ただ信仰者の実存においてだけではない，宇宙論的レベルにおいても妥当する．復活して挙げられたキリストの体は，単にキリストに属している者たちのための「初穂」にとどまらず，新しい終末的創造の「初穂」でもあるからである．この意味において，挙げられた復活のキリストは，御自分の聖霊によって，人間の生とこの世界において新しい終末的創造を原理的に実現したのであり，同時にその完成に向かって実現しつつあるのである（ローマ8：23）．

以上のようにキリスト論的視点から「実現されたそして実現されつつある終末論」の現実をわれわれは容易に確認できるであろう．それは挙げられたキリストと聖霊による「キリストとの結合」において明確になる真理である．換言すれば，われわれが「使徒信条」において告白してきた真理，すなわち「我はその独り子主イエス・キリストを信ず．主は聖霊によりてやどり，処女マリヤより生まれ，ポンテオ・ピラトのもとに苦しみを受け，十字架につけられ，死にて葬られ，陰府にくだり，三日目に死人のうちよりよみがえり，天に昇り，全能の父なる神の右に座したまえり．かしこより来たりて，生ける者と死にたる者とを審きたまわん」との告白における，そのキリストの歴史の「過去」と「現在」と「未来」に注目するならば，われわれの「実現されたそして実現しつつある終末論」の主張点は明瞭になる．

改革派諸信条は，使徒信条のキリストの歴史に関連して，この「キリストとの結合」を強調してきたのである．これはカルヴァン以来の改革派神学における神学的伝統である．とりわけ「挙げられたキリストの結合」を強調してきたのである．それは「キリストの歴史」と「キリストに結び合わされた教会と信仰者」との一体的関係，連動的・一体的運動のダイナミックな理解をもたらすことになる．すなわち，それは教会と信仰者をキリストの運動と一体化した終末的動きの中に巻き込むことになる．その動きの中に"長さ"の次元の「すでに」と「いまだ」もあれば，"深さ"の

次元の「すでに」と「いまだ」も含まれているのである．

　われわれは，上記のような意味をもつ「キリストとの結合」の現実性が，すでに指摘したように礼拝において，特に具体的な形においては洗礼と聖餐において現出することを知っている．このことは，われわれがこれまで明らかにしてきた終末論の諸問題は，礼拝論，とりわけ礼典論においてより具体的に，より実践的に，より明瞭に展開できることを示唆しているであろう．

註

46　L. Berkhof, *The History of Christian Doctrines*, London, 1969, p. 259.
47　J. Orr, *The Progress of Dogma*, London, 1901, p. 345.
48　以上の歴史的概観は以下の文献による．Cf. L. Berkhof, *ST.*, pp. 662－664；L. ベルコフ，森田勝美訳『キリスト教教理史』聖恵授産所出版部，1993 年，278－290 頁．
49　H. ベルコフ，藤本治祥訳『確かなる希望』日本基督教団出版局，1971 年，124 頁．
50　大木英夫『終末論』紀伊國屋書店，1974 年，115 頁．
51　この章の論述のために主として以下の書を参考にした．H. Ott, *Die Antwort des Glaubens*, 1972, Berlin, S. 435－441；H. ベルコフ，前掲書，123－127 頁；G. C. Berkouwer, *Wederkomst* I , pp. 25－34；大木英夫，上掲書，115 頁．
52　大木英夫，上掲書，123－148 頁；佐藤敏夫『近代の神学』新教出版社，1964 年，116 頁以下；A. A. Hoekema, *op.cit.*, pp. 288－293.
53　Cf. K. Schilder, *Wat is de hemel*, Kampen, 1953, pp. 20－22；A. Hoekema, *op.cit.*, pp. 288－316；J. Heyns, *Dogmatiek*, pp. 390－391；『改革派教会の終末論』70－71 頁．
54　K. バルト，小川圭治・岩波哲男訳『ロマ書講解』（第二版）平凡社，1968 年，471 頁．
55　同上，298 頁．
56　大木英夫，前掲書，152 頁．
57　K. バルト，前掲書，4 頁．
58　同上，468－469 頁．
59　Cf. G. C. Berkouwer, *Wederkomst* I , pp. 29－30.
60　P. Althaus, *Die letzten Dinge. Entwurf einer christlichen Eschatologie*, Gütersloh, 1922.
61　H. ベルコフ，前掲書，128 頁．他に，H. G. ペールマン，蓮見和男訳『現代教義学総説』（新版）新教出版社，2008 年，482 頁を参照のこと．
62　P. Althaus, *op.cit.*, 1926 年，S. 20（大木英夫，前掲書，161 頁より引用）．
63　K. Schilder, *op.cit.*, pp. 30－34.
64　K. バルト，吉永正義訳『教会教義学　神論　I/3　神の現実　下』，新教出版

社，1979 年，359 頁.
65 バルトやアルトハウスの目的論的方向，すなわち水平的方向への軌道修正にかんしては，たとえば G. C. Berkouwer, *Wederkomst* I, pp. 31－34 を参照のこと.
66 以上の概観に関しては以下の文献を参考にした．参照．G. C. Berkouwer, *Wederkomst* I, pp. 30－34; K. Schilder, *op.cit.*, pp. 27－34; H. Ott, *op.cit.*, S. 436f.; G. Sauter, *Zukunft und Verheissung*, S. 96－107; A. A. Hoekema: *op.cit.*, pp. 306－308；大木英夫，前掲書，150－163 頁；H. ベルコフ，前掲書，127－131 頁.
67 R. ブルトマン，山形孝夫訳「イエス・キリストと神話論」『ブルトマン著作集 14』新教出版社，1983 年，187 頁.
68 同上，198 頁.
69 R. ブルトマン，中川秀恭訳『歴史と終末論』岩波書店，1969 年，196 頁.
70 同上.
71 同上，196－198 頁.
72 R. ブルトマン，土屋博訳「ヨハネ福音書の終末論」『ブルトマン著作集』11，新教出版社，1986 年，163 頁.
73 R. ブルトマン『歴史と終末論』197 頁.
74 同上，200－201 頁.
75 同上，201 頁.
76 以上の概観は以下の文献を参考にした．H. Ott, *op.cit.*, S. 437－439; G. Sauter, *op.cit.*, S. 115－120; A. A. Hoekema, *op.cit.*, pp. 308－311；J. モルトマン『希望の神学』63－64 頁；大木英夫，前掲書，176－182 頁；H. ベルコフ：前掲書，134－138 頁.
77 C. H. ドッド，室野玄一・木下順治訳『神の国の譬』日本基督教団出版局，1964 年；平井清訳『使徒的宣教とその展開』新教出版社，1962 年.
78 論文「終末論と歴史」は『使徒的宣教とその展開』の中に《付説》として収められている（C. H. ドッド，同書，101 頁以下）.
79 C. H. ドッド，『使徒的宣教とその展開』109－110 頁.
80 C. H. ドッド，『神の国の譬』261 頁.
81 同上，262 頁.
82 『使徒的宣教とその展開』39 頁.
83 同上，40 頁.
84 同上，43 頁.
85 同上.
86 同上.
87 同上，43－44 頁．他に，46 頁を参照のこと.
88 同上，46－47 頁.
89 同上，51 頁.

90　同上，82−83頁．
91　同上，83頁．
92　同上，93−94頁．
93　『神の国の譬』268−269頁．
94　同上，269頁．
95　同上，268頁．
96　O. クルマン，前田護郎訳『キリストと時』岩波書店，1969年．
97　同上，36頁．他に84頁，87頁を参照のこと．
98　同上，37頁．
99　同上，「第1版　序」p.v.
100　同上，45頁．
101　同上，16頁．
102　同上，16−17頁．他に80−83頁を参照のこと．
103　同上，81頁．
104　同上，8頁．
105　同上，18頁．
106　同上．
107　図については同上，68頁を参照のこと．なお，前田訳ではユダヤ教の場合も「パルーシア」を「再臨」と訳しているが，ユダヤ教の場合には「来臨」とし，キリスト教の場合には「来臨」と「再臨」と区別して表記した．
108　同上，66頁．
109　同上，67頁．
110　同上，69−70頁．
111　同上，70頁．
112　Cf. A. A. Hoekema, *op.cit.*, p. 306. A. フッケマは，クルマンが救済史を時間の中に根拠づけた点に福音主義的キリスト教に貢献したことを評価する．
113　プリンストン神学校聖書学教授ゲルハルダス・ヴォス（Geerhardus Vos, 1862−1949）との親近性にかんしては，A. A. Hoekema, *ibid.*, p. 301，またヘルマン・リダーボス（Hermann Ridderbos）との親近性にかんしては，Klaas Runia: "Eschatology in the Second Half of the Twentieth Century", in: Calvin Theological Journal vol. 32, 1997, pp. 110−112を参照のこと．
114　O. クルマン，前掲書，48頁．
115　同上，49頁．
116　H. ベルコフ，前掲書，36頁．
117　H. Berkhof, *Christus. De zin der geschidenis*, Nijkerk, 1958, p. 174.
118　J. モルトマン，高尾利数訳『希望の神学』新教出版社，1968年，36−37頁．
119　同上，37頁．他に，49頁を参照せよ．

120 同上，45−46 頁．
121 J. モルトマン「付論 『希望という原理』と『希望の神学』――エルンスト・ブロッホとの対話」(『希望の神学』所収論文 同上，401−429 頁，また 5 頁を参照のこと)．他に，H. ベルコフ，前掲書 142−144 頁を参照せよ．
122 モルトマンは，ゲッティンゲン大学神学部教授であった O. ウェーバー (O. Weber) をとおしてオランダ改革派神学，したがってファン・ルーラーにもふれている (ユルゲン・モルトマン，蓮見幸恵・蓮見和男訳『わが足を広きところに モルトマン自伝』新教出版社，2012 年，75−76 頁)．さらに，モルトマンは，自伝の中でファン・ルーラーと『希望の神学』との関係について以下のように率直に告白している．

「1956 年，私はウトレヒト出身のオランダ人神学者アルノルト・ファン・ルーラーとの出会いを通して，現在の神学に至る道を見出しました．私が彼と出会ったのは，オスト・フリースラントでの改革派神学者の集会です．彼は『使徒職の神学』，および出エジプトと神の国の神学を主張していました．彼は，その講演を次の言葉で始めました．『私はバラの香りをかぎ，また神の国の香りをかぐ』と．そのようなことを私はこれまで聞いたことがありませんでしたし，カール・バルトには思いもつかないことだったでしょう．ファン・ルーラーは私に確信させました．バルトは決してすべてではない．神学が今日語るべきことを，すべてよく言い尽したわけでもない，と．ファン・ルーラーは，神の国とこの地上における義に対する，終末論における前方の――希望の道へ，私を連れて行ってくれました．それは，私がクリストフ・ブルームハルトやレオンハルト・ラガッツにも見出していたヴィジョンでした．私がこの精神において『希望の神学』を書き，1964 年に出版した時，彼は，私たちは二人は，今や『一つのお腹の上の二本の手のようだ』と，友情についてのオランダの美しい諺を私に書いて寄こしました」(『わが足を広きところに』101 頁)．他に，モルトマンのファン・ルーラーの影響については『わが足を広きところに』359 頁を参照のこと．

123 たとえば，J. モルトマン『わが足を広きところに』140 頁；『希望の神学』151 頁以下を参照せよ．
124 J. モルトマン『希望の神学』4 頁．
125 同上，5 頁．他に 25 頁を参照のこと．
126 同上，39−42 頁．
127 同上，6−7 頁を参照せよ．
128 J. モルトマンのフォイエルバッハの宗教批判についての自覚に関しては，たとえば，同上，11−12 頁以下を参照せよ．
129 同上，10 頁．
130 同上，12 頁．

131 同上，11 頁．
132 同上，13 頁．
133 同上．
134 同上，6-7 頁．
135 この点は，H. ベルコフも評価しているし，保守的な立場に立つ A. フッケマも同様の見解を示している（H. ベルコフ，前掲書，13 頁；A. A. Hoekema, *op.cit.*, p. 315)．
136 H. G. ペールマン『現代教義学総説』（新版）392 頁．
137 H. ミューラー，雨宮栄一他訳『福音主義神学概説』日本基督教団出版局，1987 年，349 頁．
138 同上，350 頁．
139 A. A. van Ruler, *De vervulling van de wet. Een dogmatische studie over de verhouding van de openbaring en existentie*, 1947（以後，*VW* と略記), p. 21.
140 *Ibid.*, p. 49. 他に；牧田吉和「カルヴィニズムの終末論的展開── A. ファン・ルーラーの場合」（日本カルヴィニスト協会編『カルヴァンとカルヴィニズム キリスト教と現代社会』一麦出版社，2014 年，116 頁以下）を参照のこと．
141 *Ibid.*, p. 35.
142 W. H. Velema, *Confrontatie met Van Ruler, denken vanuit het einde*, 1962, Kampen, p. 12.
143 A. A. van Ruler, "De verhouding van het eschatologische element in de Christologie", in: *Theologisch Werk* Ⅰ. Nijkerk, 1969, p. 171（以後 *TW.* Ⅰ, Ⅱ等と略記).
144 A. A. van Ruler, *Theologie van het apostolaat*, Nijkerk, zj. p. 30.
145 A. A. van Ruler, *Ik geloof*, Nijkerk, 1968, p. 40v. Cf. A. A. van Ruler, Hoe waardeert men de stof", in: *TW. V.*, pp. 10-11.
　言うまでもなく，被造物には「事物性」という側面だけではなく，霊的な側面もある．神は，見える物も，見えない物も創造された．しかし，被造物の霊的な側面，不可見的な側面には，ある意味で神との類比性が存在する．神は霊であり，不可見であり，非物質的・非身体的存在だからである．もちろん，そこには創造者と被造物の区別性は厳然として存在する．神は"創造する霊"であって，被造物の霊的側面はあくまで被造物としてのそれにしかすぎない．他方，可見的な「事物性」「物質性」「身体性」ついてはどうであろうか．これらは，神にはまったく妥当しない．いかなる類比も存在しない．したがって，被造物が，その被造物性を端的な姿であらわすのは不可見的・霊的側面よりも，可見的な「物質性」「身体性」「事物性」においてである．この意味において，ファン・ルーラーは，「"物質的実在"（De stoffelijk werekljkheid）こそが，被造物の本来性である」と主張することになる（A. A. van Ruler, *Ik geloof*, p. 40v; "Hoe waardeert men de stof", in: *TW. V.*, pp. 10-11).

キリスト教信仰において，内的・霊的側面が強調され，「事物性」は軽視されやすい．この点を踏まえて，ファン・ルーラーは，むしろ被造物の「事物性」を，しかも「"善きもの"として事物性」を強調したかったのであり，そのために意図的に「物質」あるいは「事物」という言葉を多用したのである（牧田吉和「終末と事物性」『改革派神学　第30号特別記念号』神戸改革派神学校，2003年，16頁）．

146 "Hoe waardeert men de stof", in: *TW. V.*, p. 11.
147 *Ibid.*, pp. 12－13.
148 A. A. van Ruler, *Die Christliche Kirche und das Alte Testament*, München, 1955, S. 65; *Bijzonder en algemeen ambt*, Nijkerk, 1952, p. 18.
149 H. Berkhof, *Christelijk geloof*, Nijkerk, 1973, pp. 347－348.
150 A. A. van Ruler, "Hoofdlijnen van een pneumatologie", in: *TW. VI.*, p. 16.
151 *Ibid.*, p. 23.
152 "Hoe waardeert men de stof" in: *TW. V.*, p. 12.
153 "Hoofdlijnen van een pneumatologie", in: *TW. VI.*, p. 40.
154 "De waardering van het aardse leven" in: *TW. V.*, p. 29.
155 *Ibid.*, p. 30.
156 A. A. van Ruler, "Ultra-gereformeerd en vrijzinnig", in: *TW. III.*, p. 143. Vgl.; "Hoe waardeert men de stof", in: *TW. V.*, p. 17; P. van Hoof, *Intermezzo, kontinuïteit en diskontinuïteit in de theologie van A. A. van Ruler. Eschatologie en kultuur*, Amsterdam, 1974, p. 5.
157 "Hoe waardeert men de stof", in: *TW. V.*, p. 17; "Ultra-gereformeerd en vrijzinnig", in: *TW. III.*, p. 143.
　　ファン・ルーラーは次のようにも語る．「終末において人間だけが存在すると考えてはならない．しかし，もっとひどいのは終末には神だけが存在するという考えである」（A. A. van Ruler, *Blij zijn als kinderen*, Kampen, 1972, p. 148）．
158 "Ultra-gereformeerd en vrijzinnig" in: *TW. III.*, p. 150.
159 J. モルトマン『わが足を広きところに』101頁．
160 P. van Hooft, *op.cit.*, p. 232；牧田吉和「終末と事物性」，25頁．
161 *Ibid.*, p. 231.
162 ファン・ルーラーは旧約聖書の新約聖書にまさる価値について次のように語る．
　　「旧約聖書においてはこの起源的なものと究極的なものが，この地と時間に対する誠実さが，もっとはっきりとしている．私見によれば，この視座において，旧約聖書の新約聖書に対するいやます価値が，大いに強調されて語られるべきなのである．旧約聖書においては創造と御国，最初のものと最後のもの，神の像と律法，聖化と人間性，エートスと文化，社会と結婚，歴史と国家が，もっと肯定的に取り上げられる．それゆえ旧約聖書はキリスト論

的に解釈してはいけないし，そうすることもできないのであり，ただ終末論的に，言い換えれば神政政治的に解釈されるべきであり，またそうすることができるのである．そこには善き世界，人間の有用性，地上が聖化される可能性に対する信頼が保持されている」（A. ファン・リューラー，矢澤励太訳『キリスト教会と旧約聖書』教文館，2007年，85頁）．

163 『改革派教会の終末論』73頁．
164 EKK 新約聖書註解 VI/1 ウルリッヒ・ヴィルケンス，岩本修一訳『ローマ人への手紙（1-5章）』教文館，1984年，248頁．3章21節に関するこのような"今や"の理解は，H. リダーボス，J. マーレー，E. ケーゼマン，松木治三郎なども支持している（H. Ridderbos: *Aan de Romeien*, Kampen, 1959, p. 81f.；ジョン・マーレー，松田一男訳『ローマ人への手紙（上）』聖恵授産所出版部，1997年，163-164頁；E. ケーゼマン，岩本修一訳『ローマ人への手紙』日本基督教団出版局，1981年，183頁；松木治三郎『ローマ人の手紙』日本基督教団出版局，1966年，149頁）．
165 E. ケーゼマン，上掲書，183-184頁．
166 松木治三郎，前掲書，149頁．ケーゼマンも同様な問題意識を明らかにしている（上掲書，184-185頁）．
167 『改革派教会の終末論』71頁．
168 同上，71-72頁．

III. 個人的終末論

序として

　すでに「序論」の「B. 終末論の取り扱う内容」においてふれたように，通常，終末論を扱う場合，「個人的終末論」と「一般的終末論」とに大きく分けて論ずる．前者は，人間の死と死後の状態を扱う．後者はキリストの再臨，復活，最後の審判，新天新地などの問題を扱う．神学的にはこの両者の関係が問題となる．この点についてもすでにふれたように，両者は区別されて取り扱われることがあっても，切り離されてはならず，一体的関係にあることに注意しなければならない．しかし，単に一体性と区別性とが主張されるだけではなお不十分である．両者の関係理解の内容が問題となるからである．

　たとえば，アルトハウスは，相互に一体的な関係であることを主張しながら，一方では個人的終末論は個人の生の終わりとその終わりの彼岸性を，他方では一般的終末論は歴史の出口とそこでの完成を問うという点にその区別性を見るのである[169]．このような一体性と区別性についての関係理解は危険性をはらむ．すなわち，この場合には，キリストの再臨は一般的終末論に組み込まれ，個人的終末論はキリストの再臨とあまり深く関係せず，極端な場合にはそれとは無関係に扱われることさえ起こりかねないからである．この種の危険性は，人間の死をいわゆる"彼岸性"，"あの世"の概念にかたよって捉えることに現れる．これは，改革派神学一般にさえ妥当しうる危険性でもある．

「個人的終末論」と「一般的終末論」はむしろ一つの救済史的地平において把握されるべきであろう．二元論的に理解されてはならないのである．ここで明らかにしようとしている事態は，一つの遠近法的視野の中で両者を見つめることに似ているかもしれない．一つの視野の中で，一方ではより近くのもの，他方ではより遠くのものを見通すのである．より近くのものはそれ自体で一定の位置と意味をもつのであるが，同時にそれはより遠くのもの，より究極的なものから見られるときに，本来的意味を獲得するに至る．すなわち，一つの救済史的視野において，より近くに位置する個人的終末はそれ自体の一定の位置と意味をもつのではあるが，それはより遠く，より究極的な，より包括的な地平におけるキリストの再臨における宇宙的終末から見られるときに，本来的な意味を獲得するに至るということである[170]．この点は本章で扱う個別問題でさらに具体的に検証することになる．

しかし，それは一つの遠近法的視野というような単なる"概念"の問題ではない．むしろ，ただ"一つの名"，すなわち「イエス・キリスト」というただ"一つの名"に関わる事態である．キリスト教神学は，宇宙的終末の一切を，十字架に死に，甦り，今神の右に座しておられるキリストの再臨の光のもとでのみ把握する．個人の生の終末も，今は神の右に座し，やがて宇宙的終末をもたらすその御方の光のもとでやはり理解するのである．あの遠近法を可能にするのは，キリストという"一つの名"においてなのである．この意味において，すでに指摘してきたことではあるが今一度強調しておきたい点は，個人的にせよ，一般的・宇宙論的にせよ，終末論の中心にはキリストの再臨が存在するし，またしなければならないのである[171]．

本書では叙述の順序としては個人的終末論から取り扱う．上記の遠近法を念頭において，より近く，より狭い方から，より遠く，より包括的なものへと，より序曲的なものから終局的なものへと進む方が秩序にかなっていると思われるので，取り扱い方としては個人的終末論から一般的終末論へと進むことにする．

A．肉体的死

1．肉体的死についての聖書的理解

　死についての聖書的理解は，次のような要素を含んでいる．すなわち，「ウェストミンスター信仰告白」が示しているように「霊的死」「肉体的死」「永遠の死」の三つの要素である（「ウ信仰告白」6章「人間の堕落と罪とその罰について」の6節，「ウ小教理」問19，「ウ大教理」問27－29)[172]．また，日本キリスト改革派教会の「終末の希望についての宣言」は「罪と死」の項で次のように明確に述べている．

> 「罪の支払う報酬は死です．最初の人アダムの罪過は，神との交わりの断絶である霊的死と，肉体の死と，裁きとしての永遠の死とを全人類にもたらしました[173]」．

（1）聖書における生の本来的意味

　われわれとしては，死の問題を扱う前に，まず聖書的な"生"の本来的意味について考えなければならないであろう．聖書において"生"とは何を意味するのであろうか．われわれは，生の本来的意味を何よりも神の創造の業において見出すことができるはずである．聖書によれば，人間の生は神の特別な配慮による創造の御業に根ざしているからである．

　人間は，神によって御自分に似せて創造され，命の息を吹き入れられて，「生きる者となった」（創世2：7）のである．神と同じ息を呼吸する存在，神と息の合ったパートナーとして神と共に生きる存在なのである[174]．したがって，聖書において「いのち」とは「神との交わりにある生」なのである．創造の時点について言えば，人間は死ぬことはありえた

とは言いうるが，死が必然であったと言うことはできない．アウグスティヌスの表現を用いれば，アダムは，楽園において「死なないことができる」(posse non mori) という"可能的不死性"をもっていたのである[175]．死は，神の「良き創造」(創世 1：32) とは異質なもの，そこに場所を本来もっていないものである．むしろ，人間は，神への従順において神との交わりの中で，神と共に生き，不滅性を"獲得し"，「霊の体」に"成ら"なければならなかったのである (Ⅰコリント 15：44)[176]．

(2) 刑罰としての「霊的死」

以上のような人間の生の本来的・根源的な規定のゆえに，またその本来的ありかたに人間を立たせるために，その意図において神は人間が御自身に背き不従順である場合には死がもたらされるという警告を添えられたのである．聖書に「善悪の知識の木からは，決して食べてはならない．食べると必ず死んでしまう」(創世 2：17) とあるとおりである．死は不従順に対する罰としてのみ起こりえたのである．しかし，事実としては，人間は不従順の罪を犯し，現実に死ぬ者となった (創世 3：17-19，ローマ 5：12-14，17，6：23，Ⅰコリント 15：21)．人間は，罪と罪過のうちに死んだ者，生ける屍，神との交わりを喪失して霊的に死んだ者となったのである (エフェソ 2：1，4：18，コロサイ 2：13，黙示 3：1)．この不従順に対する罰としての霊的死は，肉体的死，さらには永遠の悲惨と滅びとしての永遠の死をもたらすことになるのである．

(3) 肉体的死は自然的死か？

不従順に対する罰としての死との関連で，避けて通ることのできない問題が存在する．特に肉体的死をめぐって議論されている点である．議論となる点は，肉体的死とは罪に対する罰の結果なのか，あるいは肉体的死そのものは創造において自然的死として元々含まれていたのか，という点をめぐってである．

罪と肉体的死との因果関係を否定する考え方，すなわち肉体的死は自然的なものであるという考え方は決して新しいものではない．古くはペラギウス主義に見られるものである．ペラギウスの弟子であり，ペラギウス主義の指導的立場を担ったカエレスティウスは肉体的な死を自然的なものと見なした[177]．この立場は，418年のカルタゴ会議において異端として以下のように排斥されたものである．

> 「カルタゴの聖なる教会会議に出席したすべての司教は，次の点について同意した．人祖アダムは死ぬものとして造られ，罪を犯す，犯さないにかかわらず，死ぬことに変りはなかった．すなわち，罪のためではなく，本性によって，死ぬようになっていた，と主張する者を排斥する[178]」．

このように排斥されたペラギウス主義の立場は，宗教改革の時代においてはソシニウス主義者によって継承された[179]．

肉体的死を自然的死とする立場は19世紀の自由主義神学において市民権を得るに至った[180]．近代自由主義において，たとえばF. シュライエルマッハーにとって，死は罪に対する神の罰ではなく，自然的終わりを意味する．罪によってゆがめられた神意識が，自然的死を禍いとして経験し，罰として恐れさせるに至った．死は罪が原因ではなく，死は罪によって罰として恐れるという霊的力を帯びたのである．したがって，「死のゆえに奴隷となるのではなく，むしろ，その恐れから奴隷になるのである[181]」．このことは，死を主観的枠の中に押し込み，主観的禍いの経験として解釈したことを意味する．

このようなシュライエルマッハーの死の理解はその後の神学者たちに大きな影響を与えてきた．20世紀の神学者の中で代表的な例はK. バルトの死の理解である．

バルトもまた，肉体的死それ自体を罪に対する裁きの結果とは理解しない．バルトによれば，「時間の中での人の存在が終りがあるものであり，人間は死ぬべきものであるということは，また人間本性に属しているこ

と」である[182].「死はそれ自身裁きではない,また元来それ自身でそのまま神の裁きのしるしであるわけでもない」と明確に語られる[183].では,バルトにとって,罪と死との関係は何か.罪人の死は,呪いとして恐れを伴い,罰として経験されることなのである.したがって,キリストへの信仰を通してもたらされるものは,人間が呪いの死としてではなく自然的な死に向かって解放されることを意味する[184].

以上のようなバルトの肉体的死の理解は,基本的にシュライエルマッハーの見解に結びついていることは明らかであろう.

E. ブルンナーも,人間の死は創造に適した身体性の自然的結果,被造物の所与性と見る立場である[185].

改革派神学においては,肉体的死は自然的なものではなく,罪の結果としてもたらされたものである.この点においては疑念の余地はない(「ウ信仰告白」6章6節,「ウ大教理」問27-29,問84,「ウ小教理」問16,問19」).「改革派教会世界会議」の「終末論についての研究報告」(1972年)も,「死はもともと神の創造の一部であったと主張するあらゆる見解」は非聖書的なものとして拒否されなければならない,と明確に宣言している[186].

不従順に対する罰としての死との関連で,今一つの問題もある.不従順に対する死の刑罰が語られたにもかかわらず(創世2：17),そして現実に不従順の罪を犯したにもかかわらず,人間は死滅せず,堕落後も人間存在として存続しているという事実をめぐる問題である.人間は,堕落の後もそして現在も,食べ,飲み,娶り,働く存在なのである.改革派神学は,この事実を神の「一般恩恵」(common grace)によるものと見なしてきた[187].この「一般恩恵」についての概念はすでに『改革派教義学2 神論』における摂理論の叙述で扱ったので,ここではこれ以上言及しない[188].しかし,いずれにしても神への不従順において食べ,飲み,娶り,働くなどの営みをしているのであるが,これは霊的には死んだ者としての営みなのである(エフェソ2：1-2).神との交わりを断たれた者は,霊

的に死んだ者だからである．これは聖書が語るところである．

(4) 霊的死の結果としての肉体的死

われわれの理解では，「肉体的死」は自然的死ではなく，この霊的な死の結果である．創世記3章19節の「お前は顔に汗を流してパンを得る／土に返るときまで．お前がそこから取られた土に．塵にすぎないお前は塵に返る」という言葉を，われわれは罪に対する神の呪いの結果として読む．創世記5章における長寿リストは，祝福のリストというよりも，「……死んだ．……死んだ．……死んだ」と言葉を重ね，罪の結果としての死の事実を強調する「死のリスト」と見ることができる．そこでは「神の刑罰のみ言葉の成就が，たんねんに実証的に追跡され」ているのである[189]．

新約聖書に目を転ずれば，たとえば，ローマの信徒への手紙5章12－21節の「アダムとキリストとの類比論」において死に言及されるとき，その内容において霊的死を含んでいることは事実である．しかし，その場合，肉体的死を排除してその意味を理解することができるかと言えば，それは不可能であろう．5章12節で「一人の人によって罪が世に入り，罪によって死が入り込んだように，死はすべての人に及んだのです」と語られるとき，それを単に霊的死としてだけ理解することは困難である．14節で「しかし，アダムからモーセまでの間にも，アダムの違犯と同じような罪を犯さなかった人の上にさえ，死は支配しました」と語られるとき，ここでの死の意味は肉体的死に関係したものと理解しなければならないはずである．この関連で，8章10－11節も挙げることができよう．8章10節の「体は罪によって死んでいても」における「体」は，あくまで肉体的意味であり，その死について「罪によって」と明確に語られている．「罪が支払う報酬は死です」という場合も，それは霊的死，終末的永遠の死を含むものであるが，同時に肉体的死を除外することはできないであろう（ローマ6：23）[190]．

さらに，コリントの信徒への手紙一15章21節も挙げることができよ

う．そこでは「死が一人の人によって来たのだから，死者の復活も一人の人によって来るのです」とある．この場合における「死が一人の人によって」はアダムを意味しており，「死者の復活も一人の人によって」はキリストを意味している．アダムとキリストとが対比されているのである．この場合における一人の人による「死」は肉体的死を意味していることは，キリストの死者からの復活と対比されていることからも明らかである[191]．

キリストの死者からの復活との対比において現在の問題を考察することは重要である．キリストは十字架において罪の贖いを成し遂げ，その復活において死を滅ぼし，死に勝利されたのである（ローマ6：9－10）．死に対する勝利はキリストの贖いの業の本質的部分をなす．キリストは御自分の民を罪から贖われただけでなく，罪の結果からも贖われたのである．このことは，キリストの復活の事実そのものが人間の肉体的死が罪の結果であることを逆に照らしだす意味をもつことを示している．

罪による霊的死の結果としての肉体的死は，「肉体と霊魂との分離」をも意味する（コヘレト12：7，フィリピ1：23）．この分離との関係で，死後の霊魂の問題が出てくるのであるが，これについては後ほど項をあらためて論じることにする．

さらに霊的死と「永遠の死」との関係も問題になるが，「永遠の死」は霊的死の終局点であり，その完成である．神の怒りが呪われた者の上に全面的および，神から完全に切り離されることになる[192]．最後の審判においてその永遠の刑罰が宣言され，永遠の死がもたらされるのである（黙示20：12－15，21：8）．不信仰者の場合には，肉体的な死が同時に永遠の死への決定を意味している．最後の審判において，その事実が"公的に"確証され，宣言されるとしても，そのように語ることがゆるされるであろう．この永遠の死の問題は一般的終末論であらためて取り扱うことになるので，ここではこれ以上立ち入らないことにする．

2. 肉体的死の聖書的理解の特質——ソクラテスの死とイエスの死

　以上のように，聖書における死の概念は，根本的また全体的にあくまで罪との関係において理解されており，罪の報酬，罪に対する神の刑罰としての意味をもっている．したがって，肉体的死もあくまで罪の結果，人間の罪に対する刑罰として理解されている．後ほど論及する点に重なり合うことになるが，この点においてギリシア的な死の理解との根本的差異が明らかになる．これはソクラテスの死とイエスの死との比較によって，その差異性は明確な光のもとにおかれることになる[193]．

(1) ソクラテスの死

　ソクラテスにとって死は，肉体という牢獄からの霊魂の解放であり，霊魂が属していた永遠のイデアの世界への帰還であった．死それ自体が，自由への道であり，祝福としての意味をもった．その意味において，死は美しいものであった．それゆえ，ソクラテスは，死を恐れず，それどころかまったき喜びと平安のうちに沈着に毒杯をあおり，死についたのである．

(2) イエスの死

　一方，聖書的な肉体的死の理解はこれと対極的な立場に立つ．最も鮮やかに，鋭くこの事実が示されるのは，主イエスの死においてである．主イエスもまたソクラテスと同様に死を予期し，死に直面した．彼は，ゲッセマネにおいて死の前に立っていた．死を前にして，彼は，福音書が一致して報ずるところによれば「ひどく恐れてもだえ始め」，そして「わたしは死ぬばかりに悲しい……」と弟子たちに言われたのである（マルコ14：33-34）．しかし，それは単なる死を前にした苦痛や恐れという以上の意味をもった．すなわち，彼は「この杯をわたしから取りのけてください．しかし，わたしが願うことではなく，御心に適うことが行われますよう

に」(マルコ 14：36) と祈られたのであるが，その杯は罪に対する神の怒り，神の審判としての呪いに満たされた死の杯であった．彼は死を友とし，死を解放者とし，死を美しいと見なして，泰然と死につかれたのではない．彼は「激しい叫び声をあげ，涙を流しながら，御自分を死から救う力のある方に，祈りと願いとをささげ」(ヘブライ 5：7)，主の御心を求めて，これに従い，ついにはその杯を飲み干されたのである．彼は，その十字架の上で「わが神，わが神，なぜわたしをお見捨てになったのですか」(マルコ 15：34) とさえ叫ばれた．聖書によれば，彼はわれわれの罪の価を引き受け，われわれに代わって呪いの死を引き受けられたのである．

しかし，主イエスは，十字架の死を死んでくださり，その死から復活し，最後の敵である死を滅ぼされたのである．罪なき神の独り子が，われわれの罪の価である死を，神の呪いと刑罰としての死を，全面的に，真正面から引き受けて身代わりの死を遂げ，復活し，勝利してくださったのである．このゆえに，われわれは，今や「死よ，お前の勝利はどこにあるのか．死よ，お前のとげはどこにあるのか」(Ⅰコリント 15：55) と高らかな勝利の叫びをあげることができるのである．

3. 聖書的死生観と日本的死生観

以上のような肉体的死の聖書的理解は，日本人の死生観に決定的意味をもつ．ソクラテスの死には罪の観念はない．死は解放であり，自由であり，美化される．これは日本人の死生観と一脈通じるところがある．このような死生観は，死を直視しているようで，死を宿命的なものとして捉え，死を意識下の問題に解消し，死を友とし，また死を美化し，死それ自体に立ち向かうことから逃避させるからである．あるいは死を汚れとして遠ざけることによって同様に逃避の道をたどることになるからである．死の現実のもつ激烈な姿，その醜悪な姿に立ち向かわない．

われわれは，救い主イエスが罪の結果としての死を，呪いの死をひきう

けてくださったことにより，その勝利により，死を真正面から見つめ，立ち向かう力と勇気が与えられる．このような死に対する姿勢は，そのまま世界に対する姿勢と結びつく．罪と死は世界にも暗い影を落としている．聖書的死の理解は，この醜悪の現実を美化したり，逃避したりせず，直視し，それと戦う勇気を与えるものである．同時に死に対するこのような勝利は，地上の生を積極的に喜び，肯定し，責任ある生き方をもたらすものであることも覚えなければならない．

B. 信者にとっての死の意味

1. 問題の所在

われわれは前項において，死について，それが罪に対する神の刑罰の結果であるという最も根本的な点を明らかにした．肉体的な死もまた，霊的な死の結果としてもたらされ，肉体と霊魂の分離であることを確認した．

しかし，その場合に，ただちに問題になるのは次のことであろう．すなわち，イエス・キリストによって義とされ，罪赦された者は，もはや罪の刑罰のもとにはなく，すでに永遠の死は無いもの（黙示2：11）とされている．むしろキリストに結ばれて新しい命によみがえらされた者であり（ローマ6：4，コロサイ3：1，エフェソ2：5），永遠の命が与えられているのに（ヨハネ3：36，6：47，ローマ6：23），なぜ信者も死を経験しなければならないのか．いったい信者にとっての死の意味とは何であるのか，という問題である．これは牧会的観点からもきわめて重大な問題である．

2. 解放としての死と神の愛

　この点について「ウェストミンスター大教理問答」は次のように述べている．

> 「問85　死が罪の支払う報酬であるのなら，なぜ義人は，そのすべての罪をキリストにおいて赦されているのに，死から解放されていないのですか．
> 　答　　義人は，終わりの日に死そのものから解放されますし，死においてさえ，死のとげと呪いから解放されています．それゆえ，彼らは死にはしますが，それは神の愛から出ることであって，彼らを罪と悲惨から全面的に解放するため，また，キリストとの栄光における一層深い交わりを得させるためなのです．彼らは，死に際してこの交わりに入れられます[194]」．

　信者は，霊的死から新しい命に甦らされているので，肉体的死は味わうとしても，永遠の死からは解放されている．では，信者にとって肉体的死とは何か．信者にとって肉体的死とは，罪の報いではなく，彼の中に残存している古き人の壊滅を意味している．すなわち，信者はキリストによって義とされ，子とされ，さらに聖化のプロセスの中にあるが，彼の中に残存している罪と汚れのために，この地上ではまったき祝福にはあずかることができない状態にある（ローマ8：23）．肉体的死は信者をこの罪と悲惨の状態から最終的に解放することになる（Ⅰコリント15：26，55-57）．換言すれば，洗礼において表示されているように，われわれはキリストに結び合わされて，キリストと共に死に，キリストと共に生きるのであるが（ローマ6：6-11，8：10，Ⅰペトロ2：24），この意味における死ぬことが肉体の死においてその頂点に達することを意味する（ローマ7：24）．これは，外なる人の完全な破壊であり，内なる人の完全な再生である．

　以上のような意味において，「ウェストミンスター大教理問答」が指摘

するように，肉体的死は，「死のとげと呪い」からの解放であり，信者は「死にはしますが，それは神の愛から出ることであって，彼らを罪と悲惨から全面的に解放するため，また，キリストとの栄光における一層深い交わりを得させるためなのです．彼らは，死に際してこの交わりに入れられます」（傍点筆者）と言えるのである．

また，「ハイデルベルク信仰問答」も次のように述べている．

> 「問42　キリストが，わたしたちのために，死んでくださったのなら，どうして，わたしたちも，死ななければならないのでしょうか．
> 答　　わたしたちの死は，わたしたちの罪の代価の支払いではありません．そうではなく，わたしたちの死は，罪の絶滅と永遠の生命への入り口なのであります[195]」（傍点筆者）．

「ハイデルベルク信仰問答」も同様な立場であることを確認できるであろう．肉体の死は信者にとって「罪の絶滅と永遠の生命への入り口」なのであり，益となるのである．したがって，パウロは「わたしにとって，生きるとはキリストであり，死ぬことは利益なのです」（フィリピ1：21）と大胆に告白できたのである．

3. 聖化の手段としての死

信者にとっての肉体的死の意味について，今一つの側面にもふれておく必要があるであろう．それは，信者にとって肉体の死が「聖化の手段」として意味をもつという点である．

肉体の破壊そのものは，上述のように完全な聖化のために通るべき通路であるが，必ずしも絶対的な条件ではない．たとえば，聖書の中でもエノク（創世5：24）やエリヤ（列王下2：11）が例外として存在する．また，生きたままキリストの再臨を迎える信者の場合にも同様であろう（Ⅰコリント15：52，Ⅰテサロニケ4：17）．しかし，通常は，信者の完全な

聖化は肉体的死をとおしてはじめて実現する．聖化の完成という角度から見れば，死は信者にとって上述のように確かに益となると言える．と同時に，肉体の死そのものがわれわれを聖化への道に促す手段としての意味をもっていることも忘れてはならない．すなわち，人間は，病や苦悩をとおして死の兆しを見て取り，死の接近を感じ取る．また，死の事実を前にして，経済的蓄積も社会的身分も人間的諸関係も一瞬にして失われることを認識する．このような死の予感と死のもたらす諸結果は，信者の高慢を打ち砕いて謙遜にし，この世的，肉的思いを制し，霊的な思いを涵養することになる．このことは信者をいよいよキリストに依り頼ませ，キリストへの希望に生きることへと促すことになる[196]．

　この関連で，イエス・キリストが苦難の死を通して栄光に入られた事実を思い起こす必要がある．もっともイエス・キリストの苦難と死は，恵みの契約の仲保者としてのそれであり，独特無比の性格をもつものであって，単純にわれわれの経験と同一視することはできない．しかしながら，キリストに結び合わされた肢体であるわれわれ信者にとっても，苦難の死を通して栄光へというプロセスは一つの類比的意味をもち得る．信者もまた苦しみを伴う死への道程を通して，信仰が試みられ，信仰が訓練され，そのような備えをへてまったき聖化の恵み，まったき永遠の命の祝福にあずかることになるからである．この意味において「死はたびたび信仰の強さを試す最高のテストである」とさえ言われ得る．確かに，肉体の死は信者にとって聖化に至る恵みの手段としての役割を担っているのである．

　以上のように，信者にとっての肉体的死の意味を論じてきたのであるが，これらの内容を要約して，日本キリスト改革派教会の「終末の希望についての宣言」は「信者にとっての死の意味」の項で次のように述べている．

> 「わたしたち信者にとって肉体の死は，罪と悲惨，この世の労苦と涙からの完全な解放，キリストのみもとに召してくださる神の愛のしるし，永遠の命のより豊かな祝福への入口です．しかし，今なお罪と弱さをもつわたしたちは，死を前にして恐れさえ抱く者です．死は，人生の最後の試練です．わたしたちは，復活の希望と慰めのゆえに，死を覚えてますます謙遜になり，いっそう堅くキリストに依り頼み，賜物としての日々を感謝して歩みます[197]」．

C. 「霊魂の不滅の教理」の問題性

「霊魂の不滅性」(the immortality of the soul) の問題は，本来，次節の「中間状態」の問題と一体的に扱われるべき神学的課題である．しかしながら，「霊魂の不滅の教理」それ自体にひそむ問題性があるので，その点を明瞭に認識するためにも項目を独立させて取り扱っておくことにする．

1. 問題の所在 ── ギリシア的思惟における霊魂の不滅性

霊魂の不滅性の問題を考察する場合，すでにソクラテスの死とイエスの死との比較を論じたところでも少しくふれたのであるが，O. クルマンの『霊魂の不滅か死者の復活か』の書が鋭く提起した問題を避けて通ることはできない．彼は次のように指摘する．

> 「今日，博学なプロテスタント，カトリックであれ，あるいは，そうでない者であれ，普通一般のキリスト者に，死後の人間の運命に関する新約聖書の教えは，どんなものと考えているのかをたずねるとするなら，ほとんど例外なく『霊魂の不滅』という答えを得るであろう．しかし，この広く受け入れられている考えは，キリスト教について最大の誤った理解の一つである[198]」．

端的に表現すれば，クルマンの批判は，「霊魂の不滅」という概念は，ギリシア的な教えであって，キリスト教の教えではない，というものである[199]．

プラトンは，『パイドン』の中で，ソクラテスの死について記している．ソクラテスにおける死の理解についてはすでにふれた．しかし，ここでは特に肉体と霊魂との関係という角度から，さらに考察を深めておく必要があるであろう．クルマンは，『パイドン』におけるソクラテスの霊魂と肉体との関係理解について次のように整理し，紹介している．

> 「わたしたちのからだは，外側の衣服にすぎなくて，わたしたちが生きていくかぎり，わたしたちの霊魂が自由に動くのを妨げ，その本来的な永遠の本質に一致して生きることを妨げるのである．……．からだのうちにとじこめられた霊魂は，永遠の世界に属している．わたしたちが生きているかぎり，わたしたちの霊魂は，牢獄，すなわち霊魂と本質的に無関係なからだの中にはいっている．事実，死は偉大な解放者である．死は，霊魂をからだという牢獄から連れ出して，霊魂の永遠のホームにつれかえるので，それは鎖を解くのである．からだと霊魂とは，相互に根本的に異なっており，別々の世界に属しているので，からだの破壊が霊魂の破壊を意味しない……[200]」．

ここには霊魂と肉体に関する明瞭なギリシア的概念が開陳されている．すなわち，霊魂と肉体とは区別されるだけではなく，むしろ相互に対立する実体なのである．霊魂は永遠の世界に属し，物質からなる肉体はより低い実体であり，死と共に壊滅するものである．霊魂にとって肉体は牢獄であり，したがって死は霊魂にとって肉体という牢獄からの解放を意味する．このように，ギリシア的概念では霊魂の不死性はそれ自体で本質的意味をもっている．

しかしながら，われわれにとっての根本的な問いは，聖書では霊魂の不死性がそれ自体で本質的な意味をもっているのであろうか，という点である．次にこの点を聖書から検討することにする．

2. 聖書は「霊魂の不滅性」を教えているのか？

新約聖書の中で「不滅性」あるいは「不死性」と訳され得るギリシア語の言葉は二つある．一つはアサナシア（ἀθανασία, athanasia），もう一つはアフサルシア（ἀφθαρσία, aphtharsia）である．

（1）アサナシア（ἀθανασία, athanasia）

この言葉は新約聖書では3回用いられる．

①テモテへの手紙一6章16節

ここでは「唯一の不死の存在，近寄り難い光の中に住まわれる方，だれ一人見たことがなく，見ることのできない方です」と言われている．神のみが唯一の不死なる存在であることが指示されている．したがって，他の不死性は永遠的なものではなく，付与された派生的な不死性にすぎないことも判明する．しかも，ここでは霊魂については何も語られていない．

②コリントの信徒への手紙一15章53-54節

ここでは「この朽ちるべきものが朽ちないものを着，この死ぬべきものが死なないものを必ず着ることになります．この朽ちるべきものが朽ちないものを着，この死ぬべきものが死なないものを着るとき，……」と言われている．これは生きているままでキリストの再臨を迎える者たちの復活のからだへの変貌について語っているところである（52節）．テキストの中で二度にわたって「死なないもの」と訳されている言葉が，ギリシア語ではアサナシアである．このところで語られている不死性は，信者に関してのものであり，また信者が現在所有しているものではなく未来において賜物として受け取るものである．さらに重要なことはそれが霊魂だけではなく，全人について言われている事実である．特に強調されている点は肉体の復活であることに注意する必要がある．霊魂の不死性それ自体が問題になっているのではない．

(2) アフサルシア（ἀφθαρσία, aphtharsia）

アフサルシアは新約聖書の中で，以下のような箇所で用いられている．

①ローマの信徒への手紙2章7節

「すなわち，忍耐強く善を行い，栄光と誉れと不滅のものを求める者には，永遠の命をお与えになり……」の中の「不滅のもの」がギリシア語のアフサルシアである．この場合には，真の信者が求めるべき目標に関係して用いられているだけで霊魂の不死性とは関係はない．

②テモテへの手紙二1章10節

「今や，わたしたちの救い主キリスト・イエスの出現によって明らかにされたものです．キリストは死を滅ぼし，福音をとおして不滅の命を現してくださいました」．このテキストの中の「不滅の命」が該当箇所である．元来は，「命と不滅」（ζωὴν καὶ ἀφθαρσίαν）という二語からなっているが，新共同訳は「不滅の命」と訳している．しかし，この場合も出現したキリストについての説明文の中で出てくる言葉であって，そのキリストが福音をとおして永遠の命をもたらすことが示されている．ここでも霊魂の不死性と直接の繋がりはない．

③コリントの信徒への手紙一15章

この15章では，4回にわたって当該のギリシア語が用いられている．すなわち，42節の「"朽ちないもの"に復活し」，50節の「朽ちるものが"朽ちないもの"を受け継ぐことはできません」，53，54節で二度出てくる「この朽ちるべきものが"朽ちないもの"を着」という表現において，その言葉は出てくる．しかし，これらのいずれも現在の朽ちる体が復活において朽ちないものを着ると言っているのであって，霊魂の不死性に言及しているわけではない．

他には，形容詞としては，ローマの信徒への手紙1章23節（「滅びることのない神」），テモテへの手紙一1章17節（「不滅で目に見えない唯一の神」），コリントの信徒への手紙一9章25節（「朽ちない冠」），同15章52

節（「朽ちない者」），ペトロの手紙一1章4節（「朽ちない資産」），同1章22節（「朽ちない種」），同3章4節（「朽ちることのないかざり」）などの例を挙げることができる．しかし，これらすべては霊魂の不死性とはなんら関係がない[201]．

以上のように聖書は霊魂の不滅性ないしは不死性という表現をどこにも用いていないことが判明する．聖書は霊魂の不滅性それ自体に独自な関心をもっているわけではない．しかし，そうだとしても，何らかのしかたで霊魂の不滅性について語る道が聖書的に果たして可能なのかという問いは残るであろう．これについては次項で論及することになる．

3．「霊魂の不滅性」の神学的取り扱いの注意点

霊魂の不滅性の問題に関して，H. バーフィンクは次のように指摘する．

> 「神学は，プラトンの影響下で，聖書がそうするよりもはるかに多くの注意を霊魂の不滅性に対して払ったのである．霊魂の本性的な不滅性の教えは，『共通条項』（articulus mixtus）となり，その真理は啓示によってよりもむしろ理性によって主張されたのである[202]」．

バーフィンクの指摘するように，霊魂の不滅性の教理は，プラトンの影響下で，神学において自然神学的基礎づけをもって主張されてきたことを否定することはできない．きわめて興味深いことであるが，自然神学的な神存在の証明論と対応して，霊魂の不滅性が歴史と理性に訴えてやはり"自然神学的に"論証されることになるのである．この意味における自然神学的論証とは以下のようなものである．

(1) すべての人間に不滅性の概念が存在する以上，それは現実にも存在するはずであるとする「存在論的証明」（het ontologisch bewijs）．
(2) 命の原理としてまた命と同一なものとしての霊魂は，自意識の自己同一性の根拠であり，肉体の死によって失われることはありえない

とする「形而上学的証明」(het metaphysisch bewijs).
(3) 人間の霊的生は動物や植物よりも高度なものであり，それらとの区別性において霊魂の不滅性がなければならないとする「人間論的証明」(het anthropologisch bewijs).
(4) この世にあっては不義が勝利を占めており，したがって道徳的観点からは死後に義に支配された世界と命がなければならないとする「道徳的証明」(het moreele bewijs).
(5) 歴史的に見て諸国民・諸民族に一致して霊魂の不滅性の概念が存在する事実から霊魂の不滅性を論証する「歴史的証明」(het bewijs e consensum gentium)[203].

このような霊魂の不滅性の自然神学的取り扱いにかんして，改革派神学はそれから自由であり，影響されなかったと言えるのであろうか．改革派神学も，信者・不信者を問わず認識を共有する「共通条項」として霊魂の不滅性を取り扱ったという点では，やはりその例から漏れることはなかったのである[204].

バーフィンクは，彼の教義学の中で，歴史と理性による霊魂の不滅性の論証に言及した後で，次のような重要な指摘をしている．

> 「自然と歴史が霊魂の不滅性の信仰に対して与えるこれらの指示がたとえ価値を持っていたとしても，聖書の取っている立場では，この教理は一見して奇妙に思えるものなのである．霊魂の不滅性は宗教と生活にとって最も重要な意味を持っているのではあるが，聖書は多くの言葉を費やしてそれについて語ることはないし，神の啓示としてそれを告知することもしていない．どこでもそれを前面に押し出すようなことはしていない．ましてや，霊魂の不滅性の真理について主張したり，あるいは反対者に対してこれを擁護したりする試みはしていないのである[205]」．

バーフィンクのこの発言は，われわれが論及してきた問題，すなわち霊魂の不滅性の教理に入り込んだプラトン的概念の問題性およびそれの聖書的根拠の薄弱性を，すでに明確に自覚していると言えるであろう．もちろ

ん，バーフィンクにも留保つきであったとしても，霊魂の不滅性の証明に一定の価値を認める発言が見られるが，その発言は彼を取り巻く時代の唯物論的思想状況とその文脈における介証的機能において理解されなければならないであろう[206]．少なくともバーフィンクが積極的に意図するところは上記の発言において疑問の余地なく明瞭である．G. C. ベルカワーも，この点ではバーフィンクと同一の立場を取る[207]．

われわれは，霊魂の不滅性をめぐる問題に考察を加えてきたのであるが，暫定的な結論として言えることは，霊魂の不滅性の問題を抽象的にそれ自体で孤立させて神学的に扱うことの問題性である．聖書もそれを支持していない．神学的には，「霊魂の不滅性」という独立した表題で議論されてはならない問題なのである．それゆえにわれわれも「霊魂の不滅性の教説の"問題性"」としてこれまでも論じてきたのである．この問題の取り扱いの健全な視点と問題の把握のしかたは次節において論ずることにする．

D．「中間状態」(status intermedius) について

中間状態というのは，キリスト教教理においては「死と復活との間における死人の状態」のことをさしている．最初に，この問題にかんする教理史的概観をしておくことにする．

1．中間状態の教理の歴史的展開

キリスト教初期の使徒教父の時代には，中間状態にかんしてはまだ論議の対象にはなっていない．イエス・キリストがすぐに再臨するという考えが強かったからである．キリストの再臨がすぐに起こらないという事態の中で中間状態の問題は神学的課題として浮上してきたのである．当初の頃，問題となったのは死における個人的審判と復活後の一般的審判とをど

のように調和させるかという点であった．その場合に，一致した意見があったわけではないが，大多数の神学者たちは死と復活との間に中間状態を考えることによってこの困難を解決しようとしたのである．中間状態について，類型化すると以下のような立場に分けることができるであろう[208]．

(1) 一般的なものとしては，地下のハデスで，義人はやがてくる天国とは等しくはない程度の報いを喜び，悪しき者はやがて来る地獄とは等しくない程度のさばきをこうむる，という見解（ユスティヌス，エイレナイオス，テルトゥリアヌス，オリゲネス，ニュッサのグレゴリウス，アンブロシウス，アウグスティヌスなど）．

(2) アレキサンドリア学派の見解では，中間状態は霊魂が漸次的に浄化されていく場とされる．この立場は煉獄思想への道備えをすることになった．

(3) 死後において義人の魂はただちに天国に入る，という見解（ナジアンゾスのグレゴリウス，ユウセビウス，大グレゴリウスなど）．

中世においては，後ほど論及するように煉獄思想が発展した．宗教改革においては中世の煉獄思想は否定されることになるが，中間状態の教理は継続して維持された．

最後に，東方正教会の中間状態の立場にもふれておきたい．正教の立場は中世カトリック教会の中間状態の理解とは異なる．歴史的には，中世において西方教会の「煉獄」の教理をめぐる論争があり，東方側の主要な代弁者であったエフェソのマルコスはこの教理を拒否した[209]．今日も正教会の立場は「煉獄」を認めない立場である[210]．

2. 旧約聖書における中間状態の理解

旧約聖書全体として一般的に言いうることは，人間の死後の命にそれほど強い関心を寄せているわけではないという事実である．この事実は「生命と歴史を支配するイスラエルの神に対する信仰は，現在すなわち地上の

現実の生活に非常に強く集中されている」ことによる[211]．したがって，詩人は「主を賛美するのは死者ではない／沈黙の国へ去った人々ではない．わたしたちこそ，主をたたえよう／今も，そしてとこしえに．ハレルヤ」（詩編115：17−18）と歌う．また，イザヤも「陰府があなたに感謝することはなく／死があなたを賛美することはないので／墓に下る者は／あなたのまことを期待することができない．命ある者，命ある者のみが／今日の，わたしのようにあなたに感謝し／父は子にあなたのまことを知らせるのです」（イザヤ38：18−19）と語るのである．死者に関するこのようなイスラエルの理解は，古代オリエントの死者の霊や死者をめぐる祭儀の異教的習慣に対する防衛的反動という側面ももっている．

　事情が以上のようであったとしても，このことはただちに旧約聖書が人間の命はいっさい死によって終了すると主張していることを意味しない．人間は死の領域においても存在し続けるのである．それは「シェオール」（Sheol）とよばれるところにおいてである．

　L. ベルコフによれば，シェオールは三つの意味をもつと言う．その意味とは，第一に「死の状態」，第二に「墓」，第三に「地獄」である[212]．

　確かに，「シェオール」は一般的に「死の状態」を意味する（創世37：35，42：38，サムエル上2：6，ヨブ17：13，16，箴27：20，30：16，イザヤ5：14，ハバクク2：5など）．義人も悪人も死によって死の世界，陰府に降るのである．また，シェオールは「墓」を意味することも事実である．明瞭なのは詩編141編7節である．しかし，これも死の世界として理解されるならばそれで十分に意味をなす．

　問題は，シェオールが「地獄」あるいは「刑罰」の場を意味しているか否か，という点である．この解釈を支持する聖書のテキストとして，ベルコフは，詩編9編18節，49編15節，55編16節，箴言15章11節，24節などを挙げている[213]．しかし，詩編9編18節は，神に逆らい，神を忘れる者は力をおごるが，「陰府に退く」，すなわち"死によって消え去る"ことに言及しているが，永遠の裁きを教えているわけではない．詩編55

編 16 節もヘブル語のレトリックである並行法が用いられ，やはり「死」を意味しているにすぎない．箴言 15 章 11 節，24 節も同様に死を意味しているのみである．詩編 49 編 15 節については後ほど取り挙げることにする．いずれにしても，シェオールが「地獄」あるいは「刑罰」の場を意味していると明確に判断することは困難であろう[214]．

確かに旧約聖書では，人間の霊魂の不滅性というような問題に独立した思弁的な関心を寄せているわけではない．しかし，たとえ強い関心ではないとしても，人間は死の領域においてもなお存在するという点については旧約聖書においても確認できることである．しかもその死の領域における人間の存在に関して，ある区別をしている点も見逃すことはできない．すなわち旧約聖書においてすでに義人と悪しき者との死後における運命が同じではないという示唆が現れている．この示唆は，悪しき者は陰府の力のもとにとどまり続けるが，義人はその陰府の力，死の力から解放されるであろうという希望と結びついているのである．

たとえば，ここで先に言及した詩編 49 編 15 節に注目したい．14 節では「自分の力を頼む者」の道，その行く末が語られ，15 節では「陰府に置かれた羊の群れ／死が彼らを飼う．朝になれば正しい人がその上を踏んで行き／誇り高かったその姿を陰府がむしばむ」と語られる．一方，16 節では「しかし，神はわたしの魂を贖い／陰府の手から取り上げてくださる」と語られている．ここでは神を畏れる者とそうでない者との区別がなされ，神を畏れる義人は陰府の手から解放されることが明言されているのである．詩編 16 編 10－11 節でも「あなたはわたしの魂を陰府に渡すことなく／あなたの慈しみに生きる者に墓穴を見させず，命の道を教えてくださいます．わたしは御顔を仰いで満ち足り，喜び祝い／右の御手から永遠の喜びをいただきます」も同様の内容を示している．しかも，重要なことは，このテキストが，使徒言行録 2 章 27 節，31 節ではダビデによるキリストの復活預言と理解されていることである．神を畏れる者の死後の運命が悪しき者よりもよいことを示すテキストとして，詩編 73 編 23－26

3. 新約聖書における中間状態の理解

　新約聖書も，旧約聖書と同様に，人間の死後の状態についてそれほど多くのことを語ってはいない．回答されないままの問いが多く残されている．しかし，このことは新約聖書の不十分性を意味するものではない．むしろ，この問題についての人間的思弁に対して警告を発していると考えるべきである．ここでも聖書的啓示の限界内にとどまり，それで満足することを学ばなければならない．

　事情は以上のようであったとしても，新約聖書がこの問題について沈黙しているわけではない．新約聖書も，人間が死の領域において消滅するとはやはり考えていない．旧約聖書のシェオールは，ギリシア語七十人訳では「ハデス」（hades）と訳され，この言葉は新約聖書でも用いられる．しかし，新約において用いられるハデスの概念は，旧約におけるシェオールとまったく同じではない．旧約でシェオールは死の状態や墓を意味した．地獄の意味を確定することは困難であった．しかし，旧約時代と新約時代との間，いわゆる中間時代において，シェオールの概念はある変化を経験したのである．

　エレミアスによれば，中間時代のラビ文学において，またいくつかの黙示文学において，悪しき者と敬虔な者との死の領域における場所的分離の概念が現れ始める[215]．さらにディアスポラの仲介をとおして霊魂の不死への信仰がパレスチナに入り込み，義人の霊魂はただちに天的な祝福にあずかり，その後復活を待ち望むという観念に導かれたのである．その結果，ハデスという言葉は，死の領域における悪しき者の霊魂に用意された裁きの場としてだけ用いられるようになった，といわれる[216]．

　事情が以上のようであったとしても，確かな事実は，シェオールの訳語としてのギリシア語ハデスが新約の啓示において概念の内容面で新しい意

味を獲得したことである．すなわち，ハデスが地獄の刑罰としての意味をもつに至ったのである．新約聖書におけるハデスの意味について，以下要約的にみておくことにする．

　第一に，ハデスは死者の領域を意味する．使徒言行録 2 章 27 節，31 節は，上述の詩編 16 編 10 節の場合と同様に死者の領域を意味する．この関連で，他にヨハネの黙示録 1 章 18 節，6 章 8 節，20 章 13 節なども挙げることができるであろう．

　第二に，ハデスは地獄の刑罰の場所としての意味をもつ．この意味におけるハデスの使用例を周知の「金持ちとラザロ」（ルカ 16：19－31）の物語に見出せる．ここではラザロはハデスに入ったとは言われていない．ラザロはアブラハムのふところにいる．ハデスへ行ったのは金持ちであり，金持ちはそこで地獄の苦悩を味わう．ハデスは死後の苦悩の場所を意味している．この意味におけるハデスの理解は，上述したように，当時のユダヤ教文献にも見られる．これにはある概念的変化を経験したハデス理解が反映していると言ってよいであろう．もちろん，ルカのこの物語の場合には文字どおりの出来事と取るのは困難である．当時流布していた民間説話がある役割を果たしているであろう．したがって，人間の死後の状態について，このテキストを根拠にして具体的に論じることはできない．しかし，たとえそうであったとしても，死後における敬虔な者と神に背く不敬虔な者との死後の運命の相違の現実性を排除してしまうならば，この物語の使信は意味を失う．死後における運命の決定的差異性はいずれにしてもこの物語をとおして明らかにされている．この意味において，ハデスはここでは地獄の刑罰の場所としての意味をもっているであろう．積極的に言えば，神の民は，死後において神に見捨てられず，陰府の力から解放されて，慰められて天的な祝福の中におかれることを示している．

　以上，ハデスの概念を中心にして中間状態について考察してきた．しかし，新約聖書が中間状態について言及するところは，他にも存在する．

　それらの他の聖書箇所を検討するとき，悪しき者の中間状態について言

及するところはそれほど多くはない．最も明瞭なのは，ペトロの手紙二2章9-10節である．4節では罪を犯した天使たちが裁きの日まで地獄に引き渡され，閉じ込められることが語られる．9節では正しくない者たちが同様に罰せられ，閉じ込められることが語られる．9節の「罰し」と訳されているギリシア語は，テキストでは受動態現在分詞形（κολαζομένους，コラゾメヌース）が用いられ，罰せられることが継続的であること，それが裁きの日まで続くことが示唆されている．

このように，神に背く悪しき者の中間状態についての言及もあるにはあるが，きわめて少ない事実にやはり注目しておく必要があるであろう．中間状態に関係する箇所は，そのほとんどが神の民のそれにかんしてであり，しかも希望と慰めに満ちたものなのである．そこに新約聖書の使信の中核があることに留意しなければならない．以下においてそのいくつかのケースを見ておくことにする．これらの例を検討することをとおして，キリスト者の中間状態をどのように理解すべきかが示されるはずである．

(1) ルカによる福音書23章42-43節

このテキストで問題になるのは，主イエスが十字架上で強盗に「あなたは今日わたしと一緒に楽園にいる」（23：43）と約束された言葉である．ここでの「楽園」（パラダイス）には，背後のイメージとしてエデンの園（創世2：8）がある．これは未来的な神の国を示す場合の型となっている（イザヤ51：3，黙示2：7，22：2）．しかし，すでにふれたように1世紀のユダヤ教文献では，「楽園」は中間状態の霊魂のための天的住いの意味で用いられている．ルカによる福音書16章23節，コリントの信徒への手紙二12章2節にその反映があると見ることができる．ユダヤ教文献では，メシアが「パラダイスの門を開く」（『十二族長の遺言』レビ18：10）と期待され，ルカは主イエスが彼の死と復活を通してその門を開き，そこに体をもって挙げられたと考える．ここでは主イエスは強盗の魂のことに言及しておられるであろう．したがって，終末の日を待つまでもなく，強

盗の霊魂は"今日"すでにそのパラダイスの祝福にキリストと共にあずかることになる[217].

(2) フィリピの信徒への手紙1章21-23節

ここで注目すべきことは，1章21節でパウロが「死ぬことは利益」と言っている点である．パウロにとってなぜ死ぬことは益なのであろうか．この点を理解するためには，23節を見なければならない．23節では「この二つのことの間で，板挟みの状態です．一方では，この世を去って，キリストと共にいたいと熱望しており，この方がはるかに望ましい」と述べている．23節の「世を"去ること"」（ἀναλῦσαι）は過去時制の不定詞であり，死の瞬間的経験を示し，「キリストと"共にいること"」（εἶναι）は現在時制の不定詞である．しかもそれぞれの不定詞は，一つの定冠詞で括られている（εἰς τὸ ἀναλῦσαι καὶ σὺν Χριστῷ εἶναι）．すなわち，この事実は，両者は一つのこと，「世を"去る"」瞬間に，ただちに「キリストと"共にいること"」が実現することを示している[218]．ここでは「キリストと共にいること」がどのようなものなのかについては具体的には語っていない．パウロが，"どのように"を明確に語るのは，最後の日の復活について語るときである．

(3) コリントの信徒への手紙二5章6-8節

パウロは5章1-2節において次のように述べている．

> 「わたしたちの地上の住みかである幕屋が滅びても，神によって建物が備えられていることを，わたしたちは知っています．人の手で造られたものではない天にある永遠の住みかです．わたしたちは，天から与えられる住みかを上に着たいと切に願って，この地上の幕屋にあって苦しみもだえています」．

ここにおける「わたしたちの地上の住みかである幕屋」は，人間のこの地上における存在形式，すなわち「からだを住みか」（5：6）とする肉体

における存在形式をさしていることは明らかである．問題になるのは，パウロが地上の幕屋が滅び，そして「上に着たいと切に願って」いる「人の手で造られたものではない天にある住みか」とは何かという点である．

　この「神によって備えられた家」について，三つの代表的見解がある．第一に，現在の体と復活の体との間の「中間的体」とする見解．第二に，再臨において受け取る復活の体とする見解．第三に，中間状態における信者の天にあってキリストと共にある栄光の状態とする見解．

　第一の見解はまったく非聖書的なもので，ほとんど検討する必要はないであろう．問題は，第二の復活の体か，あるいは第三の中間状態のことか，という点に絞られる．この両方の見解にはそれぞれ根拠がある．

　復活の体とする見解には一定の説得力がある．たとえば，このテキストの前には「見えるもの」としての一時的，地上的現実性と「見えないもの」としての永遠的現実性との対比（4：18）があり，その「見えないもの」は復活と結びついて終末論的意味をもっている（4：14）．この対比と平行して，「地上の住みか」と「天にある永遠の住みか」との対比がある．このことは，天にある住みかが復活の体と密接な関係があることを予想させる（参照，フィリピ 3：20-21）．さらに，5 章 2-4 節に現れる「……着たい」や「命に飲みこまれる」のイメージは，コリントの信徒への手紙一 15 章 53-54 節の表現ときわめてよく一致する[219]．

　しかし，復活の体とする見解に問題がないわけではない．一つは，それが復活の体を意味するとすれば，「天にある」と言われるがいったい天のどこに復活の体はあるのか，という問いが残る．さらに，1 節を直訳すれば「……天にある永遠の住みかを"持っています"」（ἔχομεν）と現在形になっており，もしそれが復活の体であるならば，時制的には未来形であるはずである，という問題点も出てくる[220]．

　しかし，この点で 1，2 節の二つの主動詞に注目すべきであろう．すなわち 1 節の「われわれは……天にある永遠の住みかを"持っています"」（ἔχομεν）と 2 節の「われわれは……"苦しみもだえています"」

(στενάζομεν)．この両方の動詞のもたらすキリスト者の希望の緊張関係に注意しなければならない．前者においては神の約束における"すでに今"が，後者において"いまだなお"が示されている．「苦しみもだえている」は不確かさのそれではなく，子どもを産む苦しみ，希望に満ちた産みの苦しみを意味している（ローマ8：23−25）[221]．

　事情が以上のようであれば，上述の第二と第三の立場はあれかこれかの問題ではなくなるはずである．カルヴァンが5章1節を註解して次のように言うとき，きわめて重要な指摘をしていると言ってよいであろう．

> 「使徒は，この幕屋に対して，永久に建ちつづける建物を示し，それを，天にある・永遠の家と呼ぶ．この名によって，かれは，死後信者のためにそなえられている，いともさいわいな不死の状態を言いあらわそうとしたものか，それとも，復活の後にあらわれる，ほろびることのない・栄光のからだのことを言おうとしているのか，明らかではない．この二つの意味のうちどちらをとるにしてもさして不つごうはない．ただ，わたしとしては，死後におけるたましいのいともさいわいな状態が，この建物のもといであり，さいごの復活の栄光はその落成・完成であるというふうに解するのがよいと思う[222]」．

　カルヴァンが指摘するように，あれかこれかというよりも両者を有機的・一体的に結びつけて理解すべきである．すでにわれわれが検討してきたことからも明らかなように，パウロは死後のキリストと共にある事態がどのようなものかを思弁的に語ることはしない．聖書には中間状態それ自体を孤立させて見つめる視点はないのである．むしろ，終末的神の国の完成とそこにおける復活の体が重要なのである．聖書には，"ただ一つの終末的期待が存在するのみ"なのである[223]．その神の国の完成と復活の体への終末的期待とそこへの視点の固着の中で，死後の中間状態も見つめられる．その時，終わりの復活の体のことと死後の中間状態の魂のいとも幸いな状態とは切りはなされて考えられることはなく，一つの視野の中で一体的に捉えられることにもなるのである．これを理解したとき，上述のパウ

ロの表現は天上のいとも幸いな魂の状態なのか,復活の体のことなのかという二者択一の問題ではなく,むしろ両者が一体的に表現される事情も理解できるのである.また,カルヴァンの語るところがきわめて的確なことも理解できるであろう.

神の国の完成と復活の体への終末的期待とそこへの視点の固着は,天に挙げられ,神の右に座し,やがて再臨されるキリストへの信仰の目をもたらす.この信仰の目は,この地上の幕屋を去っても,復活の体の確かさと一体化したキリストと共にあることの幸いを確信せしめるのである.この意味において,次のようなクルマンの指摘は事柄の核心を突いているであろう.

> 「新約聖書における死と永遠の生命とが,いつもキリストの出来事と結びついていることを認めるなら,そのとき明らかになることは,最初のキリスト者たちにとって霊魂は,本質的に不滅ではなくて,むしろイエス・キリストの復活を媒介として,またキリストを信じる信仰を媒介としてのみ,そうなるということである[224]」.

4. カルヴァンと歴史的改革派神学における中間状態の理解

以上のような聖書における中間状態の理解に照らし合わせて,歴史的改革派神学における中間状態の理解をどのように評価できるのであろうか.まず,カルヴァンに注目し,そのあとで改革派諸信条に示された歴史的改革派神学の中間状態理解に目を転じて考察を加えることにしたい.

(1) カルヴァンの場合

カルヴァンの場合に,中間状態との関係において問題になるのは,彼の論争的文書『霊魂の目覚め』(*Psychopannychia*, 1543)である[225].この文書は当時の再洗礼主義者が死後の霊魂の眠りあるいは霊魂の死滅を主張した

のに対し，中間状態における霊魂の不滅性を主張したものである．カルヴァンは，この論争的文書で明確にした自らの立場をその後も変化させることはなかった．1559 年の『キリスト教綱要』の第 3 巻 25 章の「最後の復活について」においても同論文と同様の主張を見出すことができる．

すでに指摘したように，中間状態の問題は霊魂の不滅性の問題と密接に関連する．霊魂の不滅性の問題では，カルヴァンは，「最初の人が不死の生気を持ち……」と述べて，アダムが不死の霊魂をもっていたことを主張する[226]．彼の『キリスト教綱要』の中でも，霊魂の不滅性の教えを擁護している[227]．しかし，この見解によってカルヴァンがギリシア的観念の餌食になったかと言えば，それは言い過ぎであろう．しかし，同時にギリシア的観念の影響を全面的に排除することにも無理がある[228]．むしろ，正確には，ギリシア的思惟の影響を受けつつ，基本的にはそれを克服できていると考えられる[229]．その克服においてキイ・ポイントとなったのは，以下で論ずるように「霊魂の不滅性」の問題を"キリストとの結合と再臨時の復活"と切り離さないで理解した点であろう．

注目したいことは，確かにカルヴァンは中間状態の霊魂の不滅性を擁護するのであるが，その霊魂の状態について思弁することに強い警戒心を示しているという事実である．カルヴァンが上掲の『霊魂の目覚め』において霊魂の不滅性を断固として主張したのには歴史的背景がある．すなわち，当時迫害の中で殉教の危機にさらされていた祖国フランスのプロテスタントにとって，主にあって死ぬ者の霊魂の問題，その幸いと慰めの問題は揺るがせにすることのできないことであった[230]．中間状態の霊魂の問題それ自体については，カルヴァンはむしろ，慎重に次のように述べている．

「中間期のたましいの状態を，好奇心をもって問うことは，不法であると共に，益することもない．……．神がわれわれに知ることを許しておられる以上に，知らないことがらについて探求することは，愚かである[231]」．

III. 個人的終末論

カルヴァンに特徴的な「聖書的限界性」の主張がここでも明確に見られる。積極的には，次のような具体的内容において，神によって指定された限界で満足すべきことを勧告する.

> 「さらに，聖書はいたるところで，われわれに対し，キリストの来臨のときまで，期待をかけて待て，と命じ，栄光の冠をそのときまで延期させるのであるから，われわれは神によって指定された限界に満足しよう．すなわち，敬虔なものたちのたましいは，戦いの労苦を終えて浄福の憩いに入り，そこに約束された栄光の実りを，幸いな喜びをもって待ち望み，このようにして，いっさいのことが，贖い主としてキリストが現れたもうときまで，さしとめ置かれる，という限界である[232]」.

われわれはカルヴァンの指定したこの限界性を心に留めて置く必要があるであろう．カルヴァンは，霊魂の不滅性それ自体に思弁的な関心を寄せることなく，むしろわれわれの思いを再臨の主キリストへと向けていることに注意すべきである．

さらに，中間状態についてのカルヴァンの考えをより適切に理解するのに重要なのは「キリストとの結合」の概念であろう．カルヴァンの神学を理解する上で，この概念の重要性はすでに指摘されているが，彼の終末論を理解する上でも決定的とも言える重要性をもつ．フィリピの信徒への手紙3章20節の註解において，カルヴァンは次のように語る．

> 「われわれがキリストと持っている結び付きにより，われわれの国籍は天にある，とパウロは証明する．……従って，キリストは天にあるが故に，われわれがキリストと結び付くことを欲するならば，われわれは霊においてこの世の外に住むことが必要である．さらに，われわれの宝のある所には，われわれの心もある．われわれの恵みであり栄光であるキリストは天にある．それ故に，われわれの霊魂はキリストと共に天に住まなければならない．……キリストは天から救い主としてわれわれのところに来るであろう．それ故に，われわれが地上にかかずりあいまきこまれているのはふさわしくないことである[233]」.

ここでカルヴァンが語っていることは，中間状態についての彼の見解を理解する上で，一つの"註解"としての意味をもっているであろう．カルヴァンにとって，中間状態においてキリストの来臨を待ち望むのは，聖霊によるキリストとの結合においてなのである．そのときカルヴァンにおける霊魂不滅性の概念もギリシア的理解からは遠く，むしろあくまでキリストの再臨と終わりの復活との緊密な関係性の中で理解されなければならないことも了解できるはずである．

(2) 改革派諸信条に基づく歴史的改革派神学の中間状態理解

　改革派諸信条における死後の霊魂の状態に関する教えは，特に「ハイデルベルク信仰問答」と「ウェストミンスター大教理問答」においてその代表的な例を見ることができる．

　「ハイデルベルク信仰問答」は次のように述べている．

> 「問57　『身体のよみがえり』は，あなたに，どのような慰めを与えますか．
> 　答　わたしの魂が，この地上の生活が終わると，ただちに，頭であるキリストに受け入れられるだけでなく，このわたしの身体が，キリストの御力によって，よみがえらされ，再び，わたしの魂と結合され，キリストの栄光ある体と同じ形に変えられるということであります」．

　ここにはやはり死後の霊魂それ自体への個別的関心はない．確かに霊魂と体という人間論的カテゴリーが見られるが，人間論的関心に支配されているのではない．関心の中心点はキリストとの関係性にある．すなわち，「頭であるキリストに受け入れられ……」とは，死後のわれわれの霊魂と頭であるキリストとの関係性，キリストとの結合関係を示しており，同時に身体の復活が語られ，霊魂との再結合によるキリストの栄光の体と同じ形にされることが語られる．しかも，何よりも重要なことは，「使徒信条」における「身体のよみがえり……」の告白の文脈の中で，死後の霊魂にも言及されていることである．これは神学的にきわめて健全なパースペク

ティブにおいて語られていることを示すものである．

次に，「ウェストミンスター大教理問答」であるが，次のように述べている．

> 「問86　見えない教会の会員が死の直後に享受する，キリストとの栄光における交わりとは，どのようなものですか．
> 　答　見えない教会の会員が死の直後に享受する，キリストとの栄光における交わりは，次のことにあります．すなわち，彼らの魂は，その時全く聖くされて，この上もなく高い天に受け入れられ，そこで光と栄光のうちに神の御顔を見て，彼らの体の完全な贖いを待っています．その体は，死にあってもキリストに結合されたままの状態で，終わりの日に再び彼らの魂に結合されるまで，床に休むようにその墓に休んでいます．これとは反対に，悪しき者の魂は，その死に際して地獄に投げ入れられ，そこで苦悶と底知れぬ暗闇のうちにとどまり，彼らの体は，大いなる日の復活と審判まで，獄屋にあるように，その墓に留め置かれています」（参照，「ウ信仰告白」32：1，「ウ小教理」問37）．

ここでも上記の「ハイデルベルク信仰問答」問57においてと同様の内容を見出すことができる．死後の霊魂をそれ自体で孤立的には扱っていない．霊魂は死後キリストとの栄光における交わりを享受する．しかし，見えない教会の会員とキリストとの結合は（問66－67）霊魂だけではない．その体においても「死にあってもキリストに結合されたままの状態で」いるのである．したがって，霊魂それ自体で孤立的に論じることはできない．まったく聖化された霊魂は，キリストとの栄光における交わりを享受しつつ，キリストに結び合わされて「体の完全な贖いを待って」いるのである．

以上のように見てくるときに，改革派諸信条における中間状態の理解は，カルヴァンの基本的立場を継承しており，聖書的に見ても基本的に健全な理解を示しているといってよいであろう．今後の問題としては，この健全な線を神学の領域のみならず，教会的実践の領域においても，とりわ

け葬儀説教においても貫徹することが重要であろう．さらに言えば，栄光の復活の体の光においてのみではなく，新天新地における終末的神の国の広い視野の中でここでの問題を見つめることが必要であろう．

E. 中間状態についての非聖書的見解

1. ローマ・カトリック教会の「煉獄」の教理

「煉獄」（purgatorium）に連なる教えは，「浄化」の観念としてすでに教父たちの間に見られる．彼らは，キリスト者の多くは死後ただちに永遠の至福の領界に入るほど聖潔ではなく，死後「浄化」の過程をたどることになると考えたのである．教父においてはアレキサンドリアのクレメンスとオリゲネスが煉獄観念の創始者とよばれている[234]．他に，カパドキアの三教父，アンブロシウス，エフラエム，アウグスティヌスなどにも見られる[235]．中でもアウグスティヌスは後の教会的教理やこの教理にかかわる実践の基礎を据えたと指摘されている[236]．

しかし，西方教会における「煉獄」の教理の形成において決定的役割を果たしたのは大グレゴリウスである．決定的役割を果たしたというのは，大グレゴリウスが「軽い過ちのためには，審判の前に浄罪の火があることが信じられるべきである」とし，浄罪の火を信ずべき確かなこととして力説し，「また，とりなしの祈りや奉献行為（oblations）によるこの火からの救出という，彼よりもずっと前に人々が漠然と抱いていた思想を，初めて明確にした人物」だからである[237]．この意味において，大グレゴリウスは「煉獄の教えの編集者（Der Kompilator der Fegfeuerlehre）」ともよばれている[238]．14世紀初めのダンテの『神曲』は煉獄思想を文学的に確立したものである[239]．

教会教義として煉獄の教えが公的に決定されたのは，フィレンツェ公会

議（1439年）が最初である[240]．その後，トリエント公会議の第25総会（1563年）において次のように宣言されている．

> 「聖なる公会議は，司教たちに次のことを命じる．司教は聖なる教父たちおよび諸公会議によって伝えられた練獄についての正しい教義が信じられ，守られるように，いたる所で説き教えるように努めるべきである[241]」．

1979年のローマ・カトリック教理聖省が発表した書簡『終末論に関する若干の問題について』においても練獄の教えは堅持されている[242]．

練獄の教えによれば，死後，完全に清い者はただちに天国の幸いに入れられ，悪しき者は直ちに地獄の罰をうけ，完全に清められていない者——大多数の信者の場合は，練獄に入れられるのである[243]．つまり，練獄とは，完全には清められていない者が，「天国の幸いを受ける前に，心の汚れを完全にきよめ，残された償いを果たす」ところなのである[244]．この引用でも明白であるが，誤解しないように注意すべきことは，練獄は地獄ではないということである．むしろ，練獄とは，「神との親しさの中に死ぬ一方で，永遠の救いは確実であるものの，天上の至福に入るために，まだ清めを必要とする人々の状態」なのである[245]．あくまで天国の幸いを受ける前の「罪の償いの場」である．練獄における苦しみの度合いは，残された罪の償いが果たされていない度合いに対応している．しかし，この残された罪の償いは，死後の魂はそれをすることはできず，この世に生きている信者が死んだ者に代わってそれをなすことができる．この点にかんして『カトリック要理』は次のように述べている．

> 「50 3．この世の信者と練獄の霊魂
> 　この世における信者は，ミサ聖祭，祈り，善業，免償などをもって練獄の霊魂を助けることができます．すなわち，これらによって練獄の霊魂の果たすべき償いがゆるされて，天国の栄光に入ることができるように神にねがうのです」．

練獄の教えについての明確な聖書的根拠はない．この点はローマ・カトリックの立場からも次のように明らかにされている．

> 「『練獄』という語は聖書にはない．また，練獄についての教義も，聖書でははっきりと教えられてもいない．しかし，練獄の存在についての古くからの信仰は，聖書が神の裁きについて明言していることに，深く基礎を置いている[246]」．

ローマ・カトリックの側において，練獄の聖書的根拠として挙げられるのは外典のマカバイ記下12章43-46節である．特にそこには「死者のために，つぐないのいけにえをささげさせた．それはかれらを罪から解き放つためである」（マカバイ下12：46）という言葉があるからである．しかし，上述の引用が示すとおり「聖書でははっきりと教えられていない」のであり，あくまで彼らにとって聖書として権威をもつこの言葉においてさえも「含蓄されている」というのが正確な表現なのである[247]．他にコリントの信徒への手紙二3章15節なども挙げられてきたが[248]，それを練獄の教えの根拠とするのはとうてい無理である．最終的には確かに「古くからの信仰」つまり教会伝承に依拠すると言わざるをえないのである．

2.「練獄」の教理に対する宗教改革者の立場

宗教改革者について言えば，ルターが1517年に「九十五箇条の提題」において抗議したのは金銭によって売買された免償符が練獄にある死者の執り成しに効力をもつとされた点に対してであった．しかし，ルター自身は，その時にはまだ練獄の教理そのものを否定していたわけではなかった．ルターがこの教理を決定的に否定したのはやっと1530年ごろの「練獄の論駁」においてであった．しかし，いずれにせよ，ルターをはじめ，カルヴァンや他の改革者たちは練獄の教義を一致して否定したことは事実である[249]．

III. 個人的終末論

宗教改革者たちが一致して練獄の教義を否定したのには二つの理由がある.

第一に, 練獄の教えにはいかなる聖書的根拠もないということである. この教えにかんして, ローマ・カトリックの有力な聖書的根拠となったマカバイ記は外典であり, 宗教改革者たちは外典を聖書経典として権威をもつものとは認めていなかったのである.

第二に, 練獄の教えはその本質において人間による罪の償いの要素, 功績的要素を含み込んでいるということである. そこではキリストの贖いの一回的完全性は損なわれているのである. すなわち, 練獄の教えは, 信仰によってのみ義とされ, 恵みによってのみ救われるという宗教改革の根本主張に背馳する教えなのである.

3.「父祖リンボ界」の教理

「父祖リンボ界」(limbus patrum) とは何か. ラテン語で「リンブス」(limbus) とは「縁, 周辺の場所」という意味である. 天国の外で, その周辺的領域において最も近い場所に位置するのが, この「父祖リンボ界」である. これは, ルカによる福音書16章22節で「アブラハムのふところ」と呼称されている場所とされ, ここにキリスト来臨以前の旧約の聖徒たちがキリストの陰府くだりまでとどまると理解される. これは地獄の外であり, キリストの陰府くだりによってこの場所から彼らは解放され, それによって父祖リンボ界は廃されたとされる.

4.「幼児リンボ界」の教理

「幼児リンボ界」(limbus infantum) とは洗礼を受けないまま死んだ幼児たちが置かれる場所であり,「父祖リンボ界」と「練獄」との間に位置する. 洗礼を受けないで死んだ幼児たちは, 自覚的な罪を犯してはいない

けれども，原罪からの贖いを受けていない．したがって，彼らは，「幼児リンボ界」におかれ，地獄の苦しみを味わわないで済むが，天国に入ることはできないのである．これについては，聖書的な根拠がないことは言うまでもない．

5.「霊魂睡眠説」

「霊魂睡眠説」（Psychopannychy）は死後の霊魂の状態について復活まで意識不明状態にあるとする見解である．これは歴史的には古くから存在する考えであり，ユウセビウスはアラビアの小さなセクトに霊魂の眠りを信じていた者があったことを伝えている．中世においても同様の立場は存在した．すでに言及したように，宗教改革の時代にはアナバプティストの流れの中にこの立場を主張する者があり，カルヴァンはこれを論駁するために『霊魂の目覚め』（サイコパニキア）を記した．19世紀では，スコットランドのアーヴィング派がこれを主張したことで知られている．

この見解の一つの聖書的拠り所は，死が眠りと表現されている点にある（Ⅰテサロニケ 4：13-16）．しかし，聖書において死が眠りと表現されているのは，死者の状態と眠りの状態との外的類似性から，および死者がこの世の仕事から解放され，休息するという点から，さらに言えば復活において死より"目覚める"という点からきているであろう[250]．

この見解への全体的反論は，本書では霊魂の不滅論や中間状態について論じたところで事実上すでに行った．

6.「霊魂絶滅説」あるいは「条件的不死説」

「霊魂絶滅説」（Annihilationism）および「条件的不死説」（Conditional immortality）は，悪しき者は死後においてたとえ存在するとしても意識的存在ではないという点で共通の見解に立つ．両者の見解の差は以下のと

おりである．

「霊魂絶滅説」の場合には，人間は本来不死に造られたのであるが，罪の中にとどまりつづける霊魂は神の積極的な行為として不死の賜物を奪われ，最終的には破壊される．あるいは，ある人たちの理解では，永遠に意識が奪われ，事実上非存在に等しいものになる．

「条件的不死説」の場合には，霊魂の不死性は創造において本性的に賦与されたものではなく，信じる者にキリストによって恵みとして与えられたものである．したがって，信じない者の霊魂は消滅するか，意識を一切失うことになる[251]．

7.「再試験説」

「再試験説」(The second probation) とは次のような見解のことである．

> 「キリストによる救いは，死後の中間状態においてもある人たちにとって，あるいはおそらくはすべての人たちにとってなお可能である．また，この救いは，現在の条件すなわちキリストを救い主と信じる信仰という条件と本質的に同じ条件で提供されるのである[252]」．

この場合，では具体的に誰がその対象なのかという点が問題となる．この点にかんしては意見が分かれる．ある人たちは，幼児期に死んだすべての子どもたち，また生前にキリストのことを聞く機会がなかった異教徒の成人たちなどをその対象に考える．さらに，ある人たちは，キリスト教国に生活しながら，生前は真剣にキリストの要求にこたえなかった者たちさえもその対象に加えて考える[253]．しかし，対象をどのように考えるにせよ，この立場では人間の永遠の状態は最後の審判の時まで固定的に決定されてはおらず，死後にもう一度救いの機会があるという共通した理解がある．この意味において，この立場は，地上において悔い改め，信じて救われるという救いのファースト・チャンスに対して，死後の状態においてもなお救いの

チャンスが存在するという意味で「セカンド・チャンス論」ともよばれる.

歴史的にはクレメンスやオリゲネスはこの立場に肯定的であったが, アウグスティヌスや他の人たちはこれに否定的であった[254]. この立場が特に勢い得たのは19世紀の神学者たちにおいてであった. ドイツではミュラー（Müller）, ドルナー（Dorner）, ニィッツ（Nitzsch）, スイスではゴデー（Godet）, グレティラート（Gretillat）, 英国ではモリス（Maurice）, ファーラー（Farrar）, プランプトリ（Plumptre）, 米国ではニューマン・スミス（Newman Smythe）, マンガー（Munger）, コックス（Cox）, ジュックス（Jukes）, 幾人かのアンドーヴァー学派の神学者たちなどである. この時代にこの見解が好んで受け入れられた理由は, キリストの福音を聞く機会をもたなかった幾百万の人々がいることをはっきりと意識するようになったからである[255].

この「再試験説」の聖書的根拠となってきたのは, ペトロの手紙一3章19節「霊においてキリストは, 捕らわれていた霊たちのところへ行って宣教されました」, さらに4章6節「死んだ者にも福音が告げ知らされたのは, 彼らが, 人間の見方からすれば, 肉において裁かれて死んだようでも, 神との関係で, 霊において生きるようになるためなのです」という箇所である. 他にいろいろ聖書的根拠を挙げる試みがなされてはきたが, 事実上唯一の根拠となってきたのは上記の聖書箇所である[256]. ペトロの手紙一にあるこれらの聖書の言葉は難解なテキストとして有名であり, 歴史的にも解釈がさまざまに分かれてきた.

教義学的に言えば, 解釈が激しく分かれたきわめて不安定な聖書的根拠によって教会的教理として確定することは賢明ではないし, 不適切である. しかも, 重要なことは, 死後の救いの可能性を否定する聖書的根拠は揺るがないのである. たとえば, われわれはただちにルカによる福音書16章19-31節を挙げることができよう. ここで語られている物語には素材として当時の民間伝承が用いられていることを受け入れたとしても, 地上における福音への決断が決定的なのであって, 死後における救いへの可

能性が否定されていることは明らかである．あるいは，地上の生における信仰告白と生のありかたによって最後の審判の篩い分けがおこることも明白である（マタイ 10：32－33，25：31－46，ルカ 12：8－9，Ⅱコリント 5：10，ガラテヤ 6：7－8）．「再試験」の可能性は明確な聖書の教えによれば否定されるのである．

「再試験説」は，特に日本的文脈で考えるならば，この見解を主張したくなる思い自体は理解可能である．日本宣教において信仰の決断をなし，洗礼を受けようとするとき，先に死去した肉親や親しい者たちのことが心にかかり，決断の上で大きな障害となるからである．「自分だけが救われて……」という思いにとらえられるからである．信仰をもたないまま死んだ父や母，妻や夫，息子や娘，孫たちのことを思うとき，死後の状態における救いの可能性が提示されるならば大きな慰めとなる．入信の決断が格段に容易になる．あるいは死者との交わりにおいて，信仰をもたないまま死去した者たちの救いの可能性を思うとき，死者が救われるように祈ることさえ可能になりうる．したがって，この再試験説は，見方によっては日本宣教の上で有力な武器となりうるのである．

しかし，そこに問題の深刻さもひそんでいる．この再試験説は人生観そのものにも決定的影響を与える．地上の生の一回的・決定的性格を緩めてしまうのである．地上における福音宣教の切迫さと真剣勝負の矛先を鈍らせることにもなろう．なによりも危険なのは死者に対する祈りを誘引することである．異教的要素や偶像礼拝的要素の温床になりうるのである．ローマ・カトリックの練獄思想における練獄の魂を助けるための地上の聖徒たちによるとりなしの祈り，ミサ，善行への道と重なってくることになるであろう．そして，何よりも聖書自身の明白な証言がこの道を歩むことを禁じているのである．

8.「中間状態についての非聖書的見解」についてのまとめ

以上のように，死後の状態にかんする非聖書的な諸見解を考察してきた．この項を閉じるにあたって，「ウェストミンスター信仰告白」の第32章「人間の死後の状態について，また死人の復活について」の第1節の次のような言葉をもってわれわれの根本的立場を総括しておきたい．

> 「人間の体は，死後塵に帰り，朽ち果てる．しかし彼らの霊魂は，死にもせず，眠りもせず，不死の存在性をもっていて，それを与えられた神に直ちに帰る．義人たちの霊魂はその時完全に聖くされて，最高の天に受け入れられ，そこで光と栄光の内に神の御顔を仰ぎ見て，自らの体の完全な贖いを待つ．そして悪人たちの霊魂は地獄へ投げ込まれ，そこで苦しみと全くの暗黒の中にとどまり，大いなる日の審判を受けるために残しておかれる．聖書は，体から離れた霊魂に対して，これら二つの場所以外に何も認めていない」．

上記の信仰告白は「彼らの霊魂は，死にもせず，眠りもせず，不死の存在性を持っている」と語り，「霊魂絶滅説」や「霊魂睡眠説」を拒否している．霊魂は意識的存在であり続けるが，死後ただちに，「義人たちの霊魂はその時完全に聖くされて，最高の天に受け入れられ，そこで光と栄光の内に神の御顔を仰ぎ見て，自らの体の完全な贖いを待つ」のである．これに対して，「悪人たちの霊魂は地獄へ投げ込まれ，そこで苦しみと全くの暗黒の中にとどまり，大いなる日の審判を受けるために残しておかれる」．また，「聖書は，からだを離れた霊魂に対して，これら二つの場所以外には何も認めていない」のであるから，「煉獄」や「リンボ界」あるいは「再試験説」の場は徹底的に排除されている．これらの非聖書的死後観は，すでに指摘したように日本人のもつ死後の状態にかんするさまざまな異教的理解を考慮するとき，厳密に拒否される必要がある．特に聖書自身も死者礼拝やそれに類することを異教的な習慣としてこれを拒否している

ことに注意すべきである（申命 18：9－14，イザヤ 8：19－20）．

F.【付論】幼児の死の問題

　われわれは，上述のようにローマ・カトリックにおける「幼児リンボ界」の教理について扱った．われわれはローマ・カトリックのこの教理的立場を肯定することはできない．しかし同時に，われわれとしては幼児の死の問題をどのように教理的に理解すべきかという問いの前に立たされることになる．この問題は牧会的観点からもきわめて重要である．その意味で，独立した項目で【付論】としてこの問題を扱っておくことにする．

　聖書はこの問題について詳細に記しているわけではない．それだけにこの問題の取り扱いについては慎重でなければならない．この【付論】においては改革派神学がこの問題についてどのように考てきたのかを見ておくことにしたい．

1.「ドルトレヒト信仰規準」の場合

　改革派神学においてこの問題を信条的に取り扱った例として，まず「ドルトレヒト信仰規準」（1619 年）の「第一教理条項　神の予定について」の第 17 条を挙げなければならない．そこでは，次のように告白されている．

> 「わたしたちは，神の御心を神の御言葉から判断しなければならず，その神の御言葉の証言によれば，信者の子どもたちは，生まれながらの本性によってではなく，両親と一緒に包含されている恵みの契約によってきよいのである．したがって，敬虔な両親は，神によって幼児期にこの世から召される自分たちの子どもたちの選びと救いを疑ってはならないのである[257]」．

この条項の告白には歴史的背景がある．「ドルトレヒト信仰規準」の最初の草案にはこの条項はなかった．出席していた代議員たちの勧告によって最終稿にこの条項は含まれることになったのである[258]．背景にはアルミニウス主義者たちの主張があった．アルミニウス主義者たちの主張については，「ドルトレヒト信仰規準」の結語の部分で，アルミニウス主義者たち自身が発した弾劾の言葉として次のように取り挙げられている．

> 「さらに，信者の多くの子どもたちは，罪なくして，母の胸から引き離され，残酷にも地獄に投げ込まれる．したがって，キリストの血潮も，洗礼も，彼らの洗礼に際しての教会の祈りも，彼らにとってまったく何の役にも立ちえないのである[259]」．

このようなアルミニウス主義者の非難に満ちた言葉は，言うまでもなくドルトレヒト総会議を構成するカルヴィニストたちの予定の教理に対して向けられたものである．すなわちカルヴィニストが選びと遺棄について教えるとき，神は御自分の憐れみを現すためにある人たちを選びと救いに，また御自分の義を現すためにある人たちを遺棄と滅びに，また洗礼を受けた契約の幼児たちでさえも遺棄のもとにおかれうることを教えていると非難したのである[260]．上述のアルミニウス主義者の批判はこの最後の点に深くかかわっている．

上掲の「第一教理条項」17条は，このような歴史的背景において読むとき，その意味はより明確になる．すなわち，同17条は聖書の証言に従って信者の子で洗礼を受けた幼児たちは恵みの契約の祝福の中にいるのであり，たとえ幼児期に召されたとしても彼らの選びと救いは確かであって疑ってはならないと宣言しているのである（この場合の「契約の子」の中には洗礼を受けないまま召される信者の子も含まれる）．

以上のような歴史的背景を考えると，「第一教理条項」17条はアルミニウス主義者への弁証的意味があり，彼らの非難が意味をもたないことを明確にしているのである．したがって，この17条の表明には，洗礼を受け

た契約の子の中にも「遺棄される者がありうる」という意味は含まれていない．もしそれが含意されるとすれば，ただちにアルミニウス主義者の批判に直面することになるからである．当該17条は，恵みの契約の約束の真実に立脚して幼くして召される契約の子どもたちの「選びと救いの確かさ」を明確に語る点に趣旨がある[261]．このような歴史的文脈から生まれた告白的文章であるので，当該17条は信者以外の者の幼児たちの選びと救いの可能性については特にふれてはいないことにも留意しておく必要がある[262]．

2．「ウェストミンスター信仰告白」の場合

改革派信条において幼児の死について扱っている例として「ドルトレヒト信仰規準」の上記の箇所の他に，「ウェストミンスター信仰告白」第10章「有効召命について」の第3節を挙げることができる．そこでは，次のように告白されている．

> 「選ばれている幼児たちは，幼い時に死ぬと，自らよしとされる時と場所と方法で働かれる御霊を通して，キリストによって再生させられ，そして救われる．御言葉の宣教によって外的に召されることのできない他のすべての選ばれた人々もまた同様である[263]」．

ここでも確かに幼児の死の問題が扱われている．しかし，「ドルトレヒト信仰規準」の第一教理条項17条とは神学的文脈が異なる．「ウェストミンスター信仰告白」第10章では「有効召命について」が扱われている．「有効召命」とは「命に予定した者たちすべてを，そして彼らだけを，自ら定めたふさわしい時に，御言葉と御霊により，彼らが生まれながら置かれている罪と死の状態から恵みと救いへ，イエス・キリストによって，有効に召すこと」（同信仰告白第10章1節）を意味する．有効召命は通常のケースとしては「御言葉と御霊に」よって行われるのであるが，御言葉に

よって外的に召されることができない場合にはどのように考えたらよいのかという問題がでてくる．その具体的例として幼児たちの場合，特に幼い時に死ぬ場合はこの有効召命をどのように考えたらよいのかが問題となっているのである．

　以上のように，「ウェストミンスター信仰告白」第 10 章 3 節の場合の文脈は「有効召命」との関係における「幼児の死」の問題なのである．御言葉の宣教によって外的に召されることのできない幼児の場合には，「選ばれている幼児たちは，幼い時に死ぬと，自らよしとされる時と場所と方法で働かれる御霊を通して，キリストによって再生させられ，そして救われる」と語っているのである．

　B. B. ウォーフィールドは，この立場は「ドルトレヒト信仰規準」第一教理条項 17 節と同じだと判断する[264]．神学的文脈は異なるが，確かに洗礼は契約の子に授けられるのであり（「ウ大教理」問 166），幼児たちは契約を破る状況にはなく，神の契約への真実から見て彼らの選びと救いは確かだと判断しうる．

　しかし，「ドルトレヒト信仰規準」と「ウェストミンスター信仰告白」との間には微妙な差違がある．筆者の判断では，「ドルトレヒト信仰規準」の場合には当該箇所の告白的言葉として「恵みの契約」に言及しつつ，この契約における約束の真実に立脚して契約の幼児たちの救いについて語っている．ここでは契約の約束の真実への信頼がより強力に機能しているように思われる．一方，「ウェストミンスター信仰告白」の当該箇所の告白的言葉は，「ドルトレヒト信仰規準」と同じ神学的根拠から表明された言葉ではあるが，選びの問題が前面に登場している．すなわち，選ばれている幼児は，幼児期に死んでも，御言葉の宣教を伴わない聖霊の直接的働きによって再生され，救われると語る．その際，「ウェストミンスター信仰告白」の当該箇所が幼児期に死んだ未信者の子の選びと救いについての積極的肯定も含むと解釈できるかどうかについては議論の余地がある．しかし，同信仰告白の当該箇所は，信者あるいは未信者を問わず選ばれた幼児

の救いという一般的問題にかんする議論へのアプローチを許しているとは言えよう．そこに思弁的な関心に道を開くおそれが出てくるように思われる．事実，以下に述べるように旧プリンストン神学者たちは信条的表明を超えた立場を表明することにもなるのである．

3. C. ホッジ，B. B. ウォーフィールドの場合

　改革派神学者の中で，「幼児の死」の問題で信条的表明を超えた立場を表明した神学者として C. ホッジと B. B. ウォーフィールドの名を挙げることができる．

　第一に，C. ホッジ（Charles Hodge）の立場である．彼は「幼児の救い」について次のように明確に語る．

> 「すべて幼児期に死んだ者は救われる．これは，アダムとキリストとの間における類比について聖書が教えることから推論されるのである（ローマ5：18-19）．われわれは，聖書自身がこれらの言葉で認めていることを排除して，これらの言葉について何らかの限定を定めるいかなる権利も持っていない．どんな幼児についても，受洗した幼児であろうが未受洗の幼児であろうが，キリスト教徒に生まれようが異教徒に生まれようが，信仰者の両親の幼児であろうが不信仰者の両親の幼児であろうが，キリストの贖いの祝福から排除されているなどとは聖書はどこにも記してはいないのである．キリストを除くすべてアダムの子孫は裁きのもとにある．一方，神の国を嗣ぐことはできないと明白に啓示された者たち以外のすべてのアダムの子孫は救われるのである[265]」．

　C. ホッジは「ローマ・カトリックの教えとは異なって，すべて幼児期に死んだ者たちは救われるという立場はプロテスタントの一般的信仰である」とさえ断言する[266]．しかし，「プロテスタントの一般的信仰」とまで言い切るのはいささか乱暴な議論と言わざるをえない．

　第二に，注目したいのは B. B. ウォーフィールド（B. B. Warfield）の立場である．ウォーフィールド自身も改革派諸信条が死んだ幼児のある者た

ちは遺棄されるのかどうかとか，あるいは逆にすべて死んだ幼児は救われるのかといった問題には何も言及していないことを認める．しかし，ウォーフィールドは，時代が進むにつれ，契約の子ではない亡くなった幼児たちも恵みの選びの中に含まれているという確信が広がっていることを語る．その代表的な例として，C. ホッジが幼児期に死んだすべての子どもたちが神の子どもたちであり，死後ただちに神御自身の栄光に受け入れられることを認めている事実を指摘する．それは，世の基が置かれる前から，神が無限の愛においてその子どもたちを選ばれたという単純な理由によると考えるのである[267]．

ウォーフィールドは，自身の言葉で「幼児の救い」について次のように語る．

> 「彼らの運命は，彼らの選択にかかわりなく，彼ら自身のいかなる行為によってもその実行が停止されることのない，神の無条件的な聖定によって決定される．そして，彼らの救いは，彼ら自身の独自な意志による行為に先だちまたそれとは別に，聖霊の直接的で不可抗的な働きを通してキリストの恵みが彼らの魂に無条件的に適用されることによってもたらされる．……もし幼児の死が摂理に基づくのであれば，この広大な群れなす者たちを無条件的な救いにあずからせるべく選ぶのは確かに摂理における神なのである．……このことは，彼らが世の基が置かれたときから，無条件的に救いに予定されているということをまさに語っているのである[268]」．

4. 本書の立場

幼児の死をめぐる改革派信条の立場は明確である．この問題にかんする「ドルトレヒト信仰規準」と「ウェストミンスター信仰告白」の間には微妙な差があるが，これまで論じてきたことから明らかなように基本的には同一である．両者とも，信条文書の公的表明としては契約の幼児たちの死における選びと救いについては明言しているからである．

しかし，信条文書はそれ以外の問題にかんする告白的表明はひかえていることが確認されなければならない．たとえば，契約の幼児で幼児期に死んだ者における遺棄と滅びの可能性の問題，未信者の幼児における選びと救いの可能性の問題など，神学者たちのさまざまな意見表明はあっても，信条文書自身はそれについて語っていない．幼児の死の問題は重要な牧会的課題であるために，それについてのさらなる回答を求める思いは十分に了解できる．しかし，われわれとしては聖書の啓示の限界内にとどまらなければならないのである．まして，上記の旧プリンストン神学者たちが主張するような幼児期に死んだ者すべての選びと救いについて聖書は語っていない．語っていないことについては，聖書の啓示の限界内でという原則を堅持し，見解の表明の留保にとどまるほかはないのである．この点で，改革派信条はこの問題にかんして聖書的限界内にとどまっていると言えよう．

以上のような意味において「終末の希望についての宣言」の次のような表明をわれわれの立場としたい．

> 「わたしたちは，幼少のうちに世を去った契約の子たちも，恵みの契約に対する神の真実のゆえに，天上の勝利の教会に移されていることを信じて疑いません．
> わたしたちは，死後の状態について聖書が啓示していない事柄に関し，聖書の外で憶測に基づく判断をせず，終わりの日に明らかにされることを謙遜に待ちます[269]」．

G. 中間状態についての教会論的理解の重要性 —— 個人化への流れに抗して

われわれはこれまで中間状態について論じてきたのであるが，最後に中間状態の問題における教会論的視点の確保の重要性を指摘しておきたい．中間状態は死後の魂の状態にかんする問題であるために，いきおい個人的レベルで考える傾向がきわめて強い．しかし，個人的レベルを超えて，教

会論的レベルで問題をとらえることが必要である．H. バーフィンクは，彼の『改革派教義学』における中間状態についての議論の中で教会論的視点の重要性を次のように指摘する．

「聖人崇拝や死者のための執り成しの祈りのいかなる余地もありえないとしても，地上の戦闘の教会と天上の勝利の教会との間の揺るぎない交わりは存在するし，存在し続けるのである[270]」．

この視点は教会的実践にもただちに関係する．

1.「天上の教会」への"転籍"としての死

われわれキリスト者は，死において，霊魂は完全に清くされて，天上のかしらであるキリストのもとに召され，体はキリストに結びあわされたまま，復活まで墓の中に休むと信じている（「ウ小教理」問37）．重要なのは，復活し，神の右に座し，今も天にあって支配し導いておられるキリストのもとに召されるという事実である．覚えるべきことは，われわれが天にあるキリストのもとに召される以前に，すでに数え切れないほどの聖徒たちがキリストのもとに召され，天上の教会を構成しているという事実である（黙示7：9－10．他にヘブライ12：22－24）．

中間状態の問題を考えるとき，この事実を忘れてはならない．われわれの死は，単なる個人的出来事にとどまることではない．教会的出来事なのである！　われわれの死は地上の教会の会員籍から天上の教会への「転籍」を意味する．天上の教会は，一般的に「勝利の教会」（ecclesia triumphans）とよばれ，地上の教会は「戦闘の教会」（ecclesia militans）とよばれてきた．両者の区別についてはさらに説明を要するが，この一般的表現に従えば，われわれの死は，地上の「戦闘の教会」から天上の「勝利の教会」へと転籍するという教会的出来事なのである[271]．個人の魂がキ

リストのもとに召されて,「そこで光と栄光の内に神の御顔を仰ぎ見る」(「ウ信仰告白」第32章1節)ことにとどまらない. その時には, 先に召された聖徒たちと共に, 栄光の内に神の御顔を仰ぎ見, 神を崇め, 讃美し, 神を礼拝する「天上の教会」の礼拝に加わるのである(黙示7：15). これは, きわめて重要な教会論的事態なのである.

中間状態にかんする「天上の教会への転籍」という教会論的理解について,「終末の希望についての宣言」における「信者の死後の状態の祝福」の項は次のように告白している.

> 「死の時, わたしたちの魂は完全にきよくされ, ただちに頭であるキリストのもとに引き上げられます. 天上の勝利の教会へ移された魂は, 地上にあるよりもさらに豊かな, キリストとの栄光の交わりにあずかり, 先に召された聖徒たちとの愛の交わりを喜び, 彼らと共に神の御顔を仰ぎます. 同時に, 体は, キリストに結び合わされたまま墓の中に休息し, 栄光の神の国における体の完全な贖いと天地の完成を待ち望みます[272]」(傍点筆者).

2.「天上の教会」と「地上の教会」との関係

上に言及したように,「勝利の教会」と「戦闘の教会」との区別は簡単に二分できるほど単純ではない. 天上の教会は確かに「勝利の教会」ではあるが, では地上の教会には「勝利の教会」という側面はないのか, と問わねばならないからである. 教会は, キリストをかしらとする「唯一のキリストのからだなる教会」である. キリストに一つに結び合わされて天上の教会も地上の教会も存在する. したがって, 唯一の聖なる公同のキリストの体なる教会としての存在の二つの側面として"天上的側面"と"地上的側面"について語るべきであろう.

確かに地上の教会は罪とサタンとの絶えざる戦いの中にある「戦闘の教会」である.「戦闘の教会」の一肢体である自らもまた聖化の途上にある

存在である[273]．しかし同時に，すべての権能を父なる神から委ねられた勝利の王キリストに結び合わされている教会として，確かな勝利がすでに約束され，栄光を帯び，世の終わりの最終的勝利に向かって戦いつつ前進している．この点に着目するとき，地上の「戦闘の教会」も「勝利の教会」としての側面をもっているのである．

他方，確かに天上の「勝利の教会」はあらゆる罪と汚れから解放され，聖められている点で地上の教会よりもいっそう栄光に輝く教会である（フィリピ1：23，Ⅰテサロニケ4：17）．しかし，天上の「勝利の教会」もまだ「途上の教会」なのである．天上の教会もいまだまったき栄光に達した教会ではない．「勝利の教会」の会員数の満数にもまだ達していない．天上の「勝利の教会」がどれほど栄光に輝いていても，現在の状態はいぜんとして「いまだ」という要素を含む．つまり天上の「勝利の教会」も終末の完成のときを待ち望む「途上の教会」なのである．ヨハネは，天上の祭壇の下で「神の言葉と自分たちがたてた証しのために殺された人々の魂」（黙示6：9）が，「真実で聖なる主よ，いつまで裁きを行わず，地に住む者にわたしたちの血の復讐をなさらないのですか」（同6：10）と叫んでいることを記しているとおりである．天上の「勝利の教会」の魂も，キリストに結ばれて墓で休んでいる肉体が復活し，栄光の体が与えられる主の再臨の時を，神の国の完成の時を待ち望んでいる．地上の教会と完全に一つとされて，一つのまったき栄光の教会として主を拝するその時を待ち望んでいるのである．したがって，天上の教会は「戦闘の教会」の要素を帯びるとまでは表現できないとしても，天上の「勝利の教会」も"暫定性"，"途上性"という性質をもっていることを覚えなければならない[274]．

以上のような天上の教会と地上の教会との関係について「終末の希望についての宣言」の「天上と地上の教会」の項は次のように述べている．

「教会は，主キリストの下に天と地を貫く一つの教会です．

天上の勝利の教会は，より豊かなキリストとの栄光の交わりを喜びつつ，聖徒たちの数が満たされる日を待ち望みます．
　地上の教会であるわたしたちは，頭であるキリストの勝利にあずかりながらも，なお内にあっては弱さと分裂，外にあっては苦難と試練の戦いの中にあります．しかし，主は，この地上の教会に御言葉と礼典と祈りを与え，聖霊によってそれらを効力あるものとし，わたしたちを世の終わりまで守り，保持し，まったき勝利に導かれます．
　主キリストの再臨の日に，天上と地上の教会は完全に一つとされ，栄光に輝く教会となり，新しい人類として完成されます[275]」．

3. 先に召された聖徒との礼拝的交わりの牧会的意味

　以上のように死後の中間状態を教会論的視点から考える場合に，すでに召された聖徒との交わりにかんして健全な洞察が与えられる．「死者との交わり」を語ることは信仰的には危険な領域に近づくことを意味する．たえず異教的な要素，呪術的要素，迷信的要素などが入り込むからである．
　たとえば，ローマ・カトリック教会も，中間状態の教会論的視点をもっている．ローマ・カトリック教会の場合は，天上の「勝利の教会」（ecclesia triumphans），地上の「戦闘の教会」（ecclesia militans）にとどまらず，練獄の「苦悩の教会」（ecclesia patiens）についても語る[276]．三つの教会を語るのである．その結果，天上の「勝利の教会」の魂はその執り成しの祈りによって練獄の苦悩する魂を助けることができる．また地上の「戦闘の教会」の魂は，ミサ聖祭，祈り，善業，免償などによって練獄の魂の苦悩を助けることができる．つまり，練獄の「苦悩の教会」を持ち込むことによって，すでに練獄を扱ったところで批判したように，さまざまな問題性を持ち込むことになる．
　東方正教会の場合も，中間状態の教会論的視点は明確である．しかし，すでに言及したように，正教会はローマ・カトリック教会が主張するような練獄を否定するため，練獄の「苦悩の教会」は存在しない．東方正教会

においては，復活の終末論的次元が強調される．このため，中間状態の問題に関しても，聖人伝文学の中で是認されている多様な民間信仰が存在するとしても，正教会自身は「『彼岸』に関する厳密な教理的言明を追求する道に入ることはついになかった」と主張される[277]．正教にとっては，キリストの復活によって死は「キリストにある者」への支配力を失ったのである．重要なことは，死によっても破壊されないキリストにある交わりの存在なのである．この点で，J. メイエンドルフは次のように述べる．

> 「その最終的な『出現』までは，キリストの体は，御霊の絆によって一つにされて，典礼の間のパテナ（パン皿）に象徴されているように，生者も死者もそのうちに含んでいる．パテナの上では，キリストにあって眠っている者と，まだ地上の目に見えるキリスト教共同体の一部分である者とを記念するパンの小片すべてが，単一のユーカリストの交わりの中で一つにされている[278]」．

ここには天上の「勝利の教会」と地上の「戦闘の教会」とが「キリストにある一つの交わり」として理解され，しかもその交わりが典礼的なユーカリストの交わりにおいて把握されているのである．この交わりは相互の執り成しを可能とすることにもなる．この意味において，東方正教会においては「死者のための祈りと，世を去った聖人による生者のための執り成し」は「聖人の交わり」を表現するもの，とされる[279]．

われわれは，正教の主張の中に中間状態の教会論的理解のための重要な神学的示唆を洞察できる．もちろん，正教の理解の中にも存在する「死者のための祈り」や「聖人による生者のための祈り」という執り成しの祈りの問題性を指摘せざるをえない．われわれは，聖人崇拝に結びつく天上の教会に属する聖人による生者への祈りや，地上の教会の死者のための祈りのいかなる余地も認めることはできない．

しかし，愛する者を失った信徒の遺族にとって「召された者との交わり」の問題は決して小さな問題ではない．われわれは，死者の霊魂の中間状態について，聖徒の魂は完全に清められ，栄光に入り，天上のキリスト

のもとに召され，肉体は墓に休むと理解する．そこにはどこにも異教的中間状態理解が入り込む余地はない．死者のための執り成しの場所は存在しない．しかし，遺族にとっては，キリストにあって天上にある魂との交わりがどのように具体的に考えられるかは信仰的にも小さな問題ではないであろう．

　この点で，中間状態にかんする教会論的理解は大きな助けとなるはずである．われわれは，われわれよりも以前に天に召された信仰者との関係を天上と地上を貫くキリストに結ばれた交わりとして理解する．しかも，個人的レベルを超えて，「聖徒の交わり」として共同体的レベルでとらえることになる．共同体的レベルとは，キリストにあって天上と地上とを貫く一つの教会的交わりとして捉えることを意味する．この交わりは死によっても破られることはない．

　この教会的交わりにかんしてさらに具体的に考えるならば，「礼拝論的次元」でとらえることが可能になるであろう．すなわち，主の日の公同礼拝において，われわれは地上で礼拝をささげているだけではない．キリストに結ばれている天上の教会も，光と栄光の内に御顔を仰ぎつつ礼拝をささげているのである．われわれは一つキリストに結ばれて天上の聖徒たちと共に礼拝をささげているのである．キリストに結ばれて天地を貫く一つの礼拝をささげているのである．まさに礼拝において，天にある先に召された聖徒との交わりを礼拝的交わりとして経験しているのである．この局面において健全な意味での「先に召された聖徒たちとの交わり」について語ることができるし，語るべきであろう．その場合，残された遺族は，教会的交わりの中で，いよいよ礼拝へと導かれ，再臨における聖徒の交わりの完成に向けて望みをもって歩むことができるはずである．ここには，先に召された聖徒たちとの交わりという点で，牧会的慰めの神学的根拠を見出すことができるであろう．

　特にこのような「天上の教会」に属する聖徒たちと「地上の教会」に属する聖徒たちの交わりが目に見える形で，最も凝縮して示されるのは聖餐

式においてであろう．パンとぶどう酒にあずかるとき，キリストにある一つの交わりの現実を味わうことが許されるのである．天上の聖徒と地上の聖徒を包み込むキリストにある交わり，死も切り裂くことができない天地を貫く一つの交わりである．

　以上のような礼拝的な意味における「天上の教会」と「地上の教会」との聖徒の交わりについて「終末の希望についての宣言」は「主の日の公的礼拝」の項で次のように述べている．

> 「天上の復活の主キリストは，聖霊によって，特に主の日の公的礼拝において最も豊かに臨在し，わたしたちを天上の祝福で満たされます．地上の教会であるわたしたちは，全世界の教会と共に，また天上の群れと一つになって神を礼拝し，栄光の王国の礼拝を先取りして味わい，永遠の安息を確信し，御顔を仰ぎ見る日を待ち望みます[280]」(傍点筆者)．

　このような天上の教会と地上の教会とのキリストにある一つの礼拝的交わりは，キリストの再臨による終末に向けてのダイナミックな動きをもたらす．キリストに結ばれた天と地を貫く教会は，やがて天地の教会が一つに栄光化され，しみも傷もない教会として神の前に立つ日に向かって歩むのである．この希望は，とりわけ地上の「戦闘の教会」にとってはさらなる勝利に向かって戦い続ける大きな勇気をもたらすものなのである．天上の「勝利の教会」もその日を待ち望んでいるのである．

註

169 P. Althaus, *Die Christliche Wahrheit, Band Ⅱ*, Gütersloh, 1948, S. 475.
170 J. Heyns, *op.cit.*, pp. 393−394；『改革派教会の終末論』73−74 頁．ここで指摘したような一つの救済史的視野において，より包括的な宇宙論的終末論から個人的終末論を見つめ取り扱うことの重要性から，「一般的終末論→個人的終末論」の順序で論述を進める立場も存在する．たとえば，シャリー・C. ガスリーは，彼の著作『一冊でわかる教理』（桑原昭訳，一麦出版社，2003 年）では「世界の将来についてのキリスト教の希望」→「個人の将来についてのキリスト教の希望」の順序で扱っている（477−500 頁．ただし，霊魂不滅の問題は一般的終末論を扱う前に扱っている）．また日本キリスト改革派教会大会教育委員会『子どもと親のカテキズム』（教文館，2014 年）は，問 39 で一般的終末論を扱い，それに続いて問 40−41 で個人的終末論を扱っている．

あるいは，岡田稔のように論述の順序としては伝統的順序に従いつつも，個人的終末論の表題を「準終末論」とし，一般的終末論の表題を「純終末論」として取り扱う試みも存在する（『改革派教理学教本』新教出版社，1969，491−513 頁）．

以上の試みはいずれも神学的正当性をもつであろう．われわれとしては，伝統的な順序と表題で論述を進めることになるが，すでに本文で論じように両者の関係理解の密接性を強く意識しながら論述を展開することにしたい．この点で，J. モルトマンの以下のような発言は終末論の叙述にあたって留意すべきことなのである．

「死人の復活の希望は，それゆえ，すべての事物・すべての関係の宇宙的新創造の望みの始まりにすぎない．それは個人的終末論に飲みつくされてはならない．むしろ，この希望でもって始まるすべての個人的終末論が，ついに宇宙的終末論に至るまでいよいよ広げられた輪の中で先頭をきって進まざるをえない」（『神の到来』新教出版社，1996 年，124 頁）．

171 G. C. Berkouwer, *Wederkomst* Ⅰ, p. 5ff.; J. van Genderen, *BGD.*, p. 738.
172 この三つの死「霊的死」（mors spiritualis），「肉体的死」（mors corporalis），「永遠の死」（mors aeterna）の区別は，アウグスティヌスとローマ・カトリック教会の教理的伝統であり，この伝統をプロテスタント古正統主義も継承した

ものである（J. モルトマン，前掲書，148 頁）．
173 『日本キリスト改革派教会宣言集』120 頁．
174 榊原康夫『創造と堕落』90 頁を参照のこと．
175 この点は，アウグスティヌスにおいて明確に表現された．彼によれば，アダムは，楽園において「死なないことができる」（posse non mori）という"可能的不死性"をもっていた．罪によって，人類はこの"可能的不死性"を喪失し，「死なないことができない」（non posse non mori）という状態に陥った．しかし，罪を取り除き，自然を完成する恵みは，選ばれた人間に「死ぬことができない」（non posse mori）という"失われえない不死性"，すなわち永遠のいのちをもたらすのである（J. モルトマン『神の到来』147－148 頁）．
176 『改革派教会の終末論』80 頁．
177 J. N. D. ケリー，津田謙治訳『初期キリスト教教理史　下　ニカイア以後と東方世界』一麦出版社，2010 年，136 頁．
178 カルタゴ会議の「原罪について」の決定事項の第 1 条（デンツィンガー・シェーンメッツァー，浜寛五郎訳『カトリック教会文書資料集』（改訂版），エンデルレ書店，1982 年，D222．なお「D」の表記はその資料集の資料番号を表す．以下同様）．
179 A. Hoekema, *op.cit.*, p. 80.
180 J. モルトマン前掲書 148 頁．
181 Friedlich Schleiermacher, Der Christliche Glaube, Bd. 1, Berlin, 1960, §75,1 (S. 412)；J. モルトマン，同上，148 頁を参照のこと．
182 K. バルト，菅円吉・吉永正義訳『教会教義学　創造論　II/3　造られたもの〈下〉』新教出版社，1974 年，445 頁（K. Barth, *KD* III/2, S. 770）．
183 同上．
184 同上，457 頁（K. Barth, *KD* III/2, S. 779）；A. Hoeksema. *op.cit.*, p. 81；J. モルトマン，前掲書，151－152 頁．
185 E. ブルンナー，大村修文訳『教義学　III　教会・信仰・完成についての教説［下］』（ブルンナー著作集　第 5 巻）教文館，1998 年，241－242 頁．
186 『改革派教会の終末論』82 頁；J. A. Heyns, *op.cit.*, p. 399.
187 A. A. Hoekema. *op.cit.*, pp. 81－82; H. Bavinck, *GD* III, pp. 139－40; A. Kuyper, De Gemeene Gratie, pp. 209－217.
　　一般恩恵論においては，創世記 2 章 17 節が「それを取って食べるその日に，あなたは必ず死ぬ」と訳される場合に，「その日」はいつかという問題が議論のポイントになってくる．「その日」の延期が「一般恩恵」と見なされるからである．しかし，ヘブル語表現で，それは必ずしも「特定の日」を意味するものではなく，新共同訳のように「食べると，必ず死ぬ」と訳しうる．英語では，"in the day that you eat it" というよりも，"as surely as you eat it" と

訳すべきイディオムとしての表現であることが指摘されている．同様のイディオムは歴代誌上2章37節，出エジプト記10章28節にも見られる．Cf. G. Vos, *Biblical Theology*, Grand Rapids, 1954, pp. 48－49.

188 牧田吉和『改革派教義学2 神論』一麦出版社，2014年，316－320頁を参照のこと．

189 榊原康夫『洪水とバベル』小峯書店，1968年，26頁．

190 松木治三郎『ローマ人への手紙』251－252頁．

191 A. A. Hoekema, *op.cit.*, pp. 83－84.

192 L. Berkhof, *ST*, p. 261.

193 O. クルマン『霊魂の不滅か死者の復活か』岸千年他訳，聖文舎，1967年，19－30頁．以下の叙述はこの書から多くのものを得ている．他に，J. A. Heyns, *Christus en Socrates Sterwe*, Potchefstroom, 1968, pp. 107－129.

194 宮﨑彌男訳『ウェストミンスター大教理問答』教文館，2014年，37頁．以後，同大教理問答を引用するときは宮﨑訳を用いる．

195 春名純人訳『ハイデルベルク信仰問答』(『改革教会信仰告白集』教文館，2014年，230－304頁)．以後，同信仰問答を引用するときは春名訳を用いる．

196 L. Berkhof, *ST.*, pp. 67－71. Cf. R. L. Dabney, *Systematic Theology*, St. Louis, 1878, pp. 818－819.

197 『日本キリスト改革派教会宣言集』120－121頁．

198 O. クルマン，前掲書，15頁．

199 独自なテーマとしての霊魂の不滅性がキリスト教の教説として公的に言明された例として，1513年の第五ラテラン公会議の第8総会における教理表明がある．そこでは「霊魂は不滅であり，注ぎ込まれる肉体の数だけ無数にあるものである」と公的に宣言されている．参照，『カトリック文書資料集』D1440.

200 O. クルマン，前掲書，20頁．他に，J van Genderen, BGD. p. 284以下を参照せよ．

201 以上の論述は，A. A. Hoekema, *op.cit.*, p. 87以下を参考にした．

202 H. Bavinck, *GD IV*, p. 567.

203 H. Bavinck, *ibid.*, pp. 569－573; A. G. Honig, *Gereformeerde Dogmatiek*, pp. 776－777; J. van Genderen, *BGD*, pp. 744－745; L. Berkhof, *ST.*, pp. 673－674. なお，「神存在の論証」の論証にかんしては拙著『改革派教義学2 神論』22頁以下を参照のこと．

204 たとえば，A. A. Hodge, *Outlines of Theology*, London, 1972, p. 549; W. G. T. Shedd, *Dogmatic Theology II*, Grand Rapids, p. 612; L. Berkhof, *ST.*, p. 672. Cf. A. A. Hoekema, *op.cit.*, p. 88ff.

205 H. Bavinck *op.cit.*, p. 573.

206 G. C. Berkouwer, *De mens, Het beeld Gods*, Kampen, 1957, pp. 307－308.

207 *Ibid.*

208 L. Berkhof, *ST.*, pp. 680−681.

209 J. メイエンドルフ，鈴木浩訳『ビザンティン神学　歴史的傾向と教理的主題』新教出版社，2009年，341−344頁.

210 Father Michael Pomanzansky, *Orthodox Dogmatic Theology*, Platina, 1997, p. 335.

211 Th. C. フリーゼン『旧約聖書神学概説』283頁.

212 L. Berkhof, *ST*, pp. 685−86; W. G. T. Shedd, *op.cit.*, Ⅱ, pp. 625−633.

213 L. Berkhof, *ST.*, p. 685.

214 A. A. Hoekema, *op.cit.*, p. 97.

215 J. Jeremias, ᾅδης, *Theologisches Wörterbuch zum Neuen Testament. Bd.* Ⅰ, S. 147. エレミアスは，上記の場所的分離はペルシャやヘレニズムの影響によるものと考え，その最初の例をエチ・エノク書22章に見出す.

216 *Ibid.*

217 E. E. Ellis, *The Gospel of Luke (The New Century Bible Commentary)*, Grand Rapids 1987, pp. 268−269.

218 A. A. Hoekema, *op.cit.*, pp. 103−104. 佐竹明も次のように指摘する.「われわれの個所では，キリストと共にあることは死によって直ちに実現するとされる.……われわれの個所に近い発言は，Ⅱコリ5：8に見られる」(『現代新約注解全書　ピリピ人の手紙』新教出版社，1970年，69頁).

219 P. Barnett, *The Second Epistle to the Corinthians (The New International Commentary on the New Testament)*, Grand Rapids, 1997, pp. 255−260.

220 A. A. Hoekema, *op.cit.*, p. 105.

221 P. Barnett, *op.cit.*, pp. 260−261.

222 J. カルヴァン，田辺保訳『カルヴァン新約聖書註解　Ⅸ　コリント後書』新教出版社，1966年，89−90頁.

223 G. C. Berkouwer, *Wederkomst* Ⅰ, p. 64.

224 O. クルマン，前掲書，17頁.

225 本書は，従来「霊魂の眠り」と訳されてきたが，現在では「魂の目覚め」と訳される．本書の出版年代をめぐる議論については，吉田隆『カルヴァンの終末論』教文館，2017年，119−123頁を参照のこと.

226 J. カルヴァン，田辺保訳『新約聖書註解　Ⅷ　コリント前書』新教出版社，1960年，371頁.

227 J. カルヴァン『キリスト教綱要』(Ⅰ・5・5，Ⅲ・25・6).

228 カルヴァンも時代の子であり，人文主義者たちに囲まれていたのであり，プラトン的用語を使用するのはある意味で自然なことである(吉田隆，前掲書，125頁).

229 克服できた一つの理由としては，彼の聖書的創造論を挙げることができる．す

なわち，霊魂それ自体が不死なのではなく，その不死性は神の賜物であり，神の似姿の中に神の恵みとして見出し得るものだからである（David Holwerda, "Eschatology and History, A look at Calvin' eschatological vision", in: Exploring the Heritage of John Calvin, ed. by D. E. Holwerda, Grand Rapids, 1976, pp. 114－15）.

230 田中剛二「カルヴィンの『霊魂の眠り』について」（神戸改革派神学校編『改革派神学』第 9 輯，1967－1968 年，76－79 頁）．
231 カルヴァン『キリスト教綱要』（Ⅲ・25・6）．
232 同上．
233 J. カルヴァン，蛭沼寿雄・波木居斉二訳『新約聖書註解　Ⅺ ピリピ・コロサイ書，テサロニケ書』新教出版社，1985 年，72 頁．
234 『新カトリック大事典　Ⅳ』研究社，2009 年，1435 頁．
235 L. ベルコフ『キリスト教教理史』306－307 頁；H. Bavinck, *GD Ⅳ*, p. 585.
236 *Die Religion in Geschichte und Gegenwart (RGG)*, 3 Auflage, Band 2, Tübingen, 1958, Sp. 893.
237 L. ベルコフ，前掲書，307 頁．
238 RGG, *ibid*.
239 『新カトリック大事典　Ⅳ』1435 頁．
240 『カトリック教会文書資料集』D1304.
241 同上，D1820.
242 中井充訳『終末論に関する若干の問題について』（教皇庁教理聖省書簡），中央出版社，1980 年，12 頁．
243 『カトリック要理』（改訂版），中央出版社，1984 年，質問 61．なお，練獄については J. モルトマン『神の到来』162－169 頁を参照せよ．
244 『カトリック要理』（改訂版），質問 64．
245 『カトリック教会のカテキズム要約（コンペンデイウム）』カトリック中央協議会，2014 年，124 頁．
246 ロナルド・ローラー，ドナルド・W. ウァール，トーマス・C. ローラー他著，後藤平・他訳『キリストの教え——成人のためのカトリック要理』中央出版社，1980 年，723 頁．
247 同上．
248 B. Bartmann, *Lehrbuch der Domatik, Band Ⅱ*, Freiburg, 1921, S. 503. 他に，「金持ちとラザロの譬え」（ルカ 16：19－31），「死後の裁きに関する教え」（Ⅱコリント 5：10），神の裁きに関する火の隠喩（申命 4：24，イザヤ 66：15，ヘブライ 12：29，黙示 1：14，マタイ 5：22，13：42）などが，練獄について教父たちの思索の典拠となったり，霊感を与えてきたとされる（『新カトリック大事典 Ⅳ』1435 頁）．

249 たとえば，カルヴァンの場合，『キリスト教綱要』Ⅲ・5・6を参照せよ．
250 L. Berkhof, *ST.*, pp. 688－690.
251 *Ibid.*, p. 690.
252 *Ibid.*, p. 692.
253 *Ibid.*
254 H. Bavinck, *GD Ⅳ*, p. 606.
255 L. Berkhof, *ST.*, p. 692.
256 H. Bavinck, *GD Ⅳ*, p. 607.
257 牧田吉和訳『ドルトレヒト信仰規準』（1619年）（『改革教会信仰告白集』433頁；牧田吉和『ドルトレヒト信仰規準研究』一麦出版社，2012年，81－136頁所収）．
258 Cornelis P. Venema, *"The Election and Salvation of the Children of Believers Who Die in Infancy. A Study of Article Ⅰ/17 of the Canons of Dort"*, in: Mid-America Journal of Theology 17, 2006, p. 61.
259 『改革教会信仰告白集』470頁．
260 C. P. Venema, *op.cit.*, p. 63.
261 *Ibid.*, p. 98.
262 *Ibid.*, p. 93.
263 村川満・袴田康裕訳（『改革教会信仰告白集』514－515頁；『ウェストミンスター信仰告白』一麦出版社，2009年，75頁）．
264 B. B. Warfield, "The Development of the Doctrine of Infant Salvation", in: Studies in Theology, Edinburgh, 1988, p. 436.
265 Charles Hodge, *Systematic Theology Vol. 1*, London, 1960, p. 26.
266 *Ibid.*, p. 27.
267 B. B. Warfield, *op.cit.*, pp. 436－438.
268 B. B. Warfield, *Two Studies on the History of Doctrine*, p. 230.
269 『日本キリスト改革派教会宣言集』121頁．
270 H. Bavinck, *GD. Ⅳ*, p. 618.
271 R. B. カイパー，山崎順治訳『聖書の教会観』小峯書店，1981年，24頁．
272 『日本キリスト改革派教会宣言集』121頁．
273 市川康則『改革派教義学6 教会論』一麦出版社，2014年，149頁．
274 H. Bavinck, *GD Ⅳ*, pp. 619－620. H. バーフィンクは，天上の教会の「暫定性」を指摘しつつ（p. 619），天上において祝福にあずかっている者たちの場合にも「愛と希望，願いと祈りの余地は存在する」（p. 620）と語る．さらに次のようにさえ語る．「堕落前のアダムが，また人としてのキリストが完全に聖であったとしても，恵みと知恵において増し加わることができたように，天上においても状態の何らかの継続的な強化がなされ，たえずますます御子の姿と同じよ

うにされ,神を知ることと神を愛することにおいて決して終わることのない成長があるのである」(*Ibid.*, p. 621). 他に,R. B. カイパー,前掲書,24-25頁を参照のこと.
275 『日本キリスト改革派教会宣言集』116頁.
276 H. Bavinck, *GD* IV, p. 598.
277 J. メイエンドルフ,前掲書343頁.
278 同上.
279 同上,344頁.
280 『日本キリスト改革派教会宣言集』117頁.

Ⅳ. 一般的終末論

　われわれは，前章で人間の死と死後の中間状態などの神学的課題を含む「個人的終末論」を扱った．この章ではキリストの再臨，復活，最後の審判，新天新地などの神学的諸課題を含む「一般的終末論」を扱う．「個人的終末論」と「一般的終末論」との関係をめぐる問題はすでに扱ったのでここではふれないことにする．

A. 時のしるし

　教義学の一般的終末論の取り扱いにおいて，「時のしるし」の問題が扱われる．「時のしるし」の問題とは，主イエスの再臨に先行する具体的な歴史的出来事や事象を問題にする．それらの出来事や事象は，主イエスの再臨，すなわち終末の時，最後の審判の時が近づいていることをさし示す「しるし」「前兆」としての意味をもつと考えられてきた．これは，古来「先行的しるし」(signa praecursoria) とよばれてきた問題である．

　「時のしるし」という言葉そのものはマタイによる福音書16章3節の「朝には『朝焼けで雲が低いから，今日は嵐だ』と言う．このように空模様を見分けることは知っているのに，時代のしるしは見ることができないのか」という箇所に見出せるだけである．しかし，「時のしるし」という言葉とは別に，主の再臨に先行する歴史的出来事としてのしるしの問題自体は「福音書の黙示録」とよばれるマタイによる福音書24章（他に並行箇所：マルコ13章，ルカ21章）において，また聖書の少なからぬ箇所において確かに言及されている．

1. 「時のしるし」としての諸事象

具体的には以下のような出来事や事象が「時のしるし」として聖書において問題になっている．個々のしるしの問題は後ほど詳述する．ここでは，時のしるしと考えられている出来事や事象を列挙し，同時にそれらを整理して提示しておきたい．整理のしかたにはさまざまな試みがあるが，われわれとしては，神の国の終末的完成に向かう救済史の動きを視野において内容的な観点から整理して提示しておくことにする[281]．

(1) 神の恵みを示すしるし

① あらゆる民に対する福音の宣教（マタイ24：14，並行箇所マルコ13：10）
② イスラエルの救い（ローマ11：25－26a）

(2) 神との対立を示すしるし

① 患難（マタイ24：3－51，並行箇所マルコ13：3－37，ルカ21：5－36）
② 背教（マタイ24：10－12，24，並行箇所マルコ13：6，21）
③ 反キリスト（マタイ24：15－16，並行箇所マルコ13：14，他にⅡテサロニケ2：9，Ⅰヨハネ2：18，Ⅱペトロ2，3，ユダ17）

(3) 神の裁きを示すしるし

① 戦争（マタイ24：6，10，12）
② 地震（マタイ24：7，ヘブライ12：26）
③ 飢饉（マタイ24：7）

以上のような「時のしるし」と言われているものについては，後ほどあらためて取り挙げて議論する．

2.「時のしるし」の問題性

「時のしるし」の問題は神学的には微妙な問題である．歴史を振り返って見てもたびたび誤解されてきたのである．その結果，さまざまな混乱を招いてきた事実もある．本書の「Ⅱ．歴史における終末論」において言及したように，すでに古くはモンタヌス主義にその例を見出すことができる．それだけに，神学的には注意深く扱われねばならない．

時のしるしが誤解され，混乱を招いてきたのは，上述のような時のしるしとしての出来事や事象に関連して，特に目を奪うような異常なものに関心が向けられ，それによって主イエスの再臨の時が推定され，時には具体的に日時まで特定されることさえも起こったからである．この点で，われわれはまず何よりも主イエス御自身が，「その日，その時は，だれも知らない．天使たちも子も知らない．父だけがご存じである」（マルコ13：32，他にマタイ24：36）と語られた警告に真剣に耳を傾けねばならない．この一事をもって明らかなことは，何かの出来事や事象をもって主の再臨の時を推定したり，特定したりすることはできないし，またしてはならないということである．キリストは，御自身の再臨が確実なことは語られたのであるが，再臨の時にかんして具体的な"いつ"については語られたわけではないのである．時のしるしを手がかりにして，主イエスの再臨の時についてのタイムテーブルを構成することはできないことを肝に銘じなければならない．

そのようなタイムテーブルを作成できないことは，聖書自身の預言の独特な性格からも理解できるはずである．聖書における預言は，歴史が過去に与えた知識との類比によって未来に関する知識を単純に与えるような性格のものではない[282]．これはキリストの第一の来臨について考えて見ても容易に理解できることである．キリストの来臨に関する旧約預言に関して，人々はキリストが実際に来臨するまではその救い主としての性格を正

確には理解できなかったのである．すなわち，旧約において来るべきキリストは確かに「王的メシア」として預言されたのであるが，それはこの世がかつて知ったような王とはまったく異なり，僕の姿における王としての姿であった．旧約において来るべきキリストは確かに「祭司的メシア」として預言されたのであるが，彼は自分自身を犠牲としてささげる，独特無比な大祭司であったのである．マタイによる福音書 11 章 3 節において洗礼者ヨハネはなぜ疑ったのであろうか．ヨハネはマタイによる福音書 3 章 10 節，12 節の線上でメシアを理解したからではなかったか．主イエス御自身はイザヤ書 35 章 5－6 節，61 章 1 節において示されているような貧しい人々に福音を宣べ伝え，癒しを与えるメシアとして御自分を示されたのである．洗礼者ヨハネが期待したことはむしろ主の再臨においてこそ見出しうるメシア像であったと言うべきであろう．確かに旧約において来るべきキリストについて預言されたのであるが，上に見たようにそのしかたは過去からの類比で簡単に推定できるものではなかったのである．

　以上のような問題点はキリストの第二の来臨にかんしても妥当するであろう．確かに第二の来臨についても聖書において語られている．第二の来臨は確かな事実と言える．しかし，第二の来臨にかんする預言的な言葉をそのまま単純に適用し，歴史の過去から類推してその預言の成就のしかたを判断し，来臨の時を推し量り，何らかのタイムテーブルを作成するようなことはできないのである[283]．

　もし時のしるしを観察し，たとえば異常な出来事や事象に注目し，それによって主イエスの再臨の時を特定するならば，そこには決定的な問題性が露呈することになる．すなわち，逆にそれらの特異な現象がまだ見られないと判断されるときには，主の再臨はしばらくないという判断に傾くことになる．あるいは極端な形として，ある特定の時が主イエスの再臨の時として指定されるならば，それ以前は主の再臨はありえないことになる．そこではいずれにしてももはや目を覚まして絶えず注意していなさいという信仰の姿勢は機能しなくなる．むしろ，もしわれわれが特異な出来事に

時のしるしを見出そうと関心を払うのであれば，それはサタンの働きの現れでさえもありうることに警戒すべきであろう（Ⅱテサロニケ2：9，黙示13：13-14）．

3. 聖書の救済史的構造と「時のしるし」

では，われわれは時のしるしについて積極的にはどのように理解すべきであろうか．われわれは時のしるしを考えるに当たって，すでにふれた神の国の終末的完成に向かう救済史の動きを視野のうちにおき，その救済史のもつ構造に注目する必要がある．

聖書によれば，われわれは「終わりの時」（Ⅱテモテ3：1，Ⅰヨハネ2：18）に生きている．すでに本書の「Ⅰ．聖書における救いの歴史と終末論」において見たように，特に新約聖書の光のもとでは「終わりの時」とは，救済史的にはキリストの昇天と主の再臨との間，ペンテコステの聖霊の降臨から完成までの間と見なすことができる[284]．しかし，この救済史的時間の特質として注意すべきは，すでにイエス・キリストの死と復活において勝利が与えられているという事実である．救済史における決定的な転換が起こったのである．もちろん，いまだ勝利は完成に至っていない．終末における収穫の時を迎えるまで，「麦」と「毒麦」とは混在し，両方とも成長する（マタイ13：24-30）．その時まで神の国と獣の国，光の国と闇の国とは激しくせめぎあう．「収穫の時」が近づけば近づくほど両者のせめぎあいは激烈になる．救いについても裁きについてもより顕著な現象を呈することは事実であろう．しかし，昇天し，神の右に座しておられる勝利の主イエス・キリストは，今や聖霊において神の国の完成へとその業を揺るぎなく進めておられるのである．勝利は確かであり，主イエスの再臨のまさにそのとき，神の国は完成する．

このような「終わりの時」の救済史的構造は，ただちに「時のしるし」の問題と関係する．この救済史的構造における時の特質がそのまま「時の

Ⅳ．一般的終末論　*173*

しるし」として反映してくるからである．すなわち，救済史における神の国の進展の動きには，①肯定的・積極的には「神の国とその恵みのしるし」が，②否定的にはその動きに逆らう「獣の国とその反神的しるし」が，同時にその進展の動きを導いておられる神の御手の働きを考えるとき，③御手の働きに逆らう動きに対する「神の裁きのしるし」も伴うことになる．

　上掲の分類，すなわち「神の恵みを示すしるし」「神との対立を示すしるし」「神の裁きを示すしるし」という分類は，このような救済史の動きを反映しており，それに即した分類になっている．マタイによる福音書24章1－31節も，福音の宣教，反キリストの出現，艱難，天変地異，そして栄光の人の子の来臨について語るのであるが，それらは中間時としての「終わりの時」全体にも当てはまる．これらのしるしは，上記の「終わりの時」の救済史的構造を確かに反映していると言えるのである．

　終末の時にかんしては，すでに言及したように，主イエス御自身も「その日，その時は，だれも知らない．天使たちも子も知らない．父だけがご存じである」（マルコ13：32，参照，マタイ24：36）と語られたとおり，時のしるしからその日，その時を導き出すことはできない．特異な出来事に目を奪われて，主の再臨の時を好奇心で詮索し，その時の探索にうつつをぬかしてはならないのである[285]．むしろ，上に述べたように「終わりの時」それ自体が有する救済史的時間構造は，時のしるしが確かに「収穫の時」に近づけば近づくほどその激しさが増すにせよ，「終わりの時」全体をとおしても現れるしるしであることを明らかにしている．

　したがって，大切なことは，十字架に死に，甦って昇天し，今神の右に座しておられる主イエスを仰ぎ，主の再臨を待ち望みつつ目を覚まして歩むことである（ローマ13：11－14）．その際，このような救済史の時を，主を仰ぎつつ生きる者として何よりも第一に「神の恵みを示すしるし」としての福音宣教の業に励み，第二に「神の裁きを示すしるし」を恐れをもって受けとめ同時にそれによって励まされ，第三に「神に対立するしるし」の中にあって堅く信仰に立って闇の力と戦いつつ耐え忍ぶことであ

る．いつ主がおいでになってもよいように希望の内にこれらのことに励み，日々信仰の決断に生きることである．まさにそのような信仰者の姿の中にこそ神の国のしるしもまた体現されていると言えよう．

4. 神の恵みを示す「時のしるし」

(1) あらゆる国民への福音の宣教

上に述べたように救済史における「終わりの時」の性格を理解するときに，福音の宣教は積極的な意味における「時のしるし」として最も重要な意味をもつと言えよう．なぜならば，終末は神の国が完成する時であり，王なるキリストは御自分の御国を今や福音の宣教によって終末的完成に向けて実現されつつあるからである．その意味において，われわれとしては，時のしるしを具体的に考察するにあたり最初にこの問題を扱っておくことにする．

O. クルマンも，「終わりの時」における福音宣教のもつ重要性について次のように指摘する．

> 「この教会の伝道的な宣明は，福音の宣伝は，キリストの復活と再臨の間の時に，現在におけるキリストの支配と連関した，その救済史的な意味を与える．……．その宣教は未来との特徴ある結合という性格をもおびる．即ちそれは，直接に完成の時をさし示す[286]」．

この意味において「福音の伝道的な宣明は，同時に，何よりも終末への前兆としての価値を認められる」のである[287]．

しかし，時のしるしとしての「あらゆる国民への福音の宣教」とは，後ほど見るように，神の国の到来はすべての人が回心した時にはじめて実現するとか，あるいは宣教の成果のいかんによるとか，ということを意味していない．むしろ，福音があらゆる国民に宣べ伝えられるという事実を問題としていることに注意すべきである．

①旧約聖書からの検討

　福音があらゆる国民に宣べ伝えられることが世の終わりのしるしとしての意味をもつことは旧約聖書においても予兆的に言及されていると言えよう．

　旧約の預言者たちは，終わりのときにみ霊がすべての人に注がれ（ヨエル 3：1），地の果てまですべての人が神の救いを仰ぐと預言する（イザヤ 52：10，他に 45：22）．イザヤは，神が主の僕を民に対する契約として，またもろもろの国びとの光として与え（イザヤ 42：6），肉なるものはすべて主の栄光を見る（イザヤ 40：5），「地の果てのすべての人々よ／わたしを仰いで，救いを得よ．わたしは神，ほかにはいない」（イザヤ 45：22）とも語る[288]．このように旧約においても，福音がユダヤ人にとどまらず異邦人にも，すべての人におよぶことが語られているのである．

②新約聖書からの検討

　使徒たちが福音宣教の普遍性，すなわち福音がユダヤ人だけではなく異邦人にもおよぶことを示そうとしたとき，やはり旧約聖書の上記のような箇所に言及したのである．何よりも，主イエス御自身がオリブ山の説教で「そして，御国のこの福音はあらゆる民への証しとして，全世界に宣べ伝えられる．それから，終わりが来る」（マタイ 24：14，マルコ 13：10）と語られたときも，上記のような旧約的背景において語っておられることに注目する必要がある．ここにおける主イエスの言葉においても，「あらゆる民」は地のすべての"個人"のことではなく，すべての"国民"に対する福音の証が意図されていることに注意すべきである．しかし，「すべての"国民"」に対する福音の証は，その国民の一人ひとりが福音を聞くというよりも，むしろ福音を無視することができず，福音について責任を問われるような状況を意味すると考えられる．換言すれば，福音に対する決断が成立する状況と言えるであろう[289]．

　以上のようにキリストの十字架と復活そして再臨との間で，神の御国は何よりもまず福音の宣教をとおして進展していくのであり，したがってす

べての国民への福音の宣教が「時のしるし」として最も重要な意味をもつ．この意味において，この時代は「宣教の時」として特徴づけられる．それゆえにこそ，復活の主イエス・キリストも命じられたのである．「だから，あなたがたは行って，すべての民をわたしの弟子にしなさい」（マタイ 28：19）．それゆえにまた，パウロも命じたのである「神の御前で，そして，生きている者と死んだ者を裁くために来られるキリスト・イエスの御前で，その出現とその御国とを思いつつ，厳かに命じます．御言葉を宣べ伝えなさい．折が良くても悪くても励みなさい」（Ⅱテモテ 4：1－2）．

しかし，重要なことは，いつすべての国民に対する福音の宣教が実現するのかについては，その時の設定はできないという事実を認識しておくことである．その時を誰も判断することはできず，特定することもできない．ただ神のみがご存じである．わたしたちが集中すべきことは，主イエス・キリストの再臨に至るこの終わり時代にあって，最も特徴的な「時のしるし」が福音宣教であることをわきまえ，全世界に対する福音の宣教に時が良くても悪くても目覚めて忠実に励み続けることである．

(2) 全イスラエルの救い

イスラエルに対する継続的な福音宣教は，上に取り扱った「あらゆる国民への福音の宣教」というしるしの一つの要素としての意味をもつ．イスラエルも国々の一つに数えることができるからである．しかし，それだけにはとどまらない意味をもつ．パウロが，ローマの信徒への手紙 9－11 章においてイスラエルに特別の注意を払い，特別な時のしるしとして「全イスラエルの救い」の問題を取り挙げるからである．11 章 25－26a 節においては次のように記されている．

> 「兄弟たち，自分を賢い者とうぬぼれないように，次のような秘められた計画をぜひ知ってもらいたい．すなわち，一部のイスラエル人がかたくなになったのは，異邦人全体が救いに達するまでであり，こうして全イスラエルが救われるというこ

とです」．

このところで語られている"全イスラエルの救い"をどのように理解することができるかという問題がある．諸見解を整理しておくと次のように分類できるであろう[290]．
(1) 全体としてのイスラエルが（イスラエルの民の個々のメンバーを必ずしも意味しない），異邦人の全体が神の国に入れられた後で，回心するという見解．この見解の中でさらに以下のような多様性がある．
  ① 「契約期分割主義」（ディスペンセーション）の立場で，イスラエルの未来に関して特別なプログラムが存在するとする見解である．異邦人教会が地上から携挙された後で，神はイスラエルに再び目を注ぎ，イスラエルのかたくなさが取り去られ，国としてのイスラエルが回心する．この回心は，キリストの再臨の直前か，その瞬間に起こる．その後でキリストがイスラエルの地で千年間，この回心したユダヤ人国家を支配する（J. F. Walvoord, J. Dwight）．
  ② 「契約期分割主義」（ディスペンセーション）の立場ではないが，前千年王国論に立つ人々で，イスラエルの民族としての回心を主張する見解（G. E. Ladd, J. van Andel, H. Berkhof, O. Cullmann）．
  ③ 「契約期分割主義」（ディスペンセーション）の立場でも前千年王国論者でもないが，未来的な意味においてイスラエル全体の回心を主張する見解（S. Grijdanus, C. Hodge, W. Sanday and C. Headlam, G. Vos, John Murry, D. J. Moo, C. P. Venema）．
(2) ユダヤ人だけではなく，異邦人をも含むすべての選民の救いを意味する．しかも，この選民が回心するのは歴史の終わりとか再臨の直前という時に限定されないという見解（J. Calvin, J. C. C. Leeuwen, D. Jacobs）．
(3) ユダヤ人の中の選ばれた者の全員が歴史を貫いて救いにもたらさ

れるという見解（H. Bavinck, L. Berkhof, W. Hendriksen, G. C. Berkouwer, H. Ridderbos, O. Palmer Robertson, A. A. Hoekema, K. S. Kantzer, S. N. Gundry, R. B. Strimple）．

　この見解が，(2)の見解と異なるのは当該テキストの「イスラエル」という言葉をユダヤ人の中の選民に限定する点である．この(3)の立場が最も適当と思われる．

　問題となる当該テキストを正しく解釈するためには，ローマの信徒への手紙9−11章全体を視野に入れなければならない．簡潔に9−11章を見ておくことにする．

　パウロはこの9−11章でイスラエルの不信仰の問題を扱っている．これはパウロ自身の実存とかかわる重大な問題であった．パウロは異邦人のための使徒として召されたのであるが，不信仰をもって福音を拒否する同胞の問題は彼にとって深い悲しみと苦痛に満ちた問題であり続けた（9：2−3）．

　11章1節でも彼は問うのである．「では，尋ねよう．神は御自分の民を退けられたのであろうか」．9−11章はこの問題をめぐる議論である．

　9章においてポイントになるのは，イスラエルの拒否は完全にそうなってしまっているわけではないという点である．「ところで，神の言葉は決して効力を失ったわけではありません」（9：6a）．「イスラエルから出た者が皆，イスラエル人ということにはならず，……」（9：6b）だからである．つまり，多くのイスラエル人は失われたが，真のイスラエルは失われず，救われる．神の約束は真のイスラエルに対してのみ与えられたものである．パウロは，イスラエルの歴史の内部に「選びの差別」があったことを示す（9：6−13）．すなわち，イシュマエルではなく，イサクが（9：7），エサウではなく，ヤコブが約束の子孫であり，約束が成就する者として選ばれたのである（9：10−13）．

　この事実について，問われることになる．「では，どういうことになるのか．神に不義があるのか」（9：14）．決してそうではない．理由の第一

は，神は不当ではなく，神は主権的に憐れもうと思う者を憐れまれる．神の憐れみは，人の意志や努力ではなく，無償の恵みであるからである（9：15－29）．第二の理由は，歴史における神のこのような主権的行為は人間の責任性を排除するものではない．歴史の中で多くのユダヤ人が救われなかったのは，彼らの責任によるからである（9：31－33）．

10章では，イスラエルのほとんどが拒否されたのは決して恣意的なものではないことが明らかにされる．パウロは，イスラエルの失われたのは彼らの責任である点をさらに論じ（10：3），神の救いの道が業による道ではなく，信仰の道であることを強調する（10：9）．イスラエル人は信じることを拒み，神の救いの道を拒否して失われたのであり，それについて神をとがめることはできない．自分自身をとがめることができるだけである，と論じる（10：21）．

この10章において，現在のわれわれの問題との関連で注目しておきたいのは12節である．「ユダヤ人とギリシア人の区別はなく，すべての人に同じ主がおられ，御自分を呼び求めるすべての人を豊かにお恵みになるからです」．ここでのパウロの指摘は，救いの獲得に関してユダヤ人とギリシア人との差別はないという事実である．そうであれば，ある人々が主張するように未来のある時期が特別にユダヤ人だけが救われる時期だとか，あるいはギリシア人あるいは異邦人が救われる方法とは異なったユダヤ人だけが救われる方法が存在する時期とかは問題にならないはずである．ユダヤ人もギリシア人も等しく罪人であって，救われるのはイエス・キリストを信じる信仰によるただ一つの道なのである．

11章において，パウロは，イスラエルの拒否が絶対的なものでもなければ，無制限的なものでもないことを示そうとする．

パウロは，まず1－10節において，前に論じた点を確認し，神がイスラエルを捨てたように見えるが，実際には恵みによって選ばれた残りの者がたえず存在したし，今も存在すること（11：5），そして他の者たちは頑なにされたこと（11：7）を明らかにする．

11節から新しい思想が導入される．多くのイスラエル人の罪過によって救いは異邦人にもたらされる．それはイスラエル人にねたみを起こさせるためであった（11：11）．つまり，キリストを受け入れることに大多数のイスラエル人が失敗したが，その失敗が救いを異邦人にもたらすように神によって用いられた．しかし，今度は異邦人の救いの事実がイスラエル人にねたみを起こさせ，彼らを回心にみちびくために神によって用いられるのである（11：12）．12節の「皆」とあるのは，ギリシア語の"プレローマ"であり，彼らの「充満」「完成」「満数」を意味する．すなわち，これは終末論的な概念であり，終末までに救われる者の満数，すなわち26節ではこの点が「全イスラエルが救われる」と表現されている．これは，5節の残りの者と関連しており，終末においてその約束がイスラエルの満数が満たされることにおいて成就するのである．15節も同様の効果をもたらす．ここでは「捨てられること」と「世界の和解」，「受け入れられること」と「死者の中からの命」とが対比されている．「受け入れられること」と結びついた「死者の中からの命」は，霊的覚醒と理解して主に立ち帰ることを意味していると思われる．そうだとすればイスラエルが「受け入れられる」ことは歴史を貫いて起こっていることであり，歴史の終わりに限定する必要はない．

17−24節は，オリーブとその接木の比喩が出てくる．イスラエルがその不信仰のゆえに折り取られ，野生のオリーブに当たる異邦人が台木に接木され，根から豊かな養分を受ける．すなわち，異邦人がイスラエルに約束された救いの祝福にあずかる．それは枝に対して誇ることにはならない．根がそれを支えているからである．枝が折られたのは，接木されるためであった．ユダヤ人は不信仰において折り取られ，異邦人は信仰において接木されたのである．しかし，接木された異邦人が思い上がるならば，自然に生えた枝さえ容赦されなかったとすれば，接木も切り取られる．また折られた枝であるイスラエルの場合も，不信仰にとどまらないならば，信仰に立つならば，再び接木され，オリーブの命にあずかる．野生の枝で

IV. 一般的終末論　*181*

も接木されるのならば，栽培種のものはもとの台木にもっと容易に接木されるはずなのである．

　パウロはこのところでたった一本のオリーブの木について語っている．ユダヤ人と異邦人とが"信仰によって"，"恵みによって"という同じ方法によって救われる．それだけではない，「一つの同じ木」をなしている．「一つの神の民」である．ここには，ユダヤ人のために意図された特別の別個のプログラムがあるわけではない．またパウロは，異邦人の接木の後で必ずユダヤ人の接木が続くとは言っていない．異邦人とユダヤ人の接木が同時になされて一つのオリーブの木になる可能性を排除していないのである．

　最後的に，25節の言う奥義，「秘められた計画」とは何のことであろうか．イスラエルの不信仰が異邦人を救いに導く．異邦人の救いがイスラエルのねたみへと動かす．それによってイスラエルが立ち帰り，救いに導かれる．この異邦人とユダヤ人の救いにおける相互依存，そして機能する"信仰によってのみ"，"恵みによってのみ"の原理，そのようにして一切の栄光は神に帰されるのである．この驚くべき計画のことを意味する．

　「一部のイスラエルのかたくなさ」（11：25）は，「異邦人全体が救いに達するまで」とあるが，ここでの「全体」（プレローマ）は，異邦人の終末的救いの満数，異邦人の選民の満数を意味する．その時は終末の時である．そしてその終末の時，「全イスラエル」（パス・イスラエル）が救いに入れられる．これは，必ずしも，終末において異邦人全体が救い達するとき，"それから"という時間的順序においてイスラエルの民族的救いが起こるということを意味していない．ここには"その時"（tote, epeita）というような言葉はない．"こうして"（houtos），すなわち"このようにして"という意味であって，その方法について今までパウロは論じてきたようなしかたにおいてなのである．そのしかたによれば，異邦人の救いの満数が満たされるとき，「全イスラエル」すなわち「イスラエル内の選ばれた者の全体」が救いに至るのである．したがって，このイスラエルの救い

が，終末において排他的に起こることを意味しない．第一と第二の来臨を貫いて起こるのである．それは歴史を貫くイスラエルの内の選民の全体を意味しているといえる．このことは，終末における大規模のイスラエルの回心がありうることを全面的に否定することを単純に意味しない．そこに特殊に限定することを否定しているのである．第一の来臨と第二の来臨との間で，一貫してユダヤ人は立ち帰り続けているのである．この意味におけるユダヤ人の立ち帰りは，キリストの再臨の確かさの一つのしるしであることには間違いない．この点からいえば，時のしるしとしてのユダヤ人伝道は意味をもっているのである．

5. 神との対立を示す「時のしるし」

(1) 艱難

艱難についての預言は，旧約においてもすでに見られる．

>「災いだ，その日は大いなる日／このような日はほかにない．／ヤコブの苦しみの時だ／しかし，ヤコブはここから救い出される」（エレミヤ30：7）．
>「その時まで，苦難が続く．／国が始まって以来，かつてなかったほどの苦難が．／しかし，その時には救われるであろう．お前の民，あの書に記された人々は」（ダニエル12：1）．

これらの預言は，特にイスラエルがやがての日に受ける艱難と関係する．これがイスラエルに限定されるかどうかはなお議論されるべき点を残している．

新約において，終末との関連で問題となるのは，マタイによる福音書24章3－51節である（並行箇所：マルコ13：3－37，ルカ21：5－35）．

イエスの神殿破壊の預言（マタイ24：2）に対して，弟子たちは，神殿はいつ破壊されるのか，またキリストが来られて世の終わるときのしるしは何であるのか，という二つの質問をする．これに対するイエスの答えに

は，その二つのことが絡み合っている．学者の中には，イエスはそれらについて別々に話されたが，口伝の中で混合してしまった，あるいは口伝を記した者，または福音書記者によって組み合わされたと考える．学者によっては，神殿とエルサレム滅亡はそのまま世の終わりを意味し，両者を時間的に区別して考えなかったと主張される．さらに，ある学者は，エルサレム滅亡は世の終わりの予型であるだけではなく，旧約の「災いの日」の描写がここでエルサレム滅亡に適用されており，イエスは意図的に両者を混ぜ合わせていると主張する[291]．

われわれは，上記の両者の関係を理解するために「預言者的遠近法」とよばれうる旧約預言の特質に注目すべきであろう．これは，旧約預言において時間的に近い出来事と遠い出来事があたかも一つであるかのように一体的に語られるという特質を意味する．たとえば，イザヤは近い出来事としてのバビロンの崩壊（イザヤ13：6－8，17－22）と遠い出来事としての終末的「主の日」（イザヤ13：9－11）とを神の介入による一つの日の出来事であるかのように一体的に描いている．また，ゼファニヤの場合も同じように，近い出来事としてのユダに対する審判の日と遠い出来事としての終末的「主の日」とが一体的に語られる（ゼファニヤ1：14－15）[292]．H. リダーボスは，この特色について次のように指摘する．

> 「預言者は，未来を彼が知っている世界からつまり彼自身の環境から借りた色彩や線で描く．……　われわれが知っているように，預言者たちは，自分自身の経験というパレットで未来を描くのであり，預言者自身の地理的地平の内部で未来を投影するのである．これは旧約預言者の中で様々なしかたで現れる．われわれの意見では，これはまたイエスの未来叙述についても当てはまる．彼は旧約預言者に緊密に結びついているのである．イエスの未来叙述には時間的パースペクティブは欠けており，終末的出来事の起こる地理的地平もユダヤの国々のある場所あるいはイスラエルの町々に限定されているのである[293]」．

確かに，マタイによる福音書24章3－51節の説教において，この旧約

的伝統が鮮明に読み取れる．具体的に言えば，マタイによる福音書 24 章 20 節では「逃げるのが冬や安息日にならないように，祈りなさい」とユダヤ的・パレスチナ的環境に基づく言語で語られる．同時に，24 章 21－22 節では「そのときには，世界の初めから今までなく，今後も決してないほどの大きな苦難が来るからである．神がその期間を縮めてくださらなければ，だれ一人救われない．しかし，神は選ばれた人たちのために，その期間を縮めてくださるであろう」と語られ，その選ばれた人たちはユダヤに限定されず，すべての神の民におよぶ（24：31）．24 章 29－30 節では世の終わりの天変地異についても語られている．このようにイエスの「終末のしるし」の説教では，艱難や迫害や苦難や試練がパレスチナやユダヤ人に関係した民族的・地理的色彩をもった言語で語られるが，しかもそれは決してユダヤ人に限定されてはいない．近い出来事にも限定されてはいない．それは同時に遠い出来事についても語っているのである．

以上のような意味において「艱難」を終末のしるしとして理解することができるのであるが，これを再臨の直前に限定することはできないのである．すでに言及した終末の積極的なしるしとしての「福音の宣教」は継続的になされ，神の国は進展していく．このことは同時に，神の国に対する反対も，したがって艱難も継続的であることを意味する．すなわち，神の民はすべての時代を通じて，さまざまな迫害と艱難に直面する．このような艱難の継続性は，マタイによる福音書 5 章 10－12 節，ヨハネによる福音書 15 章 20 節，16 章 33 節などの言及においても確認される．

注意すべきことは，終末のしるしとしての艱難によって，他のしるしの場合と同様に，キリストの再臨の日時を指定することはできないという事実である．確かに，再臨の直前に艱難が激しい形を取ることは確かであろう．神の国がまさに完成に至ろうとするとき，それに対する敵対も激しい形をとることを予測することができるからである．しかし，そのことは終末の日時の推測可能性を意味していない．むしろ，根本的に重要なことは，神の民が迫害や艱難を受けなければならないとき，また艱難のただ中

にあるとき，キリストの到来のしるしをそこに認識し，目を覚まして艱難に抵抗し，あるいは戦い，信仰を堅忍するわれわれの姿勢こそが問われるのである．

(2) 背教

神とその御国との対立を示す第二のしるしは，「背教」である．旧約聖書において，イスラエルの歴史を見れば，そこに度重なる神に対する背信の事実を見出すことができる．彼らは，その背信の事実のゆえに，イスラエルの一つの世代は約束の地に入ることができなかったほどである．

新約聖書を見れば，マタイによる福音書24章10-12節で「そのとき，多くの人がつまずき，互いに裏切り，憎み合うようになる．偽預言者も大勢現れ，多くの人を惑わす．不法がはびこるので，多くの人の愛が冷える」（他に参照，24：24）と主イエスによって語られているように，「背教」が問題となっている．「背教」にかんしても，「艱難」について述べたのと同様に，"教会の時代を貫く継続的な問題としての背教"と"再臨の直前の背教"と両方のケースについて語りうる．

前者の"教会の時代を貫く継続的な問題としての背教"にかんして言えば，ペトロの手紙二2章20節やヨハネの手紙一2章19節などを例として挙げることができるであろう．確かにテモテへの手紙一4章1節，テモテへの手紙二3章1-5節には「終わりの時」の背教が問題となっている．たとえば，テモテへの手紙二3章1-5節で次のように語られている．

> 「しかし，終わりの時には困難な時期が来ることを悟りなさい．そのとき，人々は自分自身を愛し，金銭を愛し，ほらを吹き，高慢になり，神をあざけり，両親に従わず，恩を知らず，神を畏れなくなります．また，情けを知らず，和解せず，中傷し，節度がなく，残忍になり，善を好まず，人を裏切り，軽率になり，思い上がり，神よりも快楽を愛し，信心を装いながら，その実，信心の力を否定するようになります．こういう人々を避けなさい」．

しかし，ここに語られていることは必ずしも再臨の直前に限定されない．第一と第二の来臨の間，教会の時代における背教も問題となるのである．

後者の"再臨の直前の背教"に関して言えば，テサロニケの信徒への手紙二 2 章 1 － 3 節に注目する必要がある．そこでは次のように語られている．

> 「さて，兄弟たち，わたしたちの主イエス・キリストが来られることと，そのみもとにわたしたちが集められることについてお願いしたい．霊や言葉によって，あるいは，わたしたちから書き送られたという手紙によって，主の日は既に来てしまったかのように言う者がいても，すぐに動揺して分別を無くしたり，慌てふためいたりしないでほしい．だれがどのような手段を用いても，だまされてはいけません．なぜなら，まず，神に対する反逆が起こり，不法の者，つまり，滅びの子が出現しなければならないからです」．

テサロニケの人たちは主の来臨が将(まさ)に来つつあるという近さの感覚の中で，逆に働くことをやめ，怠惰に陥っていた（3：11）．このような彼らの誤った終末意識を正すために，主の来臨が起こる前に「神に対する反逆が起こり，不法の者，つまり，滅びの子が出現しなければならない」（2：3）ことを指摘したのである．注意すべきことは，「神に対する反逆」（ἡ ἀποστασία），「不法の者」（ὁ ἄνθρωπος τῆς ἀνομίας）という言葉にはそれぞれ定冠詞が付けられている点である．定冠詞付という点と主の来臨の前に起こらなければならないという言明を重ね合わせると，「神に対する反逆」や「不法の者」の出現は主の来臨の前に最後的な，特別な激烈さで登場するそれらの現れを意味していると考えることができる．「不法の者」にかんしては，次項でも取り扱うことになるが，このところでは特に神に対する反逆としての「背教」と「不法の者」について語られている事実に注意しておきたい．両者は密接に関連しているのである．2 章 3 節で，まず「背教」が起こり，"そして"「不法の者」が出現すると言われている．つ

まり,「背教」の中から「不法の者」が出現することが示唆されている. その結果,「背教」の事態そのものが,「不法の者」によって強化されることになるのである (2:9-10).

「背教」の問題は, 教会の外ではなく, 内部の問題である. 神の民の間に起こることである. 真の信者は背教には至らない（ヨハネ 10:27-29, Ⅰペトロ 1:3-5）. 見せ掛けだけの外面的な信仰告白をしている者がそのような背信に陥る.

以上のように, 終末のしるしとしての「背教」が語られるのであるが, 終末の日時を決定することはできない.「背教」について主の来臨直前の激烈な現れについて語りうるが, 同時にそれは継続的な問題でもある. ここでもわれわれに求められるのは, 背教の惑わしの力に抗して, 終末に向かって信仰の堅忍の姿勢を整えることである.

(3) 反キリスト

神とその御国との対立を示す第三の, そして最も顕著なしるしは,「反キリスト」のしるしである[294].

このしるしについてもすでに旧約的前兆がある. たとえば, ダニエル書 7 章の「四頭の獣の幻」の中で「小さな角」(7:8) について語られる. 「彼はいと高き方に敵対して語り, いと高き方の聖者らを悩ます. 彼は時と法を変えようとたくらむ」(7:25) とある. この預言は, シリヤの王アンティオコス・エピファネスにおいて最も鮮やかに成就したと言える. 紀元前 168 年にアンティオコスは, 自分をギリシアのすべての神々の中の最高神, オリンポスのゼウスであるとし, エルサレム神殿にゼウスの像を建てさせたのである（関連箇所: ダニエル 8:13, 9:27, 11:31・36, マカバイ上 1:54, マカバイ下 6:2）. テサロニケの信徒への手紙二 2 章 4 節の「不法の者」とダニエル書 7 章 8, 25 節における「小さな角」との間には類似性がある.「不法の者」もまた,「ついには, 神殿に座り込み, 自分こそ神であると宣言する」(Ⅱテサロニケ 2:4) からである. 何よりも

注目すべきことは，イエス・キリスト御自身がマタイによる福音書24章15－16節（他に参照，マルコ13：14）においてダニエル書に言及しておられる事実である．すなわち，「預言者ダニエルの言った憎むべき破壊者が，聖なる場所に立つのを見たら——読者は悟れ——，そのとき，ユダヤにいる人々は山に逃げなさい」．このことは，すでにアンティオコス・エピファネスにおいて起こった事実である．しかし，それだけではなく第二の成就としてエルサレムの崩壊についても語られているであろう．それは紀元70年に起こった．ローマ皇帝ティトスと彼の軍隊が皇帝の像を描いた旗をもって聖なる町に入ったからである．その皇帝の像は当時のローマ人によって礼拝されていたものであった．ユダヤ人たちはそこに聖所の冒瀆を見出し，主イエスの語られた言葉を思い起こし，山に逃げたのである．さらに言えば，この預言はそれで終わったわけではなく，第三の成就ともいうべき世の終わりの「反キリスト」についても語られているのである．

　パウロが，上述のテサロニケの信徒への手紙二2章4節において語った「不法の者」も，サタン自身ではなく，サタンの力によって働く者であり，ヨハネの手紙一2章18－22節において「反キリスト」とよばれている者のことである．パウロは，キリストの教えを覚えつつ，アンティオコス・エピファネスにおいて起こったことが終末においては「反キリスト」が行うことを預言的に語ったのである．このために，上に指摘したように，テサロニケの信徒への手紙二の「不法の者」とダニエル書のいと高き方に反逆する「小さな角」の間には類似性が存在することになるのである．

　テサロニケの信徒への手紙二における「不法の者」に関して言えば，特に再臨の直前における問題であることをすでに指摘した．「不法の者」は，人格的しかたで表現され（ὁ ἄνθρωπος τῆς ἀνομίας），反キリスト教的世界から出現し，神とキリストに徹底的に凶暴に反抗する存在である（Ⅱテサロニケ2：3）．礼拝の対象として自分を示す（2：4）．それを行わない者に対する迫害を含んでいる．したがって，この点が神の民の激しい艱難と結びつくことになる．「不法の者」は「あらゆる偽りの奇跡としるし

と不思議の業を行い」(2：9)，イエスの奇跡さえもまねて，人々を惑わす．つまりキリストのライバルとして自己を示す．その背後にあるのはサタンである (2：9)．「不法の者」は真理に代えて，偽りを教えるのである．しかし，「不法の者」はキリストの再臨において全面的に打ち倒される (2：8)．

　以上の議論に付け加えて指摘しておくべきことは，ここで議論の対象となっている「反キリスト」は，やはり再臨直前にだけ問題になることではないという点である．これまでのしるしの場合と同様に，第一と第二の来臨の間にあっても継続的に問題になるのである．マタイによる福音書24章24節では「偽メシア」であって，「大きなしるしや不思議の業を行い，できれば選ばれた人をも惑わそうとする」のである．テサロニケの信徒への手紙二2章9節では「不法な者」はやはり「あらゆる偽りの奇跡としるしと不思議の業を行い，……滅び行く人々を欺く」のである．偽預言者，偽教師としての姿を示す．この点に関連して，注意すべきことはヨハネが「反キリスト」について，「終わりの時が来ています．反キリストが来ると，あなたがたがかねて聞いていたとおり，今や多くの反キリストが現れています．これによって，終わりの時が来ているとわかります」（Ⅰヨハネ2：18）と語っていることである．ここでヨハネは，「"多くの"反キリスト」について語り，その場合の「反キリスト」は，イエス・キリストが肉となって来られたことを否定する者のことを意味している（Ⅰヨハネ4：3）．この点を捉えるならば，「反キリスト」の問題は再臨直前だけでなく，それ以前にもしるしとして問題になることが理解されよう．「不法の者」は再臨の直前には激烈な形でキリストのライバルとしての様相を呈すると思われるが，継続的な問題として理解される必要がある．歴史的には，「反キリスト」として，ローマ皇帝，特にネロ帝が同一視され，宗教改革の時代にはローマ教皇がそれだと考えられ，近い時代ではスターリンやヒトラーがその例として考えられたのである．これらを一方的に不当だとは言えない．このような「反キリスト的思想と行為」の現れは歴史の中

に存在したからである．同時に絶えず存在し続ける．それぞれの時代にそれぞれの形態をとる．しかも，それは必ずしも具体的な人格的形態にとどまらず，いわば「反キリスト」的な，「反神」的な力という形も取りうるのである．いずれにせよ，この「反キリスト」を終末的なしるしとして問題にする者は，終末に向かってたえずこのような動きに対する信仰的意識を先鋭化させている者である．「改革派教会世界会議」(RES) の「終末についての研究報告」(1972 年) は次のように述べている．

> 「教会に命ぜられていることは，真理のために戦うことであり，今日の世界の多様な環境の下に存在する多くの形態と動向の中でまた多くの具体的状況の中で現れている不法に対して立ち向かうことである．言葉と行いによって真理のために生きる人は，反キリストに対する勝利を強固にする人であり，混沌ではなく，最高の秩序と調和が支配するようになる将来のあの創造のために共に労する人である[295]」．

6. 神の裁きを示す「時のしるし」

　神の裁きを示す「時のしるし」としては，「戦争」や「地震」や「飢饉」の問題を挙げることができる．マタイによる福音書 24 章 6－8 節を以下に掲げておく（並行箇所：マルコ 13：7－8，ルカ 21：9－11）．

> 「戦争の騒ぎや戦争のうわさを聞くだろうが，慌てないように気をつけなさい．そういうことは起こるに決まっているが，まだ世の終わりではない．民は民に，国は国に敵対して立ち上がり，方々に飢饉や地震が起こる．しかし，これらはすべて産みの苦しみの始まりである」．

　ここに出てくる「戦争」「地震」「飢饉」などのしるしにかんして，いくつかの点を指摘しておくことにする[296]．
　1. これらのしるしに関しては，旧約においても言及されている．「戦争」に関してはイザヤ書 19 章 2 節，歴代誌下 15 章 6 節，「地震」に

関しては士師記5章4-5節，詩編18編8節，68編9節，イザヤ書24章19節，29章6節，64章1節，「飢饉」に関してはエレミヤ書15章2節，エゼキエル書5章16-17節，14章13節などを挙げることができるであろう．

2. これらのしるしは，神の裁きの証拠である．しかし，このことは，戦争や地震や飢饉といった災害の結果として苦しみや死を被った人たちが特に神ののろいの対象となっているということを意味していない（ルカ13：4）．意味するところは，現在の世界が神ののろいの下にあるという事実の現れということである（創世3：17）．それは裁きが迫っていることをさし示し続ける（ヤコブ5：9）．
3. これらは厳密な意味では「終末のしるし」と言いうるか否かには論議の余地がある．マタイによる福音書24章6節において「それは起こらなければならないが，まだ終わりではない……」，さらに24章8節では「産みの苦しみの初めである」と言われているからである．
4. これらのしるしは，再臨の直前に限定されない．終末における善き世界の完成への産みの苦しみであり，今も継続的に存在し続ける．被造物も滅びの隷属から解放されることを求め続けているのであり，これもまた時のしるしである（ローマ8：22）．

しかし，これらのことが「産みの苦しみ」を意味するとすれば，われわれにとって「善き，喜ばしい誕生」のしるしをも意味するのであり，終末に向かっていよいよ目覚めて備え，信仰を堅忍することへと促されることになる．

B. 千年王国をめぐる諸見解

序として

「千年王国説」とは，用語としては英語では「ミレニアリズム」

（Millennialism）とよばれる．この用語はラテン語の「千」（mille）という用語に由来する．また，英語ではギリシア語の「千」（キリアス χίλιας）に由来する「キリアズム」（chiliasm）という用語も用いられる．

　神学用語としての「千年王国説」（Millennialism）とは「歴史の終わりにキリストが王として千年間統治することをめぐって組み立てられた，キリスト教終末論の一形式に関わるもの」と定義できるであろう[297]．聖書的には，「千年王国説」が問題となるのはヨハネの黙示録20章6節にある「彼らは神とキリストの祭司となって，千年の間キリストと共に統治する」と語られていることに関係する．この場合における「千年間」の「王としてのキリストの支配」をどのように理解するかが焦点となる．その理解をめぐって，以下のような幾つかの代表的見解がある．

(1)「無千年王国説」（Amillennialism）

(2)「千年王国後再臨説」（Postmillennialism）

(3)「歴史的千年王国前再臨説」（Historical Premillennialism）

(4)「契約期分割主義的千年王国前再臨説」（Dispensational Premillennialism）

これらの四つの類型化された「千年王国説」はより厳密には大きく二つのグループに区分けすることができる．上記の(1)と(2)の見解はどちらも，「千年期」の内容理解が異なるが，いずれにしても「千年期」の後にキリストは再臨するという点では共通している．あえて形式的類型化を試みるならば，両者とも広義の「千年王国後再臨説」の枠組みに入る．(3)と(4)の見解は，やはり「千年期」の内容理解は異なるが，両者とも「千年期」の前にキリストは再臨するという点では共通している．この場合も形式的類型化を試みるならば，両者とも「千年王国前再臨説」の枠組みに入る．

　以上のように四つの見解を大きく二つの枠組みに類型化できることを確認した上で，われわれとしては以下の論述で上記の四つの見解を一つひとつ独立した項目で取り扱いたい．

これらの「千年王国論」については教会史の中でも問題になってきたのであるが，一般的傾向としては「千年王国説」をめぐっては特に米国の福音派諸教会において激しく論争されてきた神学的テーマである．事実，米国の福音派諸教会の組織神学書においては「千年王国論」は詳細に扱われる．時には他の重要な終末論の神学的課題とのバランスにおいて過度とさえ思われる取り扱いがなされる．それに比してヨーロッパの組織神学書ではそれほど詳細に扱われるわけではない．しかし，このような米国の状況は日本の福音主義陣営にも反映しており，日本の福音主義神学はこの神学的テーマに強い関心を寄せている．このような日本の教会の神学状況を踏まえ，われわれもこのところで「千年王国論」の問題を概観的ではあるが，一定の丁寧さで取り扱っておくことにする．

以下の論述においては，千年王国論をめぐる教理史的検討をした上で，上記の諸見解を順次取り上げて考察を加えることにする．

1. 千年王国論にかんする教理史的検討[298]

（1）初期教父における「千年王国論」

キリスト教史において，初期教父の中には，ヨハネの黙示録20章1－6節を字義的に解釈し，そこで語られている「第一の復活」と「第二の復活」の間の至福千年王国を信じる者がいたことは事実である．その至福理解は地上的・物質的な性格をもつものであった．時代史的背景としては，ローマ帝国下のキリスト者の迫害状況の中にあってこのような千年王国への期待は勇気と慰めと希望を与えるものであった．

至福千年王国を主張した顕著な例としては，初期教父の中ではパピアスとエイレナイオスの名を挙げることができる．他に，「バルナバの手紙」，「ヘルマスの牧者」，またユスティノス，テルトゥリアヌス，ヒッポリトス，ラクタンティウスなどの教父の名も加えることができるが，これらの人たちは行きすぎた教えを避ける傾向を示した[299]．

「千年王国前再臨説」に立つ神学者たちは，最初の３世紀間は，彼らの見解に親近性をもつ上記のような至福千年王国の考えが一般的であったと判断するが，その判断は必ずしも正確ではない[300]．たとえば，ローマのクレメンス，イグナティオス，ポリュカルポス，タティアノス，アテナゴラス，テオフィロス，アレキサンドリアのクレメンス，オリゲネス，ディオニュシオスなどの教父たちには千年王国的教えを見出せないからである[301]．

(2) 千年王国論的終末論の後退

歴史的に概観すると，初期教父には存在した上述のような至福千年王国への期待は次第に後退することになった．キリストの再臨がないまま時間が経過し，迫害が止み，終にはコンスタンティヌス１世とリキニウス帝が発布した「ミラノ勅令」（313年）によってキリスト教は公認され，さらにテオドシウス１世においてキリスト教の国教化が起こった．その結果，キリストの再臨による終末的期待は後退することになったのである．以上のような歴史的事情を踏まえた上で，千年王国論的終末論の後退の要因を以下のように整理できるであろう．

第一の要因として，２世紀後半から始まったモンタヌスとその運動を挙げることができる．モンタヌス主義は，新しい聖霊の時代の到来，さらには天のエルサレムが小アジアのペプザに下って世の終わりが来ることを告知した．このモンタヌス主義は終末的過激主義であったために，当時制度的に整備されつつあった教会にとっては危険な動きであった．このような一種の終末的熱狂主義に対する警戒から終末論自体が後退する結果をもたらしたのである．

第二の要因として，アレキサンドリア学派によって導入され，特にオリゲネスによって支持された「比喩的解釈」（アレゴリカルな解釈）の影響がある．千年王国論は聖書の字義的解釈に依拠するが，比喩的解釈は千年王国の象徴的理解をもたらし，結果的に千年王国論の衰退に力を貸すことになったのである．

第三の要因として，アウグスティヌスの決定的とも言える強力な影響を挙げることができる．上述のように4世紀初頭にコンスンティヌス帝がキリスト教を公認し，さらには国教化されてキリスト教世界が成立した．このキリスト教国教化の体制のもとで，アウグスティヌスは教会と神の国を同一視し，教会の勢力的拡大を神の国の地上的実現として理解した．千年王国が問題となるヨハネの黙示録20章を象徴的に解釈し，キリストの初臨と再臨との間の現在の時代を「千年王国」の時と考えたのである．このような理解においては，関心は現在に寄せられることになり，未来的な意味における千年王国への期待は痩せ細ることになった．中世の時代においては，アウグスティヌスのこの理解が公的な立場として支配的になった．たとえば，大教皇レオ1世，グレゴリウス1世，アルベルトゥス・マグヌス，トマス・アクイナスなどによっても支持されたのである[302]．

　中世においても，散発的にはいくつかのセクトにおいて千年王国的思想が見られる．中でも特に注目すべきは，12世紀のシトー会の修道院長であったフィオーレのヨアキム（1132年頃-1202年）であろう．ヨアキムは歴史の全過程を神の三位一体に即応して三つの段階に区分し，第一にキリスト以前の律法の時代としての「父の王国」，第二に福音の時代としての「子の王国」，そして第三の時代としての「聖霊の王国」を構想した．ヨアキムによれば，第三の時代は輝かしい「愛と歓喜と自由の時代」である．この第三の時代が成就する直前の3年半の間，反キリストの時代が到来する．この反キリストはこの世の一君主となって，腐敗した教会を懲らしめ，ついには現状の教会は崩壊する．この反キリストが打ち倒された後に「聖霊の時代」が完成するのである[303]．

　このようなヨアキムの思想は千年王国論と結びつくものである．ヨアキムの思想は，1215年の第四ラテラン公会議の教令の第2章「大修道院長ヨアキムの誤謬」において断罪された[304]．ヨアキムの千年王国的思想は，後の時代のプロテスタント急進派などに一定の影響力をもった．しかし，中世全体を見通すとき，千年王国的思想は異端的なものと見なされたこと

は確かな事実である．

(3) 宗教改革時代における千年王国論

　宗教改革において焦点になったのは，信仰義認の教説に象徴的に示されているように救済論の問題であった．終末論についていえば，いわゆる個人的終末論が神学的課題となった．特に煉獄思想のような死後の中間状態をめぐる問題にかんして，ローマ・カトリック教会に対峙し，それを拒否したのである．しかし，千年王国論的終末論にかんして言えば，宗教改革の時代は基本的姿勢において中世の時代と本質的差はない．宗教改革のプロテスタント教会は，中世のローマ・カトリック教会と同様に，千年王国的終末思想に対し強い警戒心を示し，これを排除する立場をとったからである．

　宗教改革のこのような基本的姿勢は歴史的には当時の熱狂主義を背景として理解されなければならない．宗教改革の時代における千年王国思想は，農民戦争を起こしたトーマス・ミュンツァーや北ドイツ・ミュンスターで騒乱をもたらした熱狂主義的アナバプティストの人々によって支持されたのである．農民戦争にせよ，ミュンスターの騒乱にせよ，誕生して間もない宗教改革の諸教会の存在を根本から揺るがす危険なものであった．これへの激しい警戒心から，宗教改革とその後のプロテスタント教会も千年王国的思想を排除するようになったのである．このため宗教改革の諸信仰告白・問答において千年王国的終末論に言及されることはほとんどないし，例外的に言及される場合には断罪的な形で語られることになる．この場合の例外的ケースとは，ルター派教会においては「アウグスブルク信仰告白」（1530年）の第17条であり，改革派教会においては「第二スイス信仰告白」（1566年）の第11条である．両者について紹介しておくことにする．

　第一に，「アウグスブルク信仰告白」であるが，その第17条で次のように語られている．

> 「同様に，ここにおいて，現在もなお現われている，多少のユダヤ的な教えをも斥ける．それは，死者の復活に先立って，聖徒たち，信仰者たちだけが，この世の国を建て，神を認めない者たちはすべて抹殺されるであろうという教えである[305]」．

第二に，「第二スイス信仰告白」であるが，その第11条の「分派」への言及の中で次のように告白されている．

> 「さらに，裁きの日に先立って地上に黄金時代が来て，敬虔な者らが地の支配権を占有し，不敬虔な敵対者どもを制圧するだろうというユダヤ的夢想を，われわれは斥ける[306]」．

以上のような宗教改革における千年王国的終末論をめぐる状況を念頭におくならば，宗教改革の諸信仰告白・問答において新天新地などにかかわる宇宙論的終末論そのものへの言及がほとんど見られない理由も了解できるはずである．この問題については，あらためて後ほど論議することになる．

(4) 近代における千年王国論

中世，宗教改革の時代をとおして千年王国論は異端的傍流の思想であったが，近代に至ると様相は変化する．17世紀になると，改革派神学者J. H. アルステッド（J. H. Alsted, 1588－1638），その影響下で英国教会の聖書学者J. ミード（J. Mede, 1586－1638）などによってより学問的な性格を帯びた「千年王国前再臨説」（Premillennialism）が提唱されるようになる．これらの神学者は，ヨハネの黙示録をアレゴリカルには解釈せず，文字どおりの神の国の約束が含まれ，神の国は最後の審判の前に地上に樹立されると理解したのである．英国においては，ピューリタン革命の間，これらの人たちの文書が読まれ，他の人たちを勇気づけることになり，英国

に千年王国の樹立を夢見させたのである[307]．これらのより過激なグループの中の一つが「第五王国派」(the Fifth Monarchy Men) である．1658年にクロムウエルが死去し，共和制政治が崩壊し，スチュアート王朝が復活したことによって，「千年王国前再臨説」は場所を失って行くことになる．しかし，18世紀には，「千年王国前再臨説」はI．ニュートン (Isaac Newton)，J. H. ベンゲル (J. H. Bengel)，J. プリーストリー (Joseph Priestley) などによって継承されていったのである[308]．

「千年王国前再臨説」の人気は衰えていったのであるが，その後顕著なものとして登場してきたのは「千年王国後再臨説」(Postmillennialism) である．この見解の台頭に大きな影響を与えたのは英国教会の聖書註解者ダニエル・ホウィットビー (Daniel Whitby) やモウジズ・ロウマン (M. Lowman) であった．ホウィットビーやロウマンの見解に賛同した多くの神学者や説教者の中で，重要な役割を果たしたのがジョナサン・エドワーズ (Jonathan Edwards) であった．エドワーズはホウィットビーの『新約聖書釈義』やロウマンの黙示録研究を読んだことが指摘されている[309]．「ホウィットビー-ロウマン-エドワーズ解釈が18世紀後半から19世紀初期のアメリカ千年王国論の標準となった」ともされている[310]．

19世紀になると，同世紀を貫いて「千年王国前再臨説」が勢いを取り戻すことになる．1789年のフランス革命の影響下でヨーロッパは政治的・社会的な劇的変化を経験し，より黙示的風潮が醸成された．そのような状況の中で，英国で新しい要素が加わった「千年王国前再臨説」が現れたのである．これが「契約期分割主義」（ディスペンセーション主義，Dispensationalism）である．この「契約期分割主義」と区別するために，これまでの「千年王国前再臨説」を「歴史的千年王国前再臨説」(Historic premillennialism) と一般的によぶ．「契約期分割主義」の主導者の一人は，ロンドンで牧会していたスコットランド長老教会牧師エドワード・アーヴィング (Edward Irving, 1792-1834) であった．アーヴィングは多くの予言についての著作を著し，「アルバリー・パーク予言集会」

(Albury Park prophecy conference) を組織した．この予言集会が，19世紀，20世紀の千年王国前再臨説の諸集会のモデルとしての役割を果たした．

エドワード・アーヴィングの黙示録解釈はプリマス・ブレザレン (Plymouth Brethren) の人たちに支持され，このグループの中で「契約期分割主義」の熱烈な唱道者たちが育っていった．このブレザレン・グループの中で「契約期分割主義」の初期の指導的唱道者がアイルランド人で英国教会信徒ネルソン・ダービー (John Nelson Darby, 1800-1882) である．

ダービーの主張の要点は，第一に，再臨に二つの段階があるという主張である．第一段階では7年間の艱難期の前に聖徒たちがひそかに「携挙」(rapture) される．第二段階では艱難期の後にキリストは聖徒たちを伴って見える状態で地上に現れ，彼らと共に千年間支配する．

第二に，神のご計画は一連の「聖約期」（ディスペンセーション）とよばれる「期間」をとおして働くという主張である．その場合，それぞれの「聖約期」において，「聖約期」の移行に従ってそれぞれ異なったしかたで人間が取り扱われるのである．「契約期分割主義」の主張の詳細は後ほどあらためて取り挙げる．

以上の概観で判明するように，「契約期分割主義」は「千年王国前再臨説」の枠内には入るが，「千年王国前再臨説」に立つ者がすべて「契約期分割主義」ではない．むしろ，19世紀において「千年王国前再臨説」に立った者の大多数は「契約期分割主義者」ではないのである．

米国における「千年王国論」をめぐる神学的状況は南北戦争を境に変化をたどる．南北戦争後，ダービーの「契約期分割主義」は，超教派的な働きをしたブレザレンの伝道者ヘンリー・モーアハウスをとおして広がっていった．しかし，ダービーの「契約期分割主義」の浸透に決定的役割を果たしたのは，会衆派牧師 C. I. スコフィールド (C. I. Scofield) である．スコフィールドが編集責任を担った『スコフィールド引証・註解付き聖書』

(Scofield Reference Bible) である．この書は1909年に出版されたのであるが，50年間で300万部以上が販売され，「契約期分割主義」の終末論の普及に甚大な影響を与えたのである[311]．さらに，「契約期分割主義」は特にスコフィールド自身が設立したフィラデルフィア聖書学院，他にムーディー聖書学院，ダラス神学校，ロスアンジェルス聖書学院（BIOLA），タルボット神学校，グレイス神学校，西部保守聖書神学校などをとおして保守的福音主義の内に多くの支持者を獲得することになった．

　歴史的概観において記すべきことはなお多くを残すが，概観としてはここまでに留める．以下においては「千年王国論」にかんする各見解について個別に取り挙げるが，歴史的概観では扱いきれなかったそれぞれの見解についての歴史的考察もそこで補足的な叙述として加えることにする．

2.「無千年王国説」（Amillennialism）

（1）用語をめぐる問題

　各見解についての取り扱いに当たり，まず「無千年王国説」を取り挙げることにする．「無千年王国説」という用語そのものはそれほど古いものではない[312]．この用語の起源は明確ではないが，1930年以降に用いられるようになったと指摘されている[313]．現在では神学用語として一般に通用している．しかし，この用語が適切か否かには議論がある．「無千年王国説」という名称は，言葉の響きとして，あらゆる形態の千年王国概念を否定しているかのように受け取られるからである．また，ヨハネの黙示録20章の「千年間の支配」をまったく無視するかのような印象を与えかねない．しかし，正確に言えばそれは誤解である．「無千年王国説」の主張は，他の主要な千年王国説すなわち「千年王国後再臨説」（Postmillennialism）や「千年王国前再臨説」（Premillennialism）のように，キリストの再臨直前，あるいは再臨後の「黄金の千年王国」が現出することを認めないという意味において「"無"千年王国説」とよばれてい

るのである[314]. 後述するように,「無千年王国説」は現在の教会の時代を「千年王国」の時代と理解しているのであって,"無"千年王国ではないのである.「無千年王国説」という用語が引き起こしがちなこのような誤解を避けるために,最近では「実現された千年王国説」(realized Millennialism)という用語の採用を提唱する神学者も現れている[315]. あらたに提唱されたこの用語が適当か否かはなお議論のあるところであり,神学用語としてもいまだ市民権を得ているわけではない. したがって,本書では上述の誤解を留意した上で,従来どおりの「無千年王国説」という用語を用いることにする.

(2) 歴史における「無千年王国説」

「無千年王国説」は,用語としては先にふれたようにそれほど古いものではないとしても,内容的な観点からは言えば,その擁護者をキリスト教初期にまで遡って見出すことができる. 3世紀のヒュポリトスはすでに千年という期間を文字どおりではなく,天国の壮大さを寓喩的に表現したものと理解した. すでに指摘したアウグスティヌスの決定的影響もあって,4世紀・5世紀以来「無千年王国説」がキリスト教会内部において支配的な立場を獲得してきたと言える. 確かに「千年王国前再臨説」も歴史をとおして支持者が存在したことは事実であり,特に最近の米国においては保守的福音主義グループの中で歓迎されている. しかし,歴史的にキリスト教会全体を視野に入れるとき,最もコンセンサスを得てきた立場は「無千年王国説」であると言っても決して過言ではない. 特に教会の歴史的諸信条を念頭におくとき,それらが表明しているあるいは少なくともそれらが含意している立場は「無千年王国説」である.

改革派・長老派諸教会についていえば,広く受け入れられてきたし,また今も受け入れられている見解は「無千年王国説」である[316]. 後述するように,18−19世紀には改革派・長老派陣営においても特に北米においては「千年王国後再臨説」の勢力は強かったが,20世紀の二つの大戦の惨

禍はその勢力を衰退させた．改革派・長老派における今日の主要な見解は「無千年王国説」である．

「無千年王国説」に立つ改革派神学者には，A. カイパー（A. Kuyper），H. バーフィンク（H. Bavinck），K. デエイク（K. Dijk），S. フレイダヌス（S. Greijdanus），G. ヴォス（Geerhardus Vos），L. ベルコフ（L. Berkhof），G. L. マーレー（George L. Murray），J. マーレー（J. Murray），C. ヴァン・ティル（C. Van Til），G. C. ベルカワー（G. C. Berkouwer），W. ヘンドリクセン（W. Hendriksen），R. B. ストリンプル（R. B. Strimple）などがいる[317]．筆者もこの見解に立つ．

ローマ・カトリック教会や東方正教会についていえば，両者とも千年王国について特別な教義的立場を表明しているわけではない．しかし，両者の伝統では現在の期間において「キリストの王国」と「教会」とが同一視されるので，類型的には「無千年王国説」に分類できるであろう[318]．

(3)「無千年王国説」の見解

内容的な点に注目すれば，「無千年王国説」は，聖書は最後の審判の前に「千年間の黄金時代」というような千年間のキリストの地上支配があるとは教えていないとする立場である．ヨハネの黙示録 20 章の「千年」は象徴的に解釈されるべきであり，その期間は将来の時代ではなく，キリストの復活と再臨の間の全期間のことを意味し，ヨハネの黙示録が語る千年間のキリストの支配は"すでに"実現している．すなわち「千年王国」はキリストの昇天とペンテコステにおける聖霊の降臨において"すでに"起こっているのである．この意味において上述のように「実現された千年王国説」という用語が提唱される理由もあるのである．この「中間時」において，勝利者キリストは御自身の御言葉と聖霊によって神の民を統治しておられる．しかし，キリストは罪と悪に対して決定的な勝利を獲得されたにもかかわらず，「悪の国」は世の終わりまで「神の国」と共に存在し続ける．われわれは"すでに終末的祝福を享受している"（「開始された終末

論」：inaugurated eschatology）のであるが，最終の段階における将来の再臨に関連した一連の出来事を待ち望むのである（「将来的終末論」：future eschatology）[319]。ヨハネの黙示録20章1－6節に言及されている「サタンが縛られている」とはサタンが完全に束縛されていることを意味し，「千年間のキリストと共に統治する」とは召天した聖徒たちがキリストと共に天で統治していることを意味すると解釈される．「時のしるし」についていえば，「時のしるし」はキリストの最初の到来以来世界の中で示されており，キリストの再臨の直前には最終的な激しさにおいて現れると考える．積極的には，無千年王国論者も福音が全世界に宣べ伝えられることを求め，キリストの再臨の前に成就される全イスラエルの回心を期待するのである．

　無千年王国論者は，復活の一回性を告白する．後述するように，「千年王国前再臨説」（「歴史的千年王国前再臨説」「契約期分割説」の両者を含む）は少なくとも二回の復活を主張するので，復活の一回性の主張において「無千年王国説」は「千年王国前再臨説」と決定的に袂を分かつ．「無千年王国説」の理解では，キリストの再臨において信仰者と不信仰者を含む一般的な復活が起こる．この復活の後で，その時まだ生きていた信仰者たちは変貌を遂げ，栄光化される．さらに，キリストは最後の審判を行う．審判の後，不信仰者は永遠の罰に引き渡され，信仰者は新しい天と地の祝福に永遠にあずかるのである．「無千年王国説」に立つ者の間にも細部では相違点が存在するが，以上のような理解が「無千年王国説」の内容的要点である．

　このような「無千年王国説」に対して向けられる一般的な批判は，ヨハネの黙示録20章を象徴的に解釈するという点である．字義的解釈を最善とする人たちは，「無千年王国説」に立つ人たちは神の言葉のリアルな約束を霊的レベルに解釈してしまい，それによって神の言葉を無力化することになる，結局は聖書を信じていないと批判する[320]．

3.「千年王国後再臨説」(Postmillennialism)

(1)「千年王国後再臨説」と「無千年王国説」との関係

われわれは「無千年王国説」に続いて「千年王国後再臨説」を取り挙げる．両者を連続して取り挙げるには理由がある．両者は確かに区別されるべきではあるが，同時に共通の特徴をもっているからである．

すでに指摘したように，本質的な共通点は，両者とも，千年期の前でのキリストの再臨を主張する「千年王国前再臨説」を採らず，千年期の後でのキリストの再臨を主張するという点である．この場合，「千年期」の内容理解では差が出てくるのであるが，「千年期」の後での再臨を主張するという点では両者とも"千年王国後再臨説"という共通の枠を保持している．したがって，神学者によっては"千年王国後再臨説"という一つのタイトルのもとでいわゆる「千年王国後再臨説」を扱い，続いて「無千年王国説」を扱うというケースも当然出てくるのである[321]．われわれは，整理の平易さの点からこのような扱い方はしないが，両者に共通の大枠を念頭におき，両者を順序として連続した形で扱うことにする．他に両者の共通性にかんしては，両者とも千年期に地上的王座からキリストが目に見える形で統治するとは考えないという点や，千年期という期間を正確に千年間とは必ずしも理解しない点も挙げることができよう[322]．

「無千年王国説」と「千年王国後再臨説」との決定的差異はすでに指摘したように「千年期」の内容理解による．「無千年王国説」は，前述のとおり「千年」の期間は将来の時代ではなく，キリストの復活と再臨の間の「教会の時代」の全期間において千年間のキリストの支配はすでに実現していると理解する．それに対して「千年王国後再臨説」は，「教会の時代」の中で神の国は徐々に進展し，その中で長期間の「千年期」とよばれる「義と平和の黄金時代」が出現すると考える．この「千年王国後再臨説」の内容については以下の論述でさらに詳細に述べる．

Ⅳ．一般的終末論　205

　以上のように両者は基本的に同じ枠組みの中にあり，差違も存在するが，時には両者の差は微妙で区別するのが難しい場合さえ起こりうる．このような微妙な差異の中で，両者とも自らの立場を支持する者としてカルヴァンの名を挙げることも起こる．たとえば，「千年王国後再臨説」に立ったピューリタンたち，また後の長老派神学者たちは自分たちが強調するある概念がカルヴァンの表現の中に見出すことができると考えたのである．

(2) 歴史における「千年王国後再臨説」

　歴史的に言えば，すでに言及したように「千年王国後再臨説」を支持すると思われる何人かのピューリタン神学者がいた．それらの神学者の中で，特にトーマス・ブライトマン (Thomas Brightman)，トーマス・グッドウィン (Thomas Goodwin)，ジョン・コットン (John Cotton)，ジョン・オーウェン (John Owen)，ウィリアム・パーキンス (William Perkins) といった人々の名を挙げることができる[323]．1658 年の「サヴォイ宣言」(Savoy Declaration) は「ウェストミンスター信仰告白」を修正した，会衆派の教理と政治に関する最初の宣言であるが，その宣言の第 26 章 5 項には「千年王国後再臨説」を支持すると思われる表現がある．すなわち，「サヴォイ宣言」第 26 章 4 項はローマ教皇を「反キリスト，罪の人，そして，滅びの子である．主はご自分の来臨の輝きをもって，彼を滅ぼすだろう」と述べ，続いて第 26 章 5 項では以下のように宣言している．

> 「……後の日に反キリストが滅ぼされ，ユダヤ人たちが召し出され，主の愛する御子の王国の敵対者たちが砕かれるとき，キリストの諸教会が，光と恵みに自由に豊かにあずかることによって広げられ，建て上げられ，この世において今まで以上に平穏と平和と栄光に満ちた状態を受けることを，かれの約束に従ってわたしたちは期待する[324]」．

　さらに，歴史的概観の項でジョナサン・エドワーズに関連してすでに言及したのであるが，19 世紀後半から 20 世紀初めにかけて「千年王国後再

臨説」は興隆することになる．この興隆は，当時の進化論的思想の影響や福音宣教の飛躍的拡大という事実に対応している．たとえば，バプテスト派のラウシェンブッシュ（Walter Rauschenbush, 1861－1918）に代表される「社会的福音」（Social Gospel）は，人間の努力によって社会的秩序をキリスト教化し，社会悪を取り除き，理想社会を実現するという運動であった．この意味においてラウシェンブッシュは「われわれは，至福千年的希望の回復を必要としている」と主張する[325]．社会的福音に賛同した人々のほとんどは「千年王国後再臨説」を支持する人々であった．しかし，社会的福音は自由主義神学に立っており，「千年王国後再臨説」に立つ保守的な立場の人たちはそれを拒否し，福音宣教による究極的勝利としての千年至福の到来を期待したのである．

「千年王国後再臨説」に立つ改革派神学者たちには，J. コッツェウス（J. Coccejus），J. H. アルティング（J. H. Alting），C. ヴィトリング（C. Vitring），H. ヴィトシウス（H. Witsius），I. ホールンビーク（I. Hoornbeek），J. クールマン（J. Koelman），W. アブラッケル（W. à Brakel）などの歴史的改革派神学者たち，さらにはC. ホッジ（C. Hodge），A. A. ホッジ（A. A. Hodge），B. B. ウォーフィールド（B. B. Warfield）といったオールド・プリンストン学派の伝統に属する長老派神学者たちがいる．このプリンストン学派の神学者たちの影響で現在も「千年王国後再臨説」に立つ改革派・長老派神学者たちも少なくない．他に，R. L. ダブニー（R. L. Dabney），W. G. T. シェッド（W. G. T. Shedd），J. H. ソーンウエル（J. H. Thornwell）のような米国の保守的長老主義神学者たちも基本的に「千年王国後再臨説」の立場である．バプテストの有力な組織神学者 A. H. ストロング（A. H. Strong），スコットランドの神学者 S. P. フェアバーン（S. P. Fairbairn）もこの立場である[326]．

しかし，20世紀に入ると状況は変化する．第一次世界大戦，第二次世界大戦という大戦の結果，世界は悲惨な状況を経験し，楽観主義的傾向をもつ「千年王国後再臨説」は衰退することになる．しかし，20世紀にお

いてもL. ボエットナー（L. Boettner），J. M. キック（J. M. Kik），I. マーレー（Iain Murry）といった神学者たちは「千年王国後再臨説」の強力な支持者であった．

「千年王国後再臨説」との関連で，20世紀の後半において特に注目すべきは「キリスト教再建主義」（Christian Reconstructionism）を主張する人々であろう．キリスト教再建主義は，R. J. ラッシュドゥニー（R. J. Rushdoony）に代表される立場であり，「神法主義者」（セオノミスト：Theonomists）ともよばれる．再建主義者たちのほとんどは「千年王国後再臨説」を支持するのであるが，その神学的主張については神学的論議の対象になっていることも覚えておく必要がある．「キリスト教再建主義」については後ほど別個に取り挙げることにする．

(3)「千年王国後再臨説」の見解

「千年王国後再臨説」の内容理解についてはこれまでもふれてきたが，この項であらためてまとめておくことにする．この立場の強力な支持者であるL. ボエットナーはこの見解について次のように定義する．

> 「われわれは，最後の事物についての見解としての千年王国後再臨説を次のように定義する．すなわち，神の国は今や福音の宣教によってまた聖霊が個々人の心に救済的に働くことによって世界に拡大されつつある．その結果，世界はキリスト教化され，キリストの再臨は一般的に『千年期』と呼ばれている長期間にわたる義と平和の時代の終わりに起こる．さらに付け加えられるべきことは，キリストの再臨の後に一般的復活，一般的審判，そして天国と地獄への最終的導入がもたらされるということである[327]」．

この定義的叙述に明らかなように，「千年王国後再臨説」に立つ者が待ち望む「千年王国」は，教会の時代であるこの期間にこの世界に福音宣教をとおして今働く聖霊の力によって実現する霊的繁栄の黄金時代なのである．この時代は，かなりの長期間，おそらくは千年間以上の長期間にわ

たって続く．個々人に働く救済的働きが，この世界における社会，経済，政治，文化の改善と向上をもたらす．義と平和の繁栄の状態が，それまでは家族や各個教会といった小さなグループでしか見られなかったが，この黄金の時代では世界を覆う形で実現する．しかし，この事実は，どの人もキリスト者になるとか，罪がすべて取り除かれることを意味していない．この黄金時代においてあらゆる形態の悪は取るにたりないほどまでに減じることになり，キリスト教的原則が例外なしにルールとなる．真にキリスト教化されたこのような世界，「義と平和の黄金時代」の最後にサタンが解放され（黙示 20：7 - 10），短期間ではあるが悪が限定的に現れ，次いでキリストの再臨が起こるのである[328]．

さらに注意すべきことは，「千年王国後再臨説」の理解では「千年王国前再臨説」や「無千年王国説」の場合のように「大宣教命令」（マタイ 28：18 - 20）は単にすべての民に対する外的な福音の告知にとどまるものではないということである．そうではなく，「大宣教命令」はすべての民が現実にそして有効に福音化され，人々の心と生活が変えられるようになるという約束を意味しているのである．

以上のような「千年王国後再臨説」において，すでにふれたことではあるが確認しておくべき点がある．すなわち，このような福音の勝利という「千年王国後再臨説」に立つ多くの主張者たちは，進化論に基づく発展的歴史観や 19 - 20 世紀初期における自由主義的な「社会的福音」との明確な差違を自覚しているという点である．霊的繁栄の黄金時代は，この世的方法や技術によってではなく，ペンテコステに降った聖霊の力によって福音の宣教という霊的手段をとおして実現されると考えられているのである．「千年王国後再臨説」が堅持するこのような注意深い主張は公平に評価しておくべきであろう．また，このような福音化への確信は，確かに聖徒たちに希望に満ちた生き方を促すことにもなることを認めなければならない．しかし，新約聖書自身は大艱難が起こり，最終的な背教が現出し，反キリストが現れる世の終わりの時まで，悪が力をもって存在し続けるこ

とを証言していることを思い起こさなければならないであろう．聖書は，キリストの再臨の前に悪が取るにたりないほどまでに減じるというような見通しを明らかにしているわけではない．つまり，「千年王国後再臨説」においては，たとえ福音宣教という霊的手段をとおしてであっても，そこに楽観主義的・進化論的発展の思想の残滓が十分清算されないまま残っているのではないかという危惧を拭い去ることはできないのである．

4.【付論】「キリスト教再建主義」(Christian Reconstructionism) の問題

「千年王国後再臨説」との関連で，20世紀の後半において特に注意を払っておかなければならないのは「キリスト教再建主義」(Christian Reconstructionism：以後「再建主義」と略記）の運動である．「千年王国後再臨説」に立つ者がすべて「再建主義者」ではない．一方，「再建主義者」のほとんどは「千年王国後再臨説」の支持者であることは事実である．「再建主義者」あるいは「神法主義者」についてはすでに言及したのであるが，ここでは【付論】として「再建主義」の問題をあらためて取り挙げておきたい[329]．

「再建主義者」として知られているのはすでに名前を挙げたラッシュドゥニーをはじめ，他にグレッグ・バーンセン (Greg Bahnsen)，ゲイリー・ノース (Gary North)，デイヴィド・チルトン (David Chilton)，ケネス・ジェントリー (Kenneth Gentry)，ゲイリー・デマー (Gary DeMar) といった一連の人々である．

「再建主義」は改革派神学の伝統の中から生まれた運動である．特にアブラハム・カイパーや米国ウェストミンスター神学校弁証学教授であったヴァン・ティル (C. Van Til) の主張したキリスト教的有神的人生観・世界観の神学的伝統を継承している．その後の展開の中では改革派・長老派の枠を超えた，超教派的広がりを示す運動になったのであるが，思想的に

は改革派神学を源泉としていることは確かである．この意味において，今日ではこの運動は必ずしも隆盛をきわめているわけではないが，『改革派教義学』としての本書においては神学的に取り扱うことが求められているであろう．

　上述の一連の人々の中で，何といっても代表的な指導者はラッシュドゥニーである．彼は「キリスト教再建主義神学の父」ともよばれている．ラッシュドゥニーは1965年に自身で「カルケドン財団」（Chalcedon Foundation）を設立した．この財団は「キリスト教再建主義のシンク・タンク」と見なされている．「再建主義」の理念は，次のような同財団の設立目的において明らかである．すなわち，この財団は「生のあらゆる領域においてキリスト教の再建のための研究と，出版，その促進に献身するキリスト教教育機関」である．個人や家庭や教会だけではなく，国家や学校や，芸術や科学，法律や経済など，生のあらゆる領域において聖書に従って再建することを目標としているのである[330]．

　このような目標の具体化において，改革派神学においても重視されてきた創世記1章28節に基づく「文化命令〔Cultural Mandate〕」（あるいは「統治命令〔Dominion Mandate〕」）が強調される．この命令を果たすことができる唯一の手段が律法なのである．したがって，律法を取り戻す必要性が根本的な点として要請されることになる．律法を取り戻すとは，無律法主義に陥るのではなく，改革派神学においては律法の「第三用法」として知られている，義とされて救われた者の感謝の生活の規準，すなわち聖霊によって導かれる聖化の歩みの規準としての律法の強調を何よりも意味する．しかし，そのキリスト者の生活の規準である律法を，単に個人の信仰生活，教会的生活を超えて，生のあらゆる領域において適用することを意図している．神の律法に基づく統治をも問うのである．この意味において，律法を取り戻すこと，それによって聖書に基づく社会の再建がめざされることになる．このような理由で「再建主義」は「神法主義」（セオノミー）ともよばれるのである[331]．

「再建主義」の運動は，ヒューマニズムに支配された今日の世界に，特にアメリカ社会に対するキリスト者の挑戦を意味する．20世紀に入り，特にその後半以降にアメリカ社会の多元化と世俗化が急速に促進されたという現実がある．教育の分野においても，国はあらゆる宗教から厳格に分離され，その結果公立学校の宗教活動は制限され，宗教色は一掃されることになった．これによって，アメリカ建国以来の大多数の国民の権利が政府や司法によって侵害されたと受け止められることも起こった．そのように受け止めた人々にとって，これは世俗的人間中心主義の浸透のしるしであった．この世俗主義によって，性の解放が叫ばれ，性倫理が混乱し，家庭崩壊がもたらされ，麻薬や凶悪犯罪が蔓延することにもなったと見なされるのである．

このように理解された，押し寄せる世俗化の波の中で，「再建主義」は，米国の福音主義自身も社会問題への取り組みに欠け，敬虔主義的な個人主義・主観主義に陥り，無律法主義の傾向を強く帯びるものと批判する．したがって，「再建主義」の運動は時代の世俗化に対する挑戦にとどまらず，キリスト教内部においては米国において大きな勢力をもつ福音主義に対する批判でもあった．特に批判の矢が鋭く向けられたのは，「契約期分割主義」すなわち「ディスペンセーション主義」に対してであった．「契約期分割主義」については，後ほどあらためて取り挙げるが，この立場の見解によれば契約期としての「律法の時代」（シナイの律法授与から聖霊降臨まで）と「福音の時代」（聖霊降臨からキリストの再臨まで）はそれぞれ峻別される．両者は相互に排他的であり，「福音の時代」においては，律法は無効なのである．つまり，この「福音の時代」においては無律法主義が機能することになる．さらに，この「福音の時代」においてはこの世はサタンの支配下にあるとし，千年王国においてのみキリストは王であるとする．したがって，現在の「福音の時代」「教会の時代」においては悲観主義に落ち込まざるをえなくなる．この理解では，「再建主義」のいう神の律法に基づく統治，聖書に基づく社会の再建は場所をもたない

ことになるのである.

しかし,「再建主義」のこのような批判の矢は現代のカルヴァン主義にまで向けられる. たとえば, ゲイリー・ノースは, カルヴァンを「セオノミスト」と理解し, 福音主義者だけでなく, 現代のカルヴァン主義者も「人生のさまざまな問題に律法を適用し, その適用のしかたを公に宣教し, 法的に可能な限り, それを実施する責任を負うこと」から逃避し, カルヴァンから後退していると批判するのである[332].

一方, 社会問題との積極的取り組みという観点からすれば, 歴史的には「社会的福音」がめざしたことであった. しかし, すでにふれたように他の「千年王国後再臨説」と同様に,「再建主義」も人間中心主義的な「社会的福音」を断固として排除する.「社会的福音」においては人間の努力によって理想社会の建設が可能であるという理念があるからである.

以上のような「再建主義」の主張は, 改革派神学から見た場合, 彼らのキリスト教的世界観・人生観の大枠を承認できるし, その神学的動機についても一定の評価を与えることができる. しかし, われわれにとって, 大きな問題点は神の律法に基づく統治という点であり, それによる社会の再建についての理解である. なかでも核心的問題は「司法的律法」の評価の問題である.

改革派神学は, 律法の用法として,「ウェストミンスター信仰告白」第19章が明らかにしているように「道徳律法」「司法的律法」「儀式律法」の三つを区別する. 同信仰告白は,「道徳律法」にかんしては「義とされた者も他の者も同様にすべての人々に, それに服従することを, じっさいに永久に義務づけている. ……. じっさいキリストもまた, 福音においてこの義務を決して解消せず, むしろ大いに強化しておられるのである」とする.「儀式律法」にかんしては「今, 新約の下では廃止されている」と語る. さらに, 政治的統一体としてのイスラエルの民に与えられた「司法的律法」にかんしても「その民の国家とともに無効になった. そこで, それらは今, そこに含まれている一般的公正さが要求する以上のことを他の

いかなる民にも義務づけることはない」と断定する.

「再建主義」は司法的律法に関して「一般的公正さ」にとどまるのではなく, 司法的律法の今日的妥当性とその適用を主張する. すなわち, 国家は, 姦淫, 同性愛, レイプ, 両親への反逆, 背教, 偶像礼拝……等々に司法的律法を今日も適用すべきだとする. このような司法的律法の適用によるキリスト教的世界の再建の主張は, キリスト教原理主義に傾くことを避けられないであろう. 結果的には, 宗教的右派の政治的イデオロギーとしての役割を果たさざるをえないと思われる.

5. 「歴史的千年王国前再臨説」(Historical Premillennialism)

(1) 「歴史的千年王国前再臨説」と「契約期分割主義的千年王国前再臨説」との関係

すでに指摘したように「歴史的千年王国前再臨説」と「契約期分割主義的千年王国前再臨説」は「千年王国」の前にキリストが再臨するという点では共通の立場である. しかし, 「千年王国前再臨説」に立つ者すべてが「契約期分割主義的千年王国前再臨説」の支持者ではない. 両者の共通性を確認した上で, 特に「千年王国」理解の決定的な差異のゆえに, それぞれを別個に取り扱うことにする. まず「歴史的千年王国前再臨説」を, 続いて「契約期分割主義的千年王国前再臨説」を扱うことにする.

(2) 歴史における「歴史的千年王国前再臨説」

すでに初期教父における「千年王国説」については歴史的概観においてふれたが, 「千年王国前再臨説」に限定して補足すれば, 2世紀の弁証家の中で殉教者ユスティノスは, キリストの再臨によって地上に義と平和の千年間が始まり, 旧約聖書におけるイスラエルの回復と未来的祝福の預言が満たされると理解した. そこに一定の「千年王国前再臨説」的理解が見られる. この見解は, 他の有力な教父たちにも影響を与え, 特にエイレナ

イオス，ヒッポリトス，ラクタンティウスなどによって支持された．また，「バルナバの手紙」は「千年王国前再臨説」を教えていると考えられてきた[333]．

たとえば，初期キリスト教の「千年王国前再臨説」的理解を最もよく示すものとしてエイレナイオスの思想を挙げることができる．エイレナイオスによれば，現在の世は創造の六日間に対応して六千年間続く．この時代の終わりに，敬虔な者たちの苦難と迫害が激しくなり，その最後には悪の権化が反キリストという者において現れる．彼がその破壊的仕業をなし終え厚顔にも自ら神殿の座に着座した後に，キリストが天的栄光を帯びて現れ，あらゆる敵に勝利する．これに聖徒たちの復活が伴い，地上の神の国が樹立される．この千年続く至福千年の期間は創造の七日目の安息日に対応する．エルサレムは再建され，地は豊かな実りを生み出し，平和と義が広く行き渡る．千年の期間の後に，最後の審判が続き，新しい創造がもたらされる．そこでは，贖われた者たちが神の御前に永遠に生きるのである[334]．

しかし，「千年王国前再臨説」的理解は，これまでも言及してきたのであるがアウグスティヌスの影響下で中世を通じて後退していった．宗教改革の時代も，アウグスティヌスに従い，中世と同様に「千年王国前再臨説」的理解を排除したが，再洗礼派のある人たちによっては熱狂主義的な，極端な形で支持された．この事実は，プロテスタント主流派を「千年王国前再臨説」から遠ざける結果をもたらした．

しかし，「千年王国前再臨説」は，19－20世紀には多くの支持者を得たことについてはすでにふれた．今日の福音主義キリスト教において，特に米国においてはかなり広範な支持を得ている立場である．

(3)「歴史的千年王国前再臨説」の見解

「歴史的千年王国前再臨説」に立つ者の間にも細部ではさまざまな見解の差があるが，共通する主要な主張は，この時代の終わりにキリストが再

臨し，義と平和の千年王国がもたらされるという点である．

「歴史的千年王国前再臨説」によれば，千年王国は徐々に改善されてもたらされるのではない．突然のキリストの「再臨」と「大変動」を伴って「千年王国」は現出する．その際，「契約期分割主義」の場合のようにキリストの再臨を二つの段階では考えない．「歴史的千年王国前再臨説」の場合には再臨はただ1回の出来事であることを覚えておく必要がある．キリストの再臨の直前には全世界への福音の宣教，大艱難，背教と不法，反キリストの出現など，いわゆる時のしるしの出来事が起こる．この意味においては，「歴史的千年王国前再臨説」は，「契約期分割主義」の「艱難期前再臨説」（Pre-tribulationism）とは区別されて，「艱難期後再臨説」（Post-tribulationism）の立場である．

キリストが再臨されるとき，すでに召されていた信仰者は復活し，そのときまだ生きている信仰者は栄光の内に変えられる．両者は空中で主に会うために引き上げられ，その後キリストと共に地上に降る．キリストは，地上に降りて来られた後，反キリストを滅ぼし，反キリストによる過酷な支配は終わる．この時あるいはこれ以前に，その時に生きているユダヤ人たちの大多数は悔い改めてキリストを救い主として信じ，救われる．キリストは千年間（あるいはほぼ千年間）の支配を開始する．目に見える形で全世界を支配する．贖われた民たちもキリストと共に支配する．贖われた民にはユダヤ人と異邦人が含まれる．ユダヤ人と異邦人とは別の群れではなく，唯一の神の民を構成する．

千年王国の時代は新天新地の時代とは区別される．千年王国の時代は最終段階ではない．確かに千年王国の時代は義と平和と繁栄の黄金時代ではある．しかし，そこにはまだ罪と死が存在する．また，この時代の終わり近くに，その間縛られていたサタンが解き放たれ，諸国を惑わすことが起こる．サタンは，不法な諸国をゴグとマゴグの戦いに動員し，聖徒たちの陣営を攻撃させようとする．しかし，不法な諸国のうえに天から火が降り，サタンは「火の池」に投げ込まれる．この千年間が終わった後で，す

でに死んだ不信仰者は復活する．最後の審判がなされ，信仰者は永遠の命に入れられ，不信仰者は永遠に地獄に投げ込まれる．贖われた信仰者たちは悪がすべて取り除かれて新天新地において永遠の生命を得るのである[335]．

以上において明確なように，復活にかんして，「歴史的千年王国前再臨説」においては二度にわたる体の復活が主張されることになる．上述のように，第一の復活はキリストの再臨による千年王国の開始の時，第二の復活は千年王国の終わりの時に起こる．第一の復活は信仰者の復活であり，復活した信仰者たちは千年王国においてキリストと共に地上を統治する．第二の復活は不信仰者の復活であり，それは裁かれるためであり，「第二の死」である地獄への裁きを受けるためである．この主張の根拠は，ヨハネの黙示録20章4－6節の字義的解釈である．一般的にはこのテキストにおける第一の復活は「霊的復活」，第二の復活は「体の復活」と理解される．しかし，「歴史的千年王国前再臨説」においては，4節と5節の「生き返る」について同じ動詞「エゼーサン」（ἔζησαν）が用いられていることを根拠にして同じ種類の復活が意味されているとし，二度にわたる体の復活が主張されるのである[336]．したがって，両者の間には千年という時間的差があることになる．この二度にわたる体の復活についても神学的には議論の対象になる．

「歴史的千年王国前再臨説」の基本姿勢は，字義的解釈を重んじるという点である．しかし，この立場は，すべての聖書の言葉を字義的に解釈するわけではないことも承認している．すなわち，聖書自身が象徴的あるいは比喩的に語っているところはその表現に即して解釈しなければならないことを受け入れるからである．しかし，この点は字義的意味か象徴的意味かの判断の難しさを含むことになる．たとえば，ヨハネの黙示録20章にある千年間の支配をそのまま文字どおりの意味において理解するか否かがただちに問題になる．しかもこの聖書テキストは千年王国の主張の唯一の直接的根拠となる箇所である．注意すべきことは，ヨハネの黙示録は周知のように象徴的表現に溢れている書なのである．

さらに，復活した信仰者と生きたまま栄光の内に変えられた信徒が千年王国においてキリストと共に支配するのであるが，その王国においてはまだ罪と死が存在しているのである．王国のもつこの問題性と支配にあずかる彼らの栄光性とは矛盾しないのであろうか．むしろ，栄光の体は新天新地におけるいのちのありかたを示しているのではないだろうか．さらに第一の復活と第二の復活という二度にわたる復活という理解は本当に聖書的なのであろうか[337]．

6.「契約期分割主義的千年王国前再臨説」（Dispensational Premillennialism）

（1）「古典的契約期分割主義」の見解

　「契約期分割主義的千年王国前再臨説」の歴史にかんしてはすでに歴史的概観の項で十分に言及したのでここでは省き，ただちにこの立場の見解について見ておくことにする．

　その際，問題となるのは「契約期分割主義」の陣営内部でもその見解において必ずしも一枚岩ではないことである．内容的にもきわめて複雑であり，さまざまな立場が存在する．

　大きく分類すれば，歴史的に見て，まずC. I. スコフィールドに代表される「古典的契約期分割主義」（Classical Dispensationalism）の立場，続いてそれを修正した「修正契約期分割主義」（Revised Dispensationalism）の立場，さらには「漸進的契約期分割主義」（Progressive Dispensationalism）の立場などを挙げることができる．したがって，神学的公正さから言うならば，「契約期分割主義」について議論する場合にはどの立場に立っているのか，しかも一つの立場を選択したとしてもその陣営の内部でもさまざまな相違点が存在するのであり，対象を正確に理解した上で議論することが求められるであろう．そうでなければ，議論は錯綜し，混乱に陥ることになる．

本項では，「契約期分割主義」の原点とも言うべき「古典的契約期分割主義」を取り挙げ，その内容を紹介することに叙述を限定したい．「修正契約期分割主義」と「漸進的契約期分割主義」の二つの立場については後ほどふれることにする．

①「ディスペンセーション」という言葉

「契約期分割主義」すなわち「ディスペンセーション主義」における「ディスペンセーション」（Dispensation）とは英語の「エコノミー」（economy）に由来する．さらに遡れば，ギリシア語の「オイコノミア」（οικονομία）に由来する（エフェソ1：10, 3：2，コロサイ1：25）．「オイコノミア」は「家が治められるしかた」「配剤」「管理」などの意味をもつ．この意味において歴史との関連では，「オイコノミア」においては神の人類に対する配剤，管理の歴史が問題となる．

『原スコフィールド引証・註解付き聖書』（Old Scofield Reference Bible）自身が提供する説明では，「ディスペンセーション」とは「人間がその期間において神の御心のある特定の啓示に関して従順が試されるような一つの区分された時代」（同書・創世1：27の註）を意味する．すなわち，神は救いの歴史においていくつかの「契約期」（ディスペンセーション）を区分し，漸進的に御自身の御心を啓示し，それらの「契約期」において神の御心の特定の啓示に対する人間の従順を試される．この点をさらに説明すれば，先行する「契約期」の統治原理と続く「契約期」の統治原理とは同じではない．それぞれの「契約期」において神の御心は変わる．その結果，神は先行する「契約期」の統治原理とは異なるプランに基づいてそれぞれの「契約期」において人間を取り扱い，人間の従順を試験される．しかし，人間はその試験に次々と失敗し，どの「契約期」も裁かれて終わるのである[338]．

②七つの「契約期」（ディスペンセーション）とは何か

以上のような理解を踏まえて、「古典的契約期分割主義」は一般的には神の救いの歴史を七つの「契約期」（ディスペンセーション）に分ける。その七つの契約期とその内容は以下のとおりである[339]。

1. 「無罪時代」（創世1：1－3：7）——天地創造からアダムとエバが園から追放されるまでの時代。

    人間は「無罪」（innocence）の状態で祝福のうちに創造された。一つの禁止事項を破ることだけが警告されたが、人間はそれを破り、霊的な死、罪の知識、神との交わりの喪失がもたらされた。

2. 「良心時代」（創世3：8－8：22）——堕落から洪水前までの時代。

    「良心」（conscience）とは善悪の知識のことである。この時代は、不従順によって善悪を知るようになった人間が、自分の良心に従い、自分に与えられた知識によって生きるように求められた時代。しかし、人間の邪悪さが極まり、洪水によって滅ぼされることになる。

3. 「地上統治時代」（創世9：1－11：32）——洪水後からアブラハムの召命前までの時代。

    この時代に死刑制度が神によって定められた。これは「人間による統治」（human government）が始まったことを意味する。しかし、人間が神の権威に抗してバベルの塔を建設したことによって、人間の言語が混乱させられ、人間の文明は散り散りにされた。

4. 「契約時代」（創世12：1－出エジプト19：25）——アブラハムの召命からモーセ律法が賦与されるまでの時代。

    この「契約期」はアブラハムの契約の下にあるイスラエルだけのものである。イスラエルはアブラハムに与えられた神の「約束」（promise）を信じる責任を負う。しかし、この時代においても神の指示に従って歩むことはできず、イスラエルはエジプトで奴隷となった。

5. 「律法時代」（出エジプト 20：1－使徒 2：4）──モーセに律法が賦与された時からペンテコステまでの時代.

　　この時代にはイスラエルは「律法」(law) に支配された．神の祝福はイスラエルの民の律法に対する服従を条件とした．しかし，イスラエルの民は律法を破り，偶像礼拝をし，その結果イスラエル王国は二つに分裂し，それぞれ捕囚を味わうことになった．さらに，イスラエルはメシアとして来られたキリストを拒み，神の裁きを招き，その結果エルサレムは崩壊し，全世界へと離散することになった．

6. 「恩恵時代」（使徒 2：4－黙示 20：3）──キリストの死と復活からはじまって，現在も継続中であり，「携挙」(rapture　Ⅰテサロニケ 4：16－17) の時までの時代.

　　「恩恵時代」すなわち「福音の時代」において人間に課せられた責任は，キリストを受け入れ，聖霊に導かれて歩むことである．この時代は，救いは信仰によることが以前のどの時代よりも明確に示された．また，この時代は「教会の時代」であって，ユダヤ人と異邦人の中から一つの民に召し出される．この教会によって神は御自分の目的を遂行される．しかし，ダビデ的王国は旧約聖書で約束されていたのであるが，教会はそのような国ではない．この意味において，約束はまだ成就されておらず，神の計画は進展していない．約束の成就としての王国の樹立はキリストの再臨まで延期されたのである．それまでの間にいわば「括弧」を構成する形で「恵みの時代」は挿入されたのである．この時代は教会の背教（Ⅱテモテ 3：1－8）と艱難の時代の裁きで終わる．

7. 「キリスト統治時代」（黙示 20：4－6）──キリストの再臨からキリストの地上支配の終わりまで.

　　「キリスト統治時代」とは文字どおり「千年」にわたる「千年王国」の時代である．この「千年王国」の時代において，旧約聖書で

ダビデに約束された王国は成就し，実現する．ここで意味されている「千年王国」については以下の項で取り扱う．

③「古典的契約期分割主義」における「千年王国」理解

上述のように，キリストの再臨において「千年王国」は樹立される．しかし，「古典的契約期分割主義」の場合にはキリストの再臨については独特の理解がある．

キリストの再臨は二つの段階で起こる．その二つの段階の間に七年の期間がある．キリストの再臨の第一段階は，キリストが「来臨」(parousia パルーシア) し，聖徒たちに会うために空中に現れるという形で起こる．この意味において，これを「空中再臨」とよぶ場合もある．この時，すでに召されていたすべての真の信仰者たちの復活が起こる．この復活の後で，その時生きているユダヤ人も異邦人も含む信仰者たちはただちに栄光の姿に変えられる．復活した信仰者たちと生きたまま変貌を遂げた信仰者たちは空中に降りて来られる主と出会うために雲の中に引き挙げられる．信仰者たちのこの体は「教会」とよばれ，今や小羊とともに天に挙げられ，七年間にわたって「小羊の婚宴」を祝うのである．これがテサロニケの信徒への手紙一4章16－17節に基づいて教えられる「携挙」(rapture) である．この「携挙」は，信仰者以外には知られないという意味で「秘密携挙」(secret rapture) ともよばれる．

上記の七年間，キリストと彼の教会は地から離れ天にとどまる．その間，地上ではいくつかの出来事が起こる．七年間は「艱難」の時代である．この「艱難」の時代に，教会は引き挙げられているので，地上を襲う艱難には遭わない．艱難の時代の後半には，ダニエル書9章27節が語るいわゆる「大艱難」(great tribulation) の時がくる．反キリストが残酷な統治を開始し，自分を神として礼拝することを要求する．恐るべき裁きが地の民に降りかかる．「大艱難」の期間に，イスラエルの残りの者が救い主であるキリストのもとに立ち帰る（黙示7：3－8）．このイスラエルの

残りの者が「御国の福音」を宣べ伝え始める．御国の福音の中核的内容は到来するダビデ王国の樹立である．しかし，それは十字架の使信と信仰と悔い改めの必要性を含むものである．このイスラエルの残りの者による証言をとおして異邦人の数え切れない大群衆が救いに導かれる（黙示7：9）．地の王たちと獣の軍隊と偽りの預言者が集まり，ハルマゲドンの戦いで神の民を攻撃する[340]．

このような「艱難期」の理解において，「歴史的千年王国前再臨説」の項ですでに言及したように「歴史的千年王国前再臨説」は「艱難期後再臨説」（Post-tribulationism）の立場であった．それに対して，「古典的契約期分割主義」は「千年王国前再臨説」の立場ではあるが，上述の第一段階の「来臨」（パルーシア）の意味における「艱難期前再臨説」（Pre-tribulationism）の立場である．しかし，その後の「契約期分割主義」の展開の中では，陣営内部において「艱難期前再臨説」の立場の他に，教会は「艱難期」の途上で「携挙」されるとする「艱難期中再臨説」（Mid-tribulatinism）や「艱難期」の終わりで「携挙」が起こると考える「艱難期後再臨説」（Post-tribulationism）などの立場も登場している[341]．

キリストの再臨の第二の段階は，上記の七年間の「艱難期」が終わると，キリストが教会を伴って栄光の内に来臨されることによってもたらされる．キリストは地に降られ，御自分の敵を滅ぼされ，ハルマゲドンの戦いは終わる．この再臨の第二段階は，第一段階の「来臨」（パルーシア）とは区別されて，「顕現」（Revelation　リベレーション）とよばれる．あるいは第一段階のそれを「空中再臨」とよび，第二段階のこれを「地上再臨」とよぶ場合もある．この時キリストは降って来られるのであるが，第一段階の「来臨」は"聖徒たちのために"（"for" his saints），すなわち"教会を迎えるために"であったのに対して，第二段階の「顕現」は"聖徒たちと共に"（"with" his saints）である．

この「顕現」によって延期されていたダビデに約束されていた王国が実現する．ユダヤ人の地上的な王国であり，国家としてのイスラエルがパレ

スチナに再建されることを意味する.「千年間」とは文字どおりの期間である. キリストはエルサレムで玉座に着き, このユダヤ人たちの王国を支配される. 千年間の統治において, 礼拝はエルサレムで再建された神殿を中心に行われる. そこでは再び動物の犠牲もささげられる. しかし, それは償いのための犠牲ではなく, われわれのためのキリストの贖いの死を想起し, 記念する犠牲である. この千年期は繁栄の時であり, 平和が実現する黄金の時代である. 地は神の知識で満たされる.

　復活した聖徒たちは天のエルサレムに住む（黙示21：1－22：5）. 千年間の統治の間, この天上のエルサレムは空中にあり, 地上にその光が注がれる. 復活した聖徒たちは, ある役割においてキリストの統治に参与するのである（マタイ19：28, Ⅰコリント6：2, 黙示20：6）. 聖徒たちが, キリストの再臨（「顕現」）において, キリストが"聖徒たちと共に"（"with" his saints）降りて来るのはこの役割を果たすためと思われる.

　千年王国は繁栄と平和の黄金時代ではあるが, そこに住む者たちは通常の人間である. したがって, 結婚もし, 子どもも誕生し, そして死も経験する. これらの子どもたちの多くは真の信仰者になる. 真の信仰者でない者たちは千年の終わりにサタンに集められる. サタンは,「聖徒たちの陣営」を惑わすために牢から解放されるのである. しかし, この最後の反抗はキリストによって完全に鎮圧される. 神の敵は滅ぼされ, サタンは火の池に投げ込まれるのである.

　千年間が終わった後で, すでに死んでいたすべての不信仰者たちが復活させられ, 白い大きな玉座の前で裁かれる. 彼らの名は, 命の書に記されていないので, 火の池に投げ込まれる. これが第二の死である.

　こうして最後の段階がくる. 神は新しい天と新しい地を創造される. すべての罪と咎とは取り去られる. 復活した聖徒たちの住む天のエルサレムは新しい地に降りて来る. そこで神と御自身の民とが完全な祝福のうちに共に住む. 新しい地においては, 神の民を一つにされる. しかし, 贖われたユダヤ人と贖われた異邦人との間には完全で永遠の区別が残されるので

ある[342].

　④「古典的契約期分割主義」の問題点

　以上のような「古典的契約期分割主義」の主張はさまざまな問題点をはらむ．以下のような問題点を指摘できるであろう[343]．

1. 字句拘泥主義的な極端な字義的解釈の問題性．とりわけ旧約預言の解釈においてこの問題性の深刻さは露呈する．
2. 七つの契約期の問題性．契約期分割主義の陣営の中でも契約期の区分や契約期の数は必ずしも同じではないという点．この点は契約期の区分や数の根拠が明確ではなく，恣意的になっていることを示唆している．
3. 「古典的契約期分割主義」において一般的には七つの契約期があり，各々の契約期において神の御心の特定の啓示に対する人間の従順が試される．それぞれ「契約期」の統治原理は異なり，それぞれの「契約期」において神の御心は変わる．そこでは聖書の啓示の根本的統一性が正当に扱われることはない．この点に問題性がある．聖書の語る恵みの契約は旧新約聖書を貫いて一つだからである．
4. 神はイスラエルと教会のために別個の目的をもっておられ，両者の間には根本的で永久的な区別が存在するという問題性．旧約聖書のイスラエルに対する約束はどこまでも成就されなければならない．その成就のプロセスの中で，成就が延期された期間として挿入された「恵みの時代」の中に「教会」は位置する．この理解は聖書にはない．また，聖書の理解では「イスラエル」と「教会」とは霊的には一つの神の民である．
5. 約束の地におけるイスラエルの千年王国的回復の主張の問題性．その王国におけるエルサレム神殿再建，動物犠牲の奉献まで聖書は本当に教えているのであろうか．
6. 「律法の時代」と「恵みの時代」とは対立的にとらえられており，

「再建主義」が批判するように「恵みの時代」において律法は効力を失い，無律法主義をもたらすことになる．

(2)「修正契約期分割主義」と「漸進的契約期分割主義」について

「古典的契約期分割主義」(Classical Dispensationalism) の見解を概観してきたのであるが，すでに指摘したようにこの古典的見解の他に，その後「修正契約期分割主義」(Revised Dispensationalism)，さらには「漸進的契約期分割主義」(Progressive Dispensationalism) などが登場してくる．現在の「契約期分割主義」の状況を知るために，古典的タイプ以外の二つのタイプについてもふれておくことが求められているであろう[344]．

「古典的契約期分割主義」には，上述のように聖書の歴史を七つに分断する理解が存在する．この点に関して，恵みの契約の歴史的展開における統一性を主張する契約神学の立場から批判が向けられ，時には感情的論争にさえなった．そのような外部からの批判に対する応答と論戦の中で，1950年ごろから1970年代にかけて「修正契約期分割主義」(Revised Dispensationalism) が登場したのである．この立場の代表的神学者は，C. ライリー (C. Ryrie) や J. ウオルバード (J. Walvoord) である．「修正契約期分割主義」の立場は，「古典的契約期分割主義」が示す七つの時代区分を絶対視しない．さらに，「古典的契約期分割主義」のディスペンセーション理解における時代的区分の時間的要素を重視せず，むしろ時間的要素を弱め，神の人類統治方式の面を強調したのである．しかし，「修正契約期分割主義」の場合には「古典的契約期分割主義」の「修正」であって，両者の神学的立場の本質的連続性は明確に保持されたのである．たとえば，教会はあくまで旧約聖書の啓示の対象外なのである．教会は，旧約聖書が預言した王国とは関係がない．この王国は教会時代の後に実現するのである．このような理解において「古典的契約期分割主義」の「教会挿入説」や「王国延期説」は維持されているのである．

続いて，ライリーたちの立場をさらに修正する必要性を主張する人たち

が現れ，1980年代から1990年代にかけて「漸進的契約期分割主義」（Progressive Dispensationalism）の立場が登場してきた．この立場の代表的神学者としてD. L. ボック（D. L. Bock），C. A. ブレイジング（C. A. Blasing）などの名を挙げることができる．「漸進的契約期分割主義」が「古典的契約期分割主義」や「修正契約期分割主義」と大きく変わる点は，その名が示すように，救いの歴史における各契約期の分断と差別性よりも，漸進的発展性と連続した一貫性を強調する事実にある．この漸進的発展性と一貫性は，救いの歴史における一つの神の国のプログラムと目的の承認と結びつくことになる．アブラハム契約，モーセ契約，ダビデ契約，預言者が語った「新しい契約」は新約の教会において部分的に成就したと理解するのである．このような理解においては，従来の「契約期分割主義」の主張，すなわち救いの歴史における二つの民，二つの目的の間の厳格な分離という主張は否定されることになる．ユダヤ人と異邦人からなる一つの民，一つの救いのプログラムの主張である．神の目的はキリストにある唯一の救いをもたらすことと理解される[345]．このような「漸進主義的契約期分割主義」は「古典的契約期分割主義」や「修正契約期分割主義」との関係において，もはや「修正」の枠組みにはおさまらず，本質的に違った神学的立場に立ったことを意味するであろう．その結果，この立場は「歴史的千年王国前再臨説」の見解に立ち戻ったと判断されることも起こったのである[346]．

C. キリストの再臨

1. 救済の歴史的事実としてのキリストの再臨

第一に確認しておきたい点は，救済の歴史的事実としてのキリストの再臨の重要性という点である．「使徒信条」の第二項の告白との関係では，

「過去」における受肉，苦難，十字架の死，復活，昇天の事実性，「現在」における着座の事実性，「将来」における再臨の事実性，これらの事実性は一体的である．「低い状態」において成し遂げられたキリストの御業は，「高い状態」において，復活し，昇天し，着座されたキリスト御自身によって神の国の終末的完成に向かって継続的に担われ，聖霊によって現実化され続ける．すなわち「低い状態」と「高い状態」における仲保者キリストの救いの業全体は，「高い状態」の最終段階としての再臨によって完成にもたらされるのである．このように考えると，キリストの再臨が救済の歴史的事実として告白されないところでは，それ以前のキリストの救済の歴史的諸事実は空虚と化し，意味を失うことが明確になるであろう．救済の歴史的事実として再臨が告白されるところでのみ，キリストによる救済の諸事実はその確かな目標に到達するのである．この意味において，キリスト論と終末論とは密接な関係性の中にあるといえる．キリスト論は終末論の基礎であるが，同時にキリスト論は終末論において完結する．

　このような重大性をもつキリストの再臨の歴史的事実性であるが，今日の神学においてはその事実性は必ずしも明瞭に告白されているわけではない．すでに終末論の諸類型について論及した際に紹介したことであるが，現在的終末論の神学者たちにとってキリストの将来的来臨の歴史的事実性は問題にならない．たとえば，「非神話化論」に立つ R．ブルトマンにとって，キリストの復活の歴史的事実性の否定は当然のことであったが，キリストの栄光に満ちた再臨や最後の審判の歴史的事実性は復活以上に認めがたく，神話的なものにすぎない．また，「実現された終末論」の C. H. ドッドにとっても，終末はすでに現実化されたのであって，未来的なキリストの来臨は考えられないことであった．さらに，K．バルトにとっても，キリストの来臨とは，「一切は，すでに生起したのである．ただ，問題は覆いが取り除かれて，すべての者がそれを見うるということ」，この点で「現に存在するものの啓示」を意味するにすぎなかった．それは将来ではあるが，「再び歴史の転換というようなものが，もたらされるのでは

ない」のである[347]．これは復活においてキリストが弟子たちに現れたのと同様な事態であり，終末における「救いの歴史における新しい転換」をもたらすものとは異なる．この意味においては，未来性におけるキリストの再臨の歴史的事実性を聖書的な意味で語ることはできなくなるのである[348]．

　次に確認しておきたい点は，この再臨の歴史的事実性に関連して，キリストの再臨の出来事の"歴史的一回性"という点である．「契約期分割主義」（ディスペンセーション主義）のようなタイプの千年王国前再臨説は，「聖徒のために来る秘密の再臨」としての「携挙」（the rapture）と「聖徒と共に来る公の再臨」としての「顕現」を教える．すでに言及したように，前者は「空中再臨」ともよばれ，秘密であって教会以外の人には知られない．後者は「地上再臨」ともよばれ，人目につき，栄光に富み，世界中の人々が認める出来事である[349]．このような二種類の再臨が主張される．しかし，このような二段階における二種類の再臨の見解は聖書を根拠にして主張することはできない[350]．歴史的事実としてのキリストの再臨はただ一回の出来事なのである．

2.「第一の来臨」と「第二の来臨」との関係

　われわれはキリストの「再臨」という言葉を使用するのであるが，このことはただちにキリストの「初臨」を想起させる．「ニカイア・コンスタンティノポリス信条」は，キリストは「われわれ人間のため，われわれの救いのため，天から下り，……，生者と死者とを裁くために栄光を帯びて再び来るであろう」と語る[351]．ここに明らかなように，同一のキリストの「初臨」そして「再臨」なのであり，両者の関係は密接不可分であるが，同時に両者の区別性も明らかである[352]．

　キリストの「初臨」は，上記の信条が語るように「われわれ人間のため，われわれの救いのために，天から下られた」ことを意味する．キリストは，神と等しい者であられたにもかかわらず，僕の身分となり（フィリ

ピ2：6-11），律法のもとに生まれ（ガラテヤ4：4），死に至るまで従順を尽くされ，多くの人の罪を背負ってただ一度御自分を献げられたのである（ヘブライ9：28）．テトスの言葉によれば，それは「すべての人々に救いをもたらす神の恵みが現れ」たことを意味し（テトス2：11），「キリストがわたしたちのために御自身を献げられたのは，わたしたちをあらゆる不法から贖い出し，良い行いに熱心な民を御自分のものとして清めるためだった」のである（同2：14）．

「初臨」との対照において，キリストの「再臨」は，上記の信条が語るように「生者と死者とを裁くために栄光を帯びて再び来る」ことを意味する．ヘブライ人への手紙によれば，「再臨」においては，多くの人の罪を負うために十字架に死なれたその方が，「二度目には罪を負うためではなく，御自分を待望している人たちに，救いをもたらすために現れてくださる」（ヘブライ9：28）のである．つまり，キリストの「低い状態」の最初の段階としての「初臨」は救いをもたらすために天から低く下られたことを意味し，十字架の贖いの業を成し遂げて救いの土台を据えられたのに対して，「高い状態」の最終段階としての「再臨」は高く挙げられた方がその救いの業の究極的完成のために栄光のうちに再び来られることを意味する．したがって，われわれにとって「再臨」は，「祝福に満ちた希望，すなわち偉大なる神であり，わたしたちの救い主であるイエス・キリストの栄光の現れを待ち望む」（テトス2：13）ことになる．

以上のようにキリストの「初臨」と「再臨」との関係性と区別性を理解することができるであろう．

3．キリストの再臨の諸要素

(1) 突然の来臨

新約聖書の示すところによれば，キリストの来臨は，盗人が来るように予期せぬ形で突然に起こる（マタイ24：43-44，Ⅰテサロニケ5：1-

3, Ⅱペトロ3：10). しかし, その時と時期がわからないという意味において主の来臨はすべての人にとって突然のことではあるが, すべての人にとって"思いがけない"ことではない. 花婿を待つ花嫁にとって花婿の到来は予期できることであり, 用意のできている花嫁にとってはいつ花婿が到来してもそれは決して"思いがけない"ことではない (マタイ25：1-14). 重要なことは, 目を覚まして備えて待つことである.

(2) 肉体的・可見的来臨

使徒言行録1章11節は次のように語る.「あなたがたから離れて天に上げられたイエスは, 天に行かれるのをあなたがたが見たのと同じ有様で, またおいでになる」(他に, 黙示1：7). 十字架と復活のキリストは, 復活の体をもって目に見える形で昇天されたように, 再臨においてもその同じキリストが復活の体をもって目に見える形で来臨されるのである.

キリストの復活の体による可見的来臨は, 上にすでに指摘した再臨の歴史的事実性と一体的関係にある. すなわち, それは, 十字架と復活の歴史的事実性, 昇天の歴史的事実性と関連して, 復活のキリストが挙げられた天から可見的に歴史の中へ来臨するのであって, 再臨の歴史的事実性と結びついているのである. これはキリスト教信仰の歴史的性格を考える場合にきわめて重要な意味をもつ.

キリストの来臨の可見性との関連で今ひとつの問題がある.「昇天」と「再臨」との「時の間」におけるキリストの臨在の問題である. すなわち, キリストは昇天されて以来, 地上においては不在であったのであり, 「再臨」において再び地上に可見的に到来されて, 今までの不在状況がはじめて解消されるに至ったというような事態なのか, という問いである.

この関連で,「再臨」を言い表す言葉として聖書では「来臨」(παρουσία：パルーシア, Ⅱテサロニケ2：8), あるいは「現れ」(ἀποκάλυψις：アポカリュプシス, Ⅰペトロ1：7, ἐπιφάνεια：エピファネイア, Ⅰテモテ6：14) という言葉が用いられる点に注目したい. 強調点

において，「パルーシア」は「訪れ，到来」の側面が，それに対して「アポカリュプシス」「エピファネイア」は「現れ，顕現」という側面，すなわちキリストの到来の"目に見える"側面が強調されている．後者の側面が，われわれの当該問題に関連して重要な意味をもつであろう．

後者の側面，すなわち「現れ，顕現」という言葉でわれわれが理解することは，今まで隠されていたものが，ヴェールが取り除かれて顕わになるという事態である．昇天の後，神の右に着座されたキリストは地上において不在であったのではない．キリストはいつまでも弟子たちと共にいると約束され（マタイ28：20），事実挙げられたキリストはもう一人の助け主である聖霊を遣わし，聖霊において御自分の教会と共にまたその中に臨在される（ヨハネ14：18，黙示2：1）．彼は，御言葉の説教と聖礼典をとおして聖霊において教会に御自分の臨在を示されるのである．この意味においてキリストと御自分の教会との交わりは再臨までの「時の間」においても存在しているのである．しかし，これは，目に見えない，"隠れた様式におけるキリストの臨在"なのである．

「時の間」における不可視的な隠れた様式におけるキリストの臨在，すなわち聖霊による臨在は，再臨における栄光に満ちた可視的な臨在の保証であって，将来におけるその臨在はすでに始まっているのである．つまり，不可視的な隠れた様式におけるキリストの臨在を，彼の"目に見える"来臨によって教会は可視的な様式において知るに至るのである．この意味において，私たちの目には隠されていたキリストの存在が顕わになる．それは彼の存在だけではなく，同時に彼の支配と救いの業もまた顕わになることを意味する[353]．

再臨においてキリストの支配と救いの業も顕わになるのであるが，そこに一つの問いも浮かび上がってくる．K. バルトは，すでに指摘したように，再臨において「一切は，すでに生起したのである．ただ，問題は覆いが取り除かれて，すべての者がそれを見うるということ」と主張する．したがって，彼にとっては，将来は「再び歴史の転換というようなものが，

もたらされるのではない」のである．この主張は正当であろうか．

確かに，われわれも再臨において隠されていたものが顕わになることが問題となることを承認する．しかし，再臨ははたして単なる「覆いの取り除き」を意味するだけなのであろうか．挙げられたキリストは聖霊を通して神の国を歴史の中で展開しておられるのである．顕わになる場合でさえも，「すでに起こったこと」の単なる顕示ではなく，聖霊による多様な変化を含んだ歴史的展開とその果実が顕わになるのである．しかも，顕わにされた現実は，歴史の中のそれと単純な意味における同一ではない．力と栄光において来臨するキリストは，"カタストローフを伴った大変革"をとおして（マタイ 24：29，ルカ 21：25），歴史を審判し，歴史における神の国の現実を破棄することなく，その連続線を維持しつつ，同時に非連続における新しい次元において栄光の神の国として完成されるのである．この意味における非連続における連続の問題は，新天新地の問題を扱う際にあらためて議論することになる．いずれにせよ，この意味においてキリストの再臨によってもたらされる終末において，単なる「覆いの取り除き」にとどまらず，根源的な変革を伴う歴史の新しい転換がもたらされるのである．

(3) 栄光ある勝利の主としてのキリストの再臨

キリストは，再臨において，「主イエスが力強い天使たちを率いて天から来られる」（Ⅱテサロニケ 1：7）とあるとおり，大いなる力と栄光を帯びて来られる．合図の号令と大天使の声と神のラッパの鳴り響くうちに（Ⅰテサロニケ 4：16），王の王，主の主として（Ⅰテモテ 6：15），義をもってこの世界を裁くために，来られる．キリストは，その時，サタンと悪しき力を完全に打ち滅ぼし，すべての敵を御自分の足の下におかれるのである（Ⅰコリント 15：25）．

4.【付論】「中間時」の隠れたキリストの臨在と「再臨時」のキリストの可見的顕現との関係 ―― 聖餐との関連において ――

われわれは，上述の3−(2)においてキリストの再臨に関する「肉体的・可見的来臨」について扱った．その議論の中で「中間時における隠れたキリストの臨在」と「再臨時におけるキリストの顕現」とを繋ぐ問題に関連して御言葉の説教と聖礼典のもつ意味について言及した．この【付論】においては当該の問題を特に聖餐の礼典との関連に焦点を絞って少しく考察を加えておきたい．この点は，終末の再臨時におけるキリストの顕現への期待の強度，終末的意識の強度の問題と深く関係してくる．

(1) ローマ・カトリックのミサ理解と終末意識

まずローマ・カトリックの場合を取り挙げる．ローマ・カトリックのミサ理解においては「実体変化説」に基づき，肉と血における「キリスト全体」("トートス・クリストス"，Totus Christus)の実体的臨在が主張される．しかし，この場合，終末論的な観点からは一つの問いが提出されることになる．「中間時」においてすでに肉と血におけるキリストの実体的臨在が現出しているのであれば，終末の再臨時の肉におけるキリストの顕現，目に見える彼の現れへの期待は相対的に弱体化されないだろうかという問いである．ローマ・カトリックも，もちろん再臨におけるキリストの顕現を信じる．しかし，ここで神学的に問題にしているのは，このようなミサにおけるキリストの臨在の実体的理解は，それがキリストの受肉の継続としてのローマ・カトリックの教会理解と一体的に結びついており，再臨時のキリストの可見的顕現への期待の弱体化を伴い，非終末論化への方向をもたらさないだろうかという疑義である．この点で，A. ハルナックがかつてカトリシズムの中に非終末論化の危険性を見出した事実には真理契機が存在するのではないだろうか[354]．

(2) ルター派の聖餐理解と終末意識

　ルター派の場合は,「共在説」に立つ聖餐理解において,ローマ・カトリックの「実体変化説」とは異なる. しかし, 神学的観点から言えば, ローマ・カトリックと通底する非終末論化の芽を潜めているように思われる. ルター派の聖餐論においても, 受肉の神学が機能し,「共在説」によってキリストの体のトータルな実体的現臨が主張される. すなわち, ローマ・カトリックの「実体変化説」とは異なるが, キリストの肉と血がパンとぶどう酒の品々の中に, それらの下に, それらとともに現実に存在すると主張される. このような実体的な意味における「キリストの臨在」を語るとき, キリストの属性, すなわち神性についてのみならず, 人性についても「遍在性」(ubiquitas) を語ることになる. このために, キリスト論における「属性の交流」(コムュニカティオ・イディオマートム) も主張されることになる. すなわち, 神性と人性との属性交流によって, 人性も神的属性を帯び, 至るところで人性も"遍在"することができるのである. このような受肉を軸とした聖餐における「キリストの臨在」の主張は, 神秘主義的方向を導き出すことはあっても, 歴史的ダイナミズムを生み出すことは困難である. 受肉論を軸としたキリストの体のトータルな実体的臨在が主張されるならば, カトリシズムの場合と同様に, 終末時の肉におけるキリストの顕現への期待は相対的にやはり弱体化せざるをえないからである.

(3) 改革派の聖餐理解と終末意識

　一方, 改革派の場合は, 基本的にカルヴァンの理解を継承する. カルヴァンの場合には, 聖餐論において"挙げられたキリスト"が強調される. カルヴァンにとってあくまでキリストの体は天にあるのであり, 聖餐においてはその"挙げられたキリスト"が現臨され, しかもそれはあくまで聖霊における現臨である. この意味において, 聖餐論は一貫して聖霊論

の枠組みにおいて把握される．聖餐論におけるカルヴァンの貢献は，ローマ・カトリックやルター派が受肉論の枠組みで聖餐論を展開したのに対し，聖霊論の枠組みで聖餐論を理解した点にある．この点に，カルヴァンの「神学的パースペクティブの新しさ」がある．しかし，重要なことは，聖霊において現臨されるのはやはり挙げられた二性一人格のキリストだという事実である．ルター派が主張したと同じように，確かにここでも「キリスト全体」(Totus Christus)の現臨が問題となっている[355]．しかし，聖霊というしかたにおけるリアルで客観的な現臨である．このような"挙げられたキリスト"の現臨の様式は，受肉の現臨の様式と同じではなく，〈新しい救済史的な様式〉なのである．ルター派の場合のように受肉を軸とした「キリストのみ」(Solus Christus)と「キリスト全体」(Totus Christus)ではなく，挙げられたキリストを軸とした「キリストのみ」(Solus Christus)と「キリスト全体」(Totus Christus)への転換がここでは起こっているのである．この点にカルヴァンの聖餐理解の根本的特色がある．

　この聖餐理解で注意すべきことは，挙げられたキリストは天にあり，われわれは地にあることによって，そこには明確な〈距離〉の感覚が存在することである．「中間時」における天にあるキリストはあくまで"隠された存在"であり，地上との〈距離〉の感覚が存在する．聖餐において，この〈距離〉の感覚は，「キリストとの結合」を介して，「天上の隠れたキリスト」は聖霊において臨在する事実において克服される．その際，重要なのは，この〈距離〉の感覚が歴史感覚を成立させる上で決定的役割を果たすという点である．この場合の〈距離〉の感覚は，一方では天上の隠れたキリストを仰ぐ〈上へ〉の信仰的目線と，他方では同時的にその「隠されたキリスト」の肉体的・可見的顕現としての再臨を待ち望む〈前へ〉の信仰的目線との一体化をもたらし，「上から前へ」の終末に向けてのダイナミックな歴史意識を生み出すからである．この意味において，改革派の場合は，すでに今聖霊において臨在するキリストとその恵みを味わいつつ，同時にやがて来られる再臨のキリストの顕現への期待を伴った終末的意識

の涵養の場として聖餐式が決定的意味をもつのである[356]。

　以上のように，中間時としての現在における「挙げられ，隠されたキリスト」と再臨時の「キリストの肉体的・可視的顕現」への終末的希望との関係が最も具体的に現実化される場は聖餐にこそ求められるのである．換言すれば，聖餐理解のうちにそれぞれの終末理解が凝縮して表現されているとも言えるのである．

5. 再臨の遅延の問題とキリストを待ち望む姿勢

　再臨の時の問題にかんしては，「時のしるし」をめぐる議論においてすでに取り扱った．そのところでも確認したように，また主イエス御自身は「その日，その時は，だれも知らない．天使たちも子も知らない．父だけがご存じである」（マルコ 13：32，参照，マタイ 24：36，25：13）と語られた．再臨の時のタイムテーブルを作成することはできないのである．キリストの再臨は予期しない時に起こる．したがって，神の民に求められることは霊的に目を覚まして主がいつ来られても良いように備えることである（マルコ 13：33－37，ルカ 12：35－40）．パウロも同様である．周知のテサロニケの信徒への手紙一 5 章において予期せぬ再臨について「兄弟たち，その時と時期についてあなたがたには書き記す必要はありません．盗人が夜やって来るように，主の日は来るということを，あなたがた自身よく知っているからです」（5：1－2）と語っている．それと同時に「ほかの人々のように眠っていないで，目を覚まし，身を慎んでいましょう」（5：6，他に 5：8）とも勧告する．再臨を待ち望む神の民の姿勢は明確である．

　この再臨の問題と関連して問われてくる神学的課題として，キリストの来臨の「速やかさ」と「遅さ」の問題がある．聖書は，一方ではキリストが"速やかに"訪れることについて語っている（Ⅰコリント 7：29，ローマ 13：11，16：20，ヘブライ 10：37，ヤコブ 5：8－9，Ⅰペトロ 4：7，

黙示 22：20)．

　しかし，他方ではキリストの再臨が"遅れている"というような印象を与える箇所もある（ルカ 12：45，マタイ 25：5)．しかし，再臨の時が遅れるとか，約束が実現しないままであるということはありえない．一切を御手のうちに支配しておられる高挙のキリストは，未だ来ない未来ではなく，将（まさ）に来たりつつあるお方，その意味で近くにあって戸口に立ち，戸をたたき続けておられるお方である（黙示 3：20)．さらに，われわれは，霊の初穂をすでに味わっており，それゆえ将来においてわれわれのために備えられているものを享受することをますます熱く求めるのである．このような信仰者の期待においては，キリストの再臨は常に近いのである[357]．

　上に述べたように，われわれにとって再臨が"遅れる"というようなことはありえないのである．一般的には再臨の遅延問題は神学的に議論の対象になっている．われわれとしても，この問題にふれておくならば，"遅れている"という印象には一つの前提があるであろう．そこに一定の再臨の時間設定が前提的に存在しているという事実である．その前提的に定められた時間設定との関係において"遅れている"と判断され，語られることになる．では，意識的であれ，無意識的であれ，その時間設定は誰がなしているのであろうか．誰が判断しているのであろうか．言うまでもなく人間である．人間自身が再臨の時を暗黙の裡に設定し，それと比べて"遅れている"というのである．ここでも，主イエスのあの言葉，「その日，その時は，だれも知らない．天使たちも子も知らない．父だけがご存じである」があらためて思い起こされねばならないであろう．

　この関連で，再臨の遅延問題を明確に語っていると思われるペトロの手紙二 3 章 3-4 節はどうであろうか．

　　「まず，次のことを知っていなさい．終わりの時には，欲望の赴くままに生活してあざける者たちが現れ，あざけって，こう言います．『主が来るという約束は，

いったいどうなったのだ．父たちが死んでこのかた，世の中のことは，天地創造の初めから何一つ変わらないではないか』」．

ここで何よりも注意しなければならないのは，上記の言葉は不安な思いの中にいる信仰者自身の正直な言葉ではないことである．「主が来るという約束は，いったいどうなったのだ」と語っているのは，「欲望の赴くままに生活してあざける者たち」である．神の言葉を信じず，悪意に満ちた者の言葉なのである．天地創造以来何一つ変わっていないのであり，したがって再臨などないというあざけりがなされているのである．

これに対してペトロは同書3章8－9節で愛する神の民に対して次のように勧告するのである．

「愛する人たち，このことだけは忘れないでほしい．主のもとでは，一日は千年のようで，千年は一日のようです．ある人たちは，遅いと考えているようですが，主は約束の実現を遅らせておられるのではありません．そうではなく，一人も滅びないで皆が悔い改めるようにと，あなたがたのために忍耐しておられるのです」．

ペトロは，主は御自分の約束を忘れたかのように約束の実現を遅らせておられるわけではないこと．むしろ，ペトロは「一人も滅びないで皆が悔い改めるようにと，あなたがたのために忍耐しておられる」という神の摂理的ご支配へと目を向けさせる．罪人に対する神の憐れみと愛と寛容を示し，そこに悔い改めと改心の場が備えられていることを明らかにしているのである．それによって福音を聞いていない者に対する福音の宣教への責任ある参与を促しているのである．再臨の遅延の問題よりも，再臨の時を待ち望みつつなす信仰的姿勢，神の摂理的御計画へと思いを向けさせ，その御計画への責任ある参与を強く促しているのである．

一般的に表現すれば，われわれは自分の思いの中で勝手に"遅れている"と認識するのではなく，キリストが将に来たりつつある方として戸口に立ち，戸をたたき続けておられるという認識の中で，「御国を来たらせ

給え」と祈りつつ，聖化と敬虔な生活に励み，何よりも福音の宣教に献身し，またあらゆる領域において神の栄光を現すように労働し，御国の実現のために奉仕し，目を覚ましてその日を待ち望む姿勢を保つことが求められているのである[358]．主イエスは，「然り，わたしはすぐに来る」（黙示22：20）と確かに約束されたからである．

D．体の復活

1．体の復活とその一回性

キリストの再臨に続いて起こる最初の出来事はキリストに結ばれて死んだ者たちの体の復活である．その時，生き残っている者たちは，死ぬことなく一瞬に変えられる．テサロニケの信徒への手紙一4章16－17節において「すなわち，合図の号令がかかり，大天使の声が聞こえて，神のラッパが鳴り響くと，主御自身が天から降って来られます．すると，キリストに結ばれて死んだ人たちが，まず最初に復活し，それからわたしたち生きている者が空中で主と出会うために，彼らと一緒に雲に包まれて引き上げられます」と記されているとおりである．

体の復活は，キリストに結ばれ，義とされた正しい者たちだけに起こる事実ではない．聖書は正しくない者たちの体の復活についても次のように語っているからである．「正しい者も正しくない者もやがて復活するという希望を，神に対して抱いています」（使徒24：15　他にヨハネ5：28－29）．一般的な死人の復活の主張は，キリストの王的支配による神の国の完成に際しての，世界と歴史の審判における義の遂行と関係している．

このような一般的な死人の復活の事実は，キリストの再臨において同時的一回性において起こる．同時的一回性を強調する理由は，「歴史的千年期前再臨説」や「契約期分割主義」（ディスペンセーショナリズム）に立

つ人たちが，少なくとも二回の復活を主張するからである．すなわち，彼らは，千年王国期の開始時における信者の復活，千年王国期の終結時における不信者の復活というように千年王国期をはさんで二回の復活を主張する．「契約期分割主義」の場合には，この二回の復活の出来事に加えて，さらに一回あるいは二回の復活の出来事さえ主張する．しかし，聖書はそのような複数回で起こる体の復活を教えていない．聖書は，上に指摘したように，体の復活は，キリストの再臨の時であり（Ⅰテサロニケ4：16，フィリピ3：20－21，Ⅰコリント15：23)，また正しい人と正しくない人とが一緒に同時的に復活する事実を教えている（ダニエル12：2，ヨハネ5：28－29，使徒24：14－15）[359]．

2. 聖書的使信の中心としてのキリストに結び合わされた者の復活

　われわれは正しい者と正しくない者との一般的な復活を見たのであるが，もしそれだけの主張であるなら聖書の使信を正しく聞き取ったことにはならないであろう．予定論の場合に選びと遺棄との平行的また平衡的理解が問題となったように，この一般的復活の場合にも同種の問題性が発生しうるからである．

　注意すべきことは，聖書の中心的使信はあくまでキリストに結び合わされた聖徒たちの復活に向けられている事実である．キリストの死人の中からの復活は，「眠りについた人たちの初穂」（Ⅰコリント15：20）である．しかし，それは一般的な死人の復活との関係において語られているわけではない．「初穂」（ἀπαρχή）は，収穫の初穂を意味しており，その後に続く収穫の保証である．キリストの御霊の内住は，イエスを死者の中から復活させた方が彼らの死ぬはずの体をも生かしてくださるのである（ローマ8：11)．つまり，キリストの復活は，キリストに結び合わされた者たちの死人の中からの復活のしるしであり，証拠であり，保証なのである．同様なことは，キリストは，「死者の中から最初に生まれた方」

(πρωτότοκος，コロサイ 1：18) についても妥当する．ローマの信徒への手紙 8 章 29 節において「御子が多くの兄弟の中で長子」(πρωτότοκον) と表現されているように，「死者の中から最初に生まれた方」という言葉は，彼が「その体である教会の頭」(コロサイ 1：18) なのであって，彼に属し，彼の肢体である兄弟姉妹の復活の保証を意味している[360]．「ちょうど彼の身代わりの死が，彼と共に死んだ人々から離れては無意味であるように，彼の復活と，復活から来る命と力の確保も，彼において生き，彼と共に生きる人々から離れては妥当性をもたない」のである[361]．

3. 復活の体の性質

　復活の体は，どのような性質をもつのであろうか．この点について考える場合に，決定的な意味をもつのは，フィリピの信徒への手紙 3 章 21 節である．すなわち，「わたしたちの卑しい体を，ご自分の栄光ある体と同じ形にかえてくださるであろう」．われわれの復活の体は，復活し，天に挙げられたキリストの栄光の体に似せられるのである．

　そこでまず問わなければならないのはキリストの復活の体についてである．われわれは，キリストの復活の体についてどのような点を確認できるのであろうか．

　確認すべきことは，墓に葬られたのは「彼」の体であったのであり（ヨハネ 19：38－42），死者の中からよみがえらされたのは，葬られた「彼」のその体であったことである（ヨハネ 20：19－20, 27）．そこには人格の「同一性・連続性」を確認できる．しかし，同時に生前の体と復活の体の「相違性・非連続性」も，主イエスの復活の体の独特な性質を念頭におくならば，容易に確認できるはずである．

　次に問わなければならないのはわれわれの復活の体についてである．主イエス・キリストの復活の体の性質は，われわれの復活の体を考える場合にも類比的な意味で重要な示唆を与えることになる．パウロは，コリント

の信徒への手紙一 15 章 35 節以下において，復活の体について論じ，その中でわれわれの復活の体における「連続性」と「非連続性」の問題も扱っている．

　パウロは，前述のテキストで，まかれた種と成長した穂の比喩をもって生前の体と復活の体の関係性を説明している（Ｉコリント 15：35－38）．まかれた種と成長した穂との間にある「連続性」については容易に語ることができるはずである．同時にその間にあるラディカルな「相違性・非連続性」もまた明らかである．同様に，「この朽ちるべきものが朽ちないものを着，この死ぬべきものが死なないものを必ず着ることになります」（Ｉコリント 15：53）においても，両者の相違性は言うまでもないことであるが，「着る」という表現において両者の「連続性」についても語られていることを確認できるはずである[362]．さらに，両者の「相違性・非連続性」についても，「霊の体と自然の命の体」（Ｉコリント 15：44－46），「卑しいものと輝かしいもの」（同 15：43），「弱いものと力強いもの」（同 15：43），「朽ちるものと朽ちないもの」（同 15：42）などという比較によって明らかにしている．

　ところで，注目すべきは復活の体をめぐるこれらの表現の中で「霊の体」という表現がでてくることである．「霊の体」とは何を意味するのであろうか．これは，復活の体が非物質的とか非身体的であることを意味していない（ヨハネ 20：17，27，ルカ 24：38－43）．「自然の命の体」は，この世に属する体である．われわれの地上的体は，堕落以来罪にのろわれた存在，たとえ今キリストにあって新しい命に生きる者とされていても，なお罪の残滓をもっており，完全なものとはされていない存在である．復活の「霊の体」とは聖霊によって完全に，全面的に支配されている体のことである．したがって，その体は完全に罪と汚れから解放され，聖化された体である．この意味における「霊の体」を理解するには，「霊」という言葉を英語で言えば大文字をもって表現する必要があるであろう．その時には，「霊の体」について，非身体的に理解する誤解も防げるし，同時に

本来的な理解を正しくさし示すことにもなるからである[363]．また上述のように「復活の体」は，葬りにおいて表されるような低い，卑しさを含む体ではなく，輝かしい，栄光の体であり（フィリピ3：21），弱さや疲れを帯びる地上の体ではなく，力強いものであり，朽ちる体ではなく，朽ちない体である．このような地上の体との「相違性・非連続性」における復活の体は，相違性・非連続性という言葉だけでは表現することができない側面，すなわち地上の体にはるかにまさった復活の体の性質を示唆していると言えるであろう．それは，キリストの栄光ある体に似せられた体，新しい地における永遠の祝福の状態に完全に適合する体なのである．しかしながら，われわれはこのような復活の体を地上にあっては具体的にまた正確に理解することは困難である．われわれは，復活の時にそれがどのようなものであるかを認識することがゆるされるであろう[364]．

4. 復活の体とその宇宙論的意味

われわれは，われわれの体の復活を，復活の初穂としてのキリストとの結合において理解する．ところで復活の初穂としてのキリストの体はどのような意味をもつのであろうか．もちろん，それは彼の肢体であるわれわれの体の復活のしるしであり，保証としての意味をもつ．しかし，それだけではないのである．

復活の初穂としてのキリストの体は，「新しい創造の初穂」でもあり，したがって新しい創造のしるし，その保証でもある．復活の栄光の体は，同時に新しい地における被造物の栄光化と一体的である．つまり，われわれの体の復活は，個人的次元における理解にとどまってはならないし，たとえ新しい人類という共同体的次元の理解に進んだとしてもなお不十分である．体の復活は，宇宙論的次元にまで視野が拡大されたとき，はじめてその十全な意味を獲得することになる．もしこのようなパースペクティブが失われるならば，たとえ体の復活の信仰が表明されたとしても，キリス

ト教信仰はグノーシス主義への第一歩をひそかにすでに踏み出しているのである．この意味において，次のような J. モルトマンの指摘は正当である．

> 「死人の復活の希望は，それゆえに，すべての事物・すべての関係の宇宙的新創造の望みの初まりにすぎない．それは個人的終末論に飲みつくされてはならない．むしろ，この希望でもって始まるすべての個人的終末論が，ついに宇宙論的終末論に至るまでいよいよ広げられた輪の中で先頭をきって進まざるをえない[365]」．

以上のような神学的洞察は，われわれのこの世における倫理的ありかたに決定的影響を与えることになる．特に，体の問題は，被造物の物質性・素材性とも密接に関係し，宇宙論的視野においては当然地球環境の問題も含んでくることになる．この問題は新天新地の問題を取り扱うところであらためて議論することにする．ここでは問題の指摘にとどめる．

このところでは宇宙論的次元の問題意識を踏まえた上で，特にわれわれの「からだ性」との関係に視野を限定して倫理的問題に簡単にふれておきたい．

体の復活の信仰は，復活の体と地上の体との非連続性と同時に連続性の告白を含む以上，この地上の体に対する神の前における責任の自覚を生み出す．事実，人間の体は聖霊の宮であり，自分の体をもって神の栄光を現すことが求められる（Ⅰコリント 6：19-20）．さらに，人間の体一般の救いに対する責任をも深く自覚させる．この意味において，「キリストの名において医学に従事し，罪よって生じたさまざまな疾病と戦っている人たちの癒しの働き」や「キリストの名において労働の搾取と戦って正義を追求している人たちの働き，悪の諸力が人間を奴隷化する手段である飢餓や栄養不良や貧困や環境汚染と戦っている人たちの働き」の中に，体の復活を信じるキリスト者の責任ある生き方を見出すことができる[366]．墓から復活する人間は体と魂からなる全体としての人間である．したがって体の復活を信じるわれわれは，「どのような形であろうと人間の体の隷属化や

蔑視や無視に我慢することはできない」し，それと戦うべく召されているのである[367]．体の復活の信仰が，キリスト者の「体」にかんする自覚とこのような使命感と結びつかないならば，キリスト教信仰はグノーシス主義の問題点を最後的に克服することにはならないのである．

E. 最後の審判

　キリストの再臨は，「神の御前で，そして，生きている者と死んだ者を裁くために来られる」（Ⅱテモテ4：1，他にⅠペトロ4：5）とあるように，審判者としての来臨である．旧約聖書においては恐るべき審判の日について「主の日」（たとえば，ヨエル2：1－11）として語られたが，これは新約聖書において「かの日」（マタイ7：22，Ⅱテサロニケ1：10，Ⅱテモテ1：12），「裁きの日」（マタイ11：22），「怒りの日」（ローマ2：5），「裁かれて滅ぼされる日」（Ⅱペトロ3：7）等々と表現されている．キリストの来臨において，この意味における裁きの日が来るのである（Ⅱテサロニケ1：7－10）．この項においては，キリストの再臨においてもたらされるこのような審判について，すなわち最後の審判について考察を加えることにする．

1. 審判者キリスト

　最後の審判者は，上に指摘したように栄光のうちに再臨されるキリストである．しかし，その意味するところを今少し踏み込んで考えるならば，まず神御自身が審判者であることを覚えなければならないであろう（Ⅰペトロ1：17，ローマ14：10）．父なる神御自身が，審判の権能を御子に委ねられたのである．この点にかんして，「ウェストミンスター信仰告白」第33章1節は「神はイエス・キリストにより，義をもって世界を裁く日

を定められた．キリストには，すべての権能と裁きが御父から与えられている」と告白している．聖書に，「父はだれをも裁かず，裁きは一切子に任せておられる」（ヨハネ5：22），「裁きを行う権能を子にお与えになった」（ヨハネ5：27）とあるとおりである（他に，使徒10：42，17：31，Ⅱテモテ4：1，4：8等）．したがって，父は子をとおして裁かれるとも表現しうる．これは，仲保者として十字架と復活においてその救いの業を成し遂げ，昇天し，高く挙げられたお方として，時至ってその救いの業を完成することに密接に関係している．

　キリストの再臨が救いの業の完成のためである限り，それによって一方で確かにネガティブな側面として罪と邪悪，悪魔的力に対する神の義なる裁きが必然化する．しかし，他方ではよりいっそうポジティブな側面として，また本来的側面として義なる裁きによる勝利をとおして全き救いがもたらされるのである．したがって，審判者キリストの来臨は信仰者にとっては希望と慰めの対象である．それゆえにこそ，神の言葉と彼らがたてた証しのために殺された人々の魂は，祭壇の下にあって，「真実で聖なる主よ，いつまで裁きを行わず，地に住む者にわたしたちの血の復讐をなさらないのですか」（黙示6：10）と大声で叫ぶのである．

　この点に関して，「ハイデルベルク信仰問答」問52は次のように慰めに満ちた答えを提示している．

> 「……．この審判者は，すでに，わたしの代わりに，御自身を，神の審きの前に差し出して，すべての呪いを，わたしから取り去って下さった，あの御方です．この審判者は，彼とわたしのすべての敵を，永遠の刑罰の中に投げ入れ給いますが，しかし，わたしを，すべての選ばれた者らと共に，御自身のもとに，天の喜びと栄光の中へ入れて下さるのであります」．

　この事実を踏まえて，問52の答えの冒頭で語られているように「わたしは，どのような苦難と迫害の中にあっても，頭を上げて，あの審判者が，天から来られるのを待つことができます」と断言する．カルヴァン

も,『キリスト教綱要』において同じようにキリストが審判者であることの大いなる慰めを力説している(『キリスト教綱要』Ⅲ・16・18).

以上のような理由で,キリスト者にとって,審判者キリストの再臨は,夜盗人が来るようにではなく,また恐れではなく,それどころか花婿を待つ花嫁のように,苦難と迫害の中にあっても,希望と喜びをもって頭を上げて待ち望む対象なのである.

2. 審判の規準

次に,最後の審判の判断基準が問題になる.その判断基準は律法と福音である.

第一義的で根本的なことは,その人がキリストの義の衣を着ているか否かである(使徒4:12,ヨハネ3:16,14:6,Ⅰコリント3:11).このことは,特別啓示の内側にある人々はこの決定的な判断基準によって審判されること,すなわち福音を受容したか否かが定罪の根拠になることを意味する.

特別啓示の外側にある人々にかんしていえば,「律法を知らないで罪を犯した者は皆,この律法と関係なく滅びる」(ローマ2:12).なぜなら,「律法の要求する事柄がその心に記されて」(ローマ2:15)おり,したがって「律法を持たなくとも,自分自身が律法」(ローマ2:14)だからである.つまり,「律法と関係なく」とか「律法を持たなくとも」という場合の「律法」とは特別啓示としての律法のことを意味している.特別啓示の外側にいる人々は,心に刻み込まれ,彼らが所有している律法によって審判されるのである[368].

3. 審判の対象

審判者キリストは,地上に生きたすべての人を裁かれるだけでなく(マ

タイ25：32，ローマ2：5-6，3：6），堕落したみ使いさえも裁かれる（Ⅰコリント6：2-3，Ⅱペトロ2：4，ユダ6）．すべての人の中には信者も例外ではない（Ⅱコリント5：10，ヘブライ10：30，ローマ14：10，ヤコブ3：1，Ⅰペトロ4：17）．しかし，信者にとっては，すでに上に述べたようにそれは恐れの対象ではない（ローマ8：1，Ⅰヨハネ4：17）．

審判の対象とされるのは，体を住みかとしていたときに行ったすべてのことである．コリントの信徒への手紙二5章10節が次のように語るとおりである．「なぜなら，わたしたちは皆，キリストの裁きの座の前に立ち，善であれ悪であれ，めいめい体を住みかとしていたときに行ったことに応じて，報いを受けねばならないからです」．「行い」（マタイ25：35-40，黙示20：12，22：12）と「言葉」（マタイ5：22）と「思い」（Ⅰコリント4：5）のすべてにかんしてである．それら一切のことは，最後の審判の場では隠蔽することは不可能であり，完全に顕わにされるのである（ルカ12：2，マタイ6：4，6，10：26）．

以上のことを「ウェストミンスター信仰告白」第33章1節は次のように簡明に告白する．

> 「その日には，背信の天使たちが裁かれるだけでなく，地上に生きていたすべての人が同じようにキリストの裁きの座の前に出て，それぞれの思いと言葉と行いについて弁明をし，善であれ悪であれ，それぞれが自分の身でなしたことに応じて，然るべき報いを受けることになる」．

信仰者についても，すでに指摘したように彼らの行いにかんする審判は存在する．その時，根本的な問いが提出されることになるであろう．すなわち，信仰により，恵みによってのみ救われるはずなのに，なぜ行いが審判の対象になりうるのか，という問いである．確かに救いは信仰をとおして恵みによってのみ与えられる．しかし，救いを得させる信仰は，良い行いの実を結ぶのである．「行いを伴わない信仰は死んだものです」（ヤコブ2：26）とあるとおりである．したがって，良い行いは生きた信仰の指標

としての意味をもっている．この意味において，行いも審判の対象となるのである．

信仰者の行いにおいて罪や欠陥の問題がつきまとう（Ⅱコリント3：10－15）．しかし，土台はキリストであって，その前提において問題となることである．したがって，救いにかんして疑いがあるわけではない．その土台の上に立てた業が問題になるのである．そこにおける罪や欠陥が最後の審判の場で顕わにされる．しかし，それはキリストのゆえに赦しの中にあることも覚える必要がある．同時に，積極的な意味において行いに報いがあることも覚えられる必要がある（マタイ10：41－42，Ⅰコリント3：8，12－15）．この場合にも，行いによって罪の赦しや永遠の命が獲得されるわけではない．それは祝福の状態における栄光の程度の問題となる．栄光それ自身は，恵みの賜物であり，キリストの義によって獲得されたものである（ローマ5：18－21）．しかし，栄光の程度は，聖徒たちの忠実さと労苦に比例するのである[369]．

4．最後的分離

栄光のキリストの来臨による最後の審判は決定的また最後的な分離をもたらすことになる．「ウェストミンスター信仰告白」第33章2節の表現に従えば，「その時義人は永遠の命に入り，主の御前から来る満ち満ちた喜びと慰めを受ける．しかし神を知らず，イエス・キリストの福音に従わない邪悪な者たちは永遠の苦しみに投げ込まれ，主の御前から退けられ，御力の栄光から切り離されて，永遠の破滅をもって罰せられるからである」．つまり，最後の審判において，かつて地上にあったすべての人々が，審判者キリストの前に集められ，永遠の救いあるいは永遠の刑罰と滅びへと最後的に分離されることが起こるということである．二つのグループに分けられるのである（マタイ25：31－33）．

この二つのグループへの最後的分離において，一方では「選ばれた者た

ちの永遠の救いにおいて，御自身の憐れみの栄光を顕すこと」，他方では「邪悪で不従順な捨てられた者たちの断罪において，御自身の正義の栄光を顕すこと」になるのである（「ウ信仰告白」33：2）．

しかし注意すべきことは，このような分離が最後の審判においてはじめて生起するわけではないという点である．地上において，次のような意味においてすでに審判は生起しているからである．すなわち，「御子を信じる者は裁かれない．信じない者は既に裁かれている．神の独り子の名を信じていないからである」（ヨハネ3：18），あるいは「わたしの言葉を聞いて，わたしをお遣わしになった方を信じる者は，永遠の命を得，また裁かれることなく，死から命へと移っている」（ヨハネ5：24），と言われているとおりである．この意味における裁きは地上を去る段階ですでに定まっている．しかし，われわれがここで扱っている審判は「最後の審判」のことであり，すでに起こっている裁きが「公に」なされ，告知されることを意味している．

しかし，われわれは最後の審判におけるこのような二つのグループへの最後的分離を承認するものであるが，両者を平衡的意味で同等の強調において告白しているわけではない．これは予定論の問題とも深く関わる．われわれは，予定論において二重予定を告白したのであるが，予定論の中心的テーマは「選び」にあった．つまりそこには"福音的傾斜"があったのである．同様の問題が，現在われわれが扱っている当該問題においても妥当する．この最後的分離の問題においても，強調点はどこまでも「義人は永遠の命にはいり，主のみ前からくる満ち足りた喜びと慰めとを受ける」という点にある．つまり，最後的な分離の告白は信仰者にとっての"慰め"が中心的テーマである．

永遠の刑罰についても確かに告白されるのであるが，たとえば「ウェストミンスター信仰告白」第33章2節において「邪悪で不従順な捨てられた者たちの断罪において，御自身の正義の栄光を顕すこと」と語られるとき，「邪悪で不従順な捨てられた者たち」（the reprobate, who are wicked and disobedient) という表現が用いられていることに注意すべきである．遺棄され，永遠の刑罰を受ける者とは，"邪悪で不従順な者" なのである．つまり "捨てられた者" であるが，その際その者の "邪悪で不従順である" ことが問われるのである．後者の要素が抜け落ちたような永遠の遺棄における "捨てられた者" の概念は成立しない[370]．換言すれば，そこには "宣教的意味" が提示されていると言えよう．永遠の裁きの使信は十字架の光のもとで受けとられねばならない[371]．すなわち，そこにはキリストに従おうとしない者に対する悔い改めと服従への招きがあるのである．キリストを信じる者の祝福と慰めを示し，同時にそこへと招こうとするメッセージが読み取られるべきである．

5. 最後的分離に反対する諸見解

上に論じたような最後的分離の告白に対しては当然のことながら批判的見解が主張されてきた．反対論は次のように個条的に要約ができるであろう[372]．
① この見解は心理的にも受け入れられない．失われる人々に対する同情の思いが起こってきて永遠の祝福の喜びが阻害される．
② この見解は神の愛と矛盾する．
③ 神のキリストにある勝利は圧倒的であり，失なわれるなどということは不可能である．
④ 罪は時間的・限定的性格をもっており，その罪に対して永遠の刑罰が与えられるのは不当である．
⑤ この場合の "永遠" はエンドレスを意味していない．むしろ "永遠" は "長い時間" を意味するにすぎない．
⑥ 聖書の中に普遍的救済を示す多くの箇所が存在する．

最後的分離に対するこれらの批判的見解から，歴史的には以下のような代表的諸見解が提唱されることになった[373]．

(1) 絶対的普遍救済主義

絶対的普遍救済主義の立場として，第一に名前を挙げなければならないのはアレキサンドリア学派のオリゲネスである．オリゲネスによれば，邪悪で不敬虔な者は一時的に刑罰の火を経験する．しかし，それは良心をさいなむ火であって，われわれが神から離れているために経験するものである．それは「霊魂の浄化」のために訓練として教育的意味をもっている．最後には，敬虔な者も不敬虔な者も，悪魔でさえも，すべての霊魂が救いに回復されて神に帰還し，神がすべてのすべてとなられる．これがいわゆる「万物復興」（アポカタシス・パントーン　使徒3：21）の教説である．

オリゲネスの影響はニュッサのグレゴリウスやクリュソストモスにまでおよんだ．しかし，この教説に対して，アウグスティヌスはある者を救いへと選び，他のものを滅びへと定める神の主権的自由をおかすものとして厳しく批判した．教会的には，543年のコンスタンティノポリス総会議によって以下のようにこの教説は異端として排斥された[374]．

> 「悪魔や不敬虔な者の刑罰は一時的なものであり，いつかはその終わりが来る，また悪魔や不敬虔な者は回復して完全になる時がくると言ったり，考えたりする者は排斥される」．

オリゲネスに対するアウグスティヌスの批判がその後の歴史に強力に作用し，中世においては全般的にはオリゲネス的な万人救済主義は後退した．例外的に，万人救済主義はスコートス・エリュゲナや神秘主義者の間に見られるだけである．

宗教改革の時代においてはルターやカルヴァンもアウグスティヌスの伝統的立場を継承し，万人救済主義を拒否した．この時代に万人救済主義が受け入れられたのは宗教改革急進派と称される再洗礼派の人々の間であった．たとえば，ハンス・デンクやハンス・フートなどといった人たちが万

人救済主義の代表的な擁護者であった。これに対して、「アウグスブルク信仰告白」（1530年）の第17条「審判のためのキリストの再臨について」の条項において「それゆえ、悪魔および罪の宣告を受けた人々が永遠の苦痛、呵責を受けるのではないと教える再洗礼派を斥ける」と、この見解は排斥されたのである[375]。しかしながら、再洗礼派の全体が万人救済主義を受け入れたのではないことも覚えておく必要がある。メノナイト派やフッター派などの再洗礼主義者は万人救済主義を容認しなかったからである。

近世に入っては、啓蒙主義者や敬虔主義者の間で万人救済主義は同調者を得た。19世紀以降で、万人救済主義者として重大な影響を与えたのは何と言ってもF.シュライエルマッハーである。米国における万人救済主義に目を転じるなら、「アメリカ・ユニヴァーサリスト教会」（American Universal Church）は、1803年のこの教会の通称「ウィンチェスター信仰告白」の第2条で万人救済主義を公的に表明した[376]。

現代神学においてはK.バルトの中に万人救済主義に通じる思想を見出すことができるが、これについては項をあらためて取り挙げ、議論する。

(2) 条件的普遍救済主義

この立場については、死後の中間状態を議論したときに「第二試験説」としてすでに紹介したが、普遍救済主義の問題との関連では条件的普遍救済主義と性格づけることができる。

この立場は死後においてもなお悔い改めと信仰の機会がありうることを主張する。たとえば、福音を聞く機会をもたなかった人たちが死後に救いの機会が提供される。つまり一方では「神は、すべての人々が救われて、真理を知るようになることを望んでおられます」（Ⅰテモテ2：4）という神の意志があり、他方には「わたしたちが救われるべき名は、天下にこの名のほか、人間には与えられていないのです」（使徒4：12）という救いにかんするキリストの名の唯一絶対的性格がある。この両者が可能になるのは、死後における悔い改めと信仰の可能性が維持されるとき、というこ

とになるのである[377].

(3) 条件的不死説

この立場によれば，不死性は信仰者にとっては妥当するが，不信仰者には妥当せず，彼らが存在し続けることはない．不信仰者は消滅し，したがって彼らに永遠の苦しみも存在しない．この見解は，普遍救済主義には同意しないが，同時に永遠の滅びも受け入れられない，という立場である．条件的不死性を主張したのは，歴史的にはソシニウス主義者であるが，同様な見解に立つ者も現れ続けた[378].

6. 現代神学における普遍救済主義の問題
── E. ブルンナーの場合，K. バルトの場合

(1) E. ブルンナーの場合

ブルンナーは，「罰かすべてのゆるしかという問いには『否，それは誤った問いであるがゆえに，両方ともない』と答えざるを得ない」と主張する[379]．つまり普遍救済主義かあるいはそれの拒否か，というような二者択一の問いは客観的認識の世界に属する問い，傍観者の思惟としてこれを拒否する．これは彼の二重予定論の否定と軌を一にする考え方である．ブルンナーは，この種の思惟のありかたの中に次のような問題性を見出す．

> 「《信仰の中心，イエス・キリストにおいて認識された無条件の神の愛から，いかにして審判についての言説が理解されるべきか》と問う代わりに，人は反対に審判から問い，それによってキリストにおいて贈られた恵みについての認識を修正し，そうするうちにそれを歴史の二重の結果の〈原因〉に格下げしてしまった[380]」．

このような思惟のありかたの原因として，彼は決定的なところでキリスト中心の思想から離れたこと，誤った聖書釈義と自然神学的思惟を指摘す

る[381]．このような思惟の誤謬に落ち込まないためには，傍観者としてではなく，"私に"向けられたものとして，「出会うことに召す言葉」として聞くという実存的姿勢が要求されるのである．ブルンナーは次のように語る．

> 「私は義認についての使徒的なケリュグマを――そして義認に属する万人の赦しのケリュグマを――同時的に審判についての言葉を聞くことによって，その時だけ本当に聞き取ることができるのである．この二つの対立する教説は《律法と福音》と同じように関係し合っている．私が律法をその絶対的無条件性において理解して真剣に受け取る場合にだけ，救しの福音を正しく理解するのである[382]」．

さらに，このようなブルンナーの発言をより明確に理解するためには，思惟の問題性を指摘した上記の引用においても明らかなように，裁きと救いを徹底的に"キリスト中心的"に，すなわちキリストにおいて認識される無条件の神の愛から審判についての教えを把握することが重要なのである．この視点から，ブルンナーは次のように主張する．

> 「しかしわれわれは今，われわれの義であり，最後の包括的な裁きに耐える方であるキリストのゆえに，われわれが裁きから救われるであろうということを知っている．われわれは，神の恵みが裁きによってわれわれにもたらされることを信頼してよいであろう[383]」．

このようにキリストによる義認において罪人である私が理由なく愛され，永遠の生命が語りかけられるならば，他のすべての人も愛されるはずである，とブルンナーは考える．こうして「無条件の恵みについての使信は，普遍的な救いの決定をその中に含んでいる」と主張されるに至るのである[384]．

(2) K. バルトの場合

現代神学の普遍救済主義との関連において，多くの方面から普遍救済主義としての嫌疑を受け，激しい神学的論議を引き起こしたのはK. バルト

その人である．そのような嫌疑を招いたことに理由がないわけではない．バルト自身の特異な予定論にその理由を求めることができる．バルトは，伝統的二重予定論を批判し，これを根源的に改変し，次のように理解する．

>「神の永遠の意志であるイエス・キリストの選びにおいて，神は，人間に対しては第一のこと，すなわち選びを，祝福と生命を，しかしご自身に対しては第二のこと，すなわち棄却を，断罪と死とを与えることとされた[385]」．

したがって，バルトにとって予定を信じるとは，人間に関して言えば，「人間が捨てられないことを信じる信仰，人間が捨てられることを信じないこと」を意味する．「神の永遠的な決定の中で，み子にあって神ご自身が捨てられた」からである[386]．このような主張のゆえに，バルトは普遍救済主義の嫌疑を受けることになったのである．

しかし，バルト自身は，自分自身が普遍救済主義者であるか否か，そのようなカテゴリーで判断されることを拒否する．いわゆる「万物復興論」（アポカタシス・パントーン）に見られるような普遍救済主義は，形而上学的歴史概念が問題となっているとバルトは洞察する[387]．彼によれば，神の恵みの自由から，「一つのねばならない」を導き出すことはできない．伝統的予定論のように個々の人間を選び，召さなければならないことも，「万物復興論」のように人間世界全体を選び，召さなければならないこともないのである．「それらは両方とも，その抽象の中で，キリストの使信の命題ではなく，事柄的な内容のない単なる形式的な推論である」と断定し，バルトは両者とも，したがって万人救済主義も否定する[388]．バルトにとって，上述の引用に明らかなように，選びにおいて問題なのはあくまで神の自由な恵みの行為なのである．それは証しされ，人間に対して宣教され，人間によって信仰において受け入れられなければならないものなのである[389]．しかし，「万物復興論」のような形而上学的概念においては，選びについての宣教は信仰との関係性を喪失し，信仰の必要性も明白なもの

とはならない．むしろ，そこでは不信仰という生命的危機さえ顕わとなるのである[390]．

以上のような意味において「万物復興論」はバルトによって明確に否定される．

しかし，バルトの選びの教説において明瞭になる神の恵みの圧倒的勝利と彼の普遍救済主義の拒否との間には神学的緊張が残り続けていることは事実である．バルトにおける普遍救済主義への傾向は明確であり，とりわけ教会的実践においては万人救済主義への流れをくい止めることは不可能であろう．

F. 新しい天と地

1. 見失われてきたテーマ

われわれはすでに体の復活について扱ったのであるが，体の復活にとどまらず，ここでは「新しい天と地」について取り扱う．人間存在の未来に復活という「体」の側面があるのと同様に，人間が生きる世界についても「新しい地」という未来性が存在する．「体の復活」は抽象的に孤立して存在しているわけではなく，「新しい地」と一体的にまた具体的に存在しているのである．

この関連で，すでに引用したのであるが，もう一度モルトマンの言葉を思い起こすことは有益であろう．

「死人の復活の希望は，それゆえに，すべての事物・すべての関係の宇宙的新創造の望みの初まりにすぎない．それは個人的終末論に飲みつくされてはならない．むしろ，この希望でもって始まるすべての個人的終末論が，ついに宇宙論的終末論に至るまでいよいよ広げられた輪の中で先頭をきって進まざるをえない[391]」．

このような意味において，終末論は，個人的終末論における体の復活と一体的に新しい天と地という宇宙論的側面を本質的な部分として保持しなければならないのである．

聖書に目を向けるならば，新しい天と地について言及する聖書テキストとしては以下のような箇所をただちにあげることができよう．

「見よ，わたしは新しい天と新しい地を創造する．初めからのことを思い起こす者はない．それはだれの心にも上ることはない」（イザヤ 65：17）．
「わたしの造る新しい天と新しい地が／わたしの前に永く続くように／あなたたちの子孫とあなたたちの名も永く続くと／主は言われる」（イザヤ 66：22）．
「しかしわたしたちは，義の宿る新しい天と新しい地とを，神の約束に従って待ち望んでいるのです」（Ⅱペトロ 3：13）．
「わたしはまた，新しい天と新しい地を見た．最初の天と最初の地は去って行き，もはや海もなくなった」（黙示 21：1）．

新しい天と地について言及するこれらの箇所では，たとえば上記のイザヤ書 65 章 17 節に続く 18 節において「代々とこしえに喜び楽しみ，喜び躍れ．わたしは創造する．見よ，わたしはエルサレムを喜び躍るものとして／その民を喜び楽しむものとして，創造する」とあり，新しい天と地の創造が神の民の喜びと一体的なものとして語られている．さらにはその祝福と喜びは，25 節では「狼と小羊は共に草をはみ／獅子は牛のようにわらを食べ，蛇は塵を食べ物とし／わたしの聖なる山のどこにおいても／害することも滅ぼすこともない」と語られ，動物の世界までおよぶものとして述べられている（参照，イザヤ 11：9）．新しい天と地における喜びは，神の民のみならず，被造世界全体をも含み込む一体的・包括的喜びとして表現されているのである．

新約聖書に目を転ずれば，ペトロの手紙二 3 章 13 節においては「義の宿る新しい天と新しい地」と表現され，「義」という救済論的要素と結びついて「新しい天と新しい地」について語られている．

さらに，ヨハネの黙示録21章1-4節においても，ヨハネは新しい天と地を見るのであるが，新しいエルサレムが天から下ってきて，その新しいエルサレムでは「神が人と共に住み，人は神の民になる」(21:3)のである．そこではもはや死もなく，もはや悲しみも嘆きもない．ここでも新しい天と地の宇宙論的側面は「彼らの目の涙をことごとくぬぐい取ってくださる」(21:4)という救済論的な慰めと結びついている．

以上のように終末における宇宙論的側面は，聖書の中で重要な意味をもっている．しかも，それ自体で切り離されて別個に問題になっているわけではなく，すでにふれたように神の民の救済的側面と一体となっていることに特に注目すべきであろう．そこでは救済論的パースペクティブと宇宙論的パースペクティブとは不可分離的に結びついているのである[392]．

しかし，すでに指摘してきたことではあるが，終末論におけるこの宇宙論的側面はこれまで必ずしも正当に評価されてきたわけではない．むしろ，"無視されてきた側面"と言っても過言ではない．これは一種の「宗教的・救済論的自己中心主義」「彼岸的に理解された"天"」や，「肉体の復活と切り離された魂の死後の中間状態」などへの偏向した関心によって，結果的には見失われてきた側面と言えるのである[393]．

2. 歴史における終末論の宇宙論的側面の弱体化

終末論における宇宙論的パースペクティブが見失われてきたテーマであることは，教理史を振り返って見ても明確に確認できる．このような宇宙論的終末論の欠落には歴史的理由もある．以下の点はすでにふれたことであるが，この関連であらためて確認しておきたい．

第一に，歴史的に遡ってコンスタンティヌス帝がキリスト教を公認し，やがてキリスト教は国教となった事実を思い起こすことが必要である．このキリスト教国教化のもとにあって，アウグスティヌスは教会と神の国を同一視した．その結果，神の国の未来的な待望は後退し，関心は未来から

現在に向かい，終末的希望は魂の彼岸的希望へと限定されることになったのである．この基本的枠組みは中世全体を支配し，宗教改革の教会もその枠組みから自由ではなかった．このようにして，終末論は個人的終末論に重心が移ることになり，宗教改革者の課題も中世カトリックの煉獄思想の克服が中心的課題となったのである．

　第二に，改革者たちは，アナバプティスト急進主義的千年王国論に対して強い警戒心をもち，そのため結果的に終末論の宇宙論的次元の展開が阻害された事実も指摘しなければならない[394]．

　このような終末論の宇宙論的側面の弱体化は，宗教改革以降の歴史的信条にも現れる．特にわれわれの歴史的伝統である改革派諸信条に限定して検討してみても確認できる事実である．改革派諸信条においても，終末論は個人の死とその後の中間状態の問題，キリストの再臨，復活，最後の審判などの問題が扱われている．後者の三つの課題は一般的終末論の課題である．しかし，最後の審判にしても関心は人間の運命の問題であり，きわめて救済論的なしかも個人的次元の関心にとどまっている．一般的終末論における宇宙論的次元に言及する信条はきわめて稀である．

　例外的ケースとして，終末論における宇宙論的側面にふれるのは「スコットランド信仰告白」(1560 年) と「ベルギー信仰告白」(1561 年) である．

　前者の「スコットランド信仰告白」は第 11 条の「昇天」の項で再臨にふれつつ「そのとき，すべてのものが新たにされ，回復される時が到来し，それにより，はじめの時から，義のために暴虐，辱め，そして不正を被った人たちが，はじめの時から彼らに約束されていた不死の祝福を受け継ぐことになる，と私たちは確信します」(傍点筆者) と告白している[395]．

　後者の「ベルギー信仰告白」は第 37 条において，キリストの再臨に関連して「古い世を清めるために」と語り，続いて復活について語られ，信仰者の栄光ある勝利が力強く語られる[396]．

　以上のふたつの信条は共に迫害の中で戦っている教会的状況を背景にしていることは記憶しておく必要がある．そのような戦いの状況にあって，

宇宙論的パースペクティブにおける神の民の終末的勝利を強調することによって慰めと励ましを与えようとしているのである。しかし，これらの例外的ケースでさえ，宇宙論的側面に言及されることはあっても，それ自体が強い関心事となって信仰箇条として展開され，告白されているわけではない．宗教改革後の改革派諸信条の枠を本質的に超えているとはいいがたいであろう．

この問題点は，近代においても克服されたわけではない．救済の宇宙論的側面は，啓蒙主義の影響下で，ますます失われることはあっても，回復されることはなかった[397]．すでに言及したK. バルトやR. ブルトマンのなどによる垂直的・実存論的終末論の登場によっても克服されたわけではない．年代史的終末論の流れの中で，その神学思想の評価は別にして，特に広義の改革派神学の伝統に立つJ. モルトマンやA. ファン・ルーラーなどによって終末論の宇宙論的側面が再び光があてられたと言えよう．

3. 終末論における宇宙論的次元の重要性

終末論における宇宙論的次元の欠けは結果的にどのような問題性をもたらすのであろうか．この問題性を積極的に表現すれば，新しい天と地の教理的重要性は何かという問いになる．この問題を以下において取り扱うことにする．

われわれは，この関連ですでに論及した「キリストの復活」と「キリストに結び合わされた者の体の復活」の問題を思い起こす必要がある．その際にも論じたように，キリストの復活は，終末の日におけるわれわれの体の復活の初穂であり，その保証という意味をもつ．しかし，それだけではない．同時に，キリストの復活は新しい創造の初穂としての意味ももっている．つまり，キリストの復活の体そのものが宇宙論的な意味をもっている．キリストの復活の体が宇宙論的パースペクティブを切り開いていると表現してもよい．

上に述べたことは,「終末と創造」との関係をあらためて考えさせることになる. 神ははじめに天と地とを創造された（創世1：1）. 神は「きわめて良く」（創世1：31）創造され, その「良き創造の世界」の舞台に神の似姿を担う人間を創造の冠として置かれた. 本書の「序論」のC-3で言及したように, この「初め」は「終わりの初め」であり,「終わり」はこの「初めの終わり」であって,「終わり」と「初め」は緊密に結び合っている.「始源論」（プロトロジー）と「終末論」（エスカトロジー）とは緊密に相互に関係し合っている. この関係性に注目するならば, 聖書的終末論において宇宙論的次元は不可欠のものであることが理解されるであろう.

　問題は, われわれが知るように, やがて創造の世界に罪が入り込み, その結果世界に対して呪いがもたらされたことである. 神は, 世界がそのまま罪と悲惨の中に放置されることをよしとされず, 御子イエス・キリストを遣わし, 御子の贖いによって救いがもたらされたのである. この場合でさえ, 御子による救いは, 確かに罪と悲惨からの救いであるが, それはただ個々人の救いだけではなく, 御自分の血によって買い取られた群れの救いであり, さらに創造された世界それ自体の救いをも意味した. すなわち, イエス・キリストによる救いは「再創造」（recreatio）としてのそれであり, 創造の回復と完成へと方向づけられたものであった. この文脈で「キリストの復活」は神の民の復活の初穂にとどまらず, 創造の回復と完成としての新しい創造の初穂としての意味をもつこともより明確に理解できるはずである.

　あるいは, 次のような角度からも説明することができる. すなわち, 創造における天と地において, 天は栄光に満たされた場・神の住い, 地は人間に賜物とした与えられた場であった. 詩編115編16節が「天は主のもの, 地は人への賜物」と語るとおりである. 神は「天」に住み, 人は「地」に住む. その時, 両者の間には対立はなかった. 互いに調和のうちにあったのである. しかし, 罪のゆえに天と地は対立的に分離され混乱さ

せられたのである．両者の調和が回復されたのは，キリストの贖いによってである（コロサイ1：20）．終末において，われわれは"新しい天と新しい地"を見る．さらに，"新しい天"から新しいエルサレムが"新しい地に"下ってくるのを見る（黙示21：1）．"新しい地"においては「神の幕屋が人の間にあって，神が人と共に住み，人は神の民となる」（黙示21：3）．今や，神は"新しい地に"おいて人と共に一つ屋根の下に住む．今やそこには幕屋はない．神はあらゆるところで人と共にあり，同時に人は神と共にある．天と地の分離と混乱は回復され，両者の関係はこのように回復され，完成されて一致へともたらされるのである[398]．

以上のように考察を加えてくるとき，地から離れた形における天上での永遠の命の状態を，すなわち死後の中間状態を救いの完全な状態と考えるわけにはいかないこともより明瞭になる．人間の救いは，魂の救いだけではありえず，栄光の復活の体において全き完成に至る．しかも，栄光の体による救いは共同体としての新しい人類の出現において完成する．さらには栄光の体への復活は抽象的にそれ自体で孤立して存在しているわけではなく，舞台としての「新しい地」と一体的に具体的に存在するのである．「新しい地に」において，新しい人類は神と共に住み，あらゆるところで神を崇め，神をほめたたえるのである．

終末論における宇宙論的次元とはこのような内容をもつ．したがって，終末論が個人的終末論にとどまるとき，それはやせ細った終末論である．場合によっては，すでに指摘したように終末論において"宗教的・救済論的自己中心主義"に陥る危険性があるのである．終末論は，共同体としての新しい人類や，舞台としての「新しい地」そのものをも視野の中におかなければならない．それは"宗教的・救済論的自己中心主義"を突破する広範な終末的倫理への道をも開く．終末論は神の国の終末論として包括的に理解されなければならないのである．その時，聖書的終末論ははじめて健康な終末論として機能することになるであろう．

4. この世界は絶滅するのか？
── いわゆる "アニヒラチオ"（annihilatio）の問題

　われわれは終末論における新しい天と地の重要性を指摘した．しかし，その場合に問わなければならないことは，現在の秩序におけるこの世界と終末の新しい創造との関係をめぐる問題である．
　この問題で，われわれがまず注目しなければならないのは，古いこの世界と終末の新しい創造との関係をラディカルな非連続性において理解する「絶滅説」（annihilatio）の立場である．すなわち，この世界は消滅し，これとはまったく別の新しい創造を主張する立場である．これはいわば終末における新たな「無からの創造」（creatio ex nihilo）の主張とも表現することもできる[399]．この立場の聖書的根拠としてはマタイによる福音書24章29節やペトロの手紙二3章12節などが挙げられてきた．
　この「絶滅説」の立場は，歴史的にはルター派に比較的多い．ルター自身がこの見解を主張したわけではないが，17世紀にこの見解がルター派に多く見られるようになったのは事実である．特にルター派古正統主義の中心人物であるJ. ゲルハルト（J. Gerhard）はこの立場を主張した[400]．
　この立場は中世の神秘主義の影響を受けており，プラトン主義化・ヘレニズム化への傾向を示すものである．この立場は死後の中間状態の理解と軌を一にしており，その場合にはこの世界とのかかわりをもたない彼岸的な永遠の生命の理解に傾くことになる．
　われわれは「絶滅説」を拒否する．いくつかの理由がある[401]．
　第一に，ペトロの手紙二3章13節，ヨハネの黙示録21章1節において "新しい天と新しい地" と言われている場合の "新しい" は，ギリシア語「ネオス」（νέος）ではなくて，「カイノス」（καινός）が用いられている事実である．「ネオス」は起源における新しさを意味するのに対して，「カイノス」は性質あるいは質における新しさを意味している．したがって，

「カイノス」としての新しさをもつ"新しい天と地"は，確かに質的な新しさをもった世界として現在の世界との非連続性の側面をもつのであるが，同時に「ネオス」としての起源としての新しさではなく，そこに現在の世界との連続性の側面が存在するのである．

第二に，ローマの信徒への手紙8章20-21節は現在の被造物が終末において罪によってもたらされた滅びへの隷属から解放されることを考えているのであって，まったく別の何かが出現することを語っているわけではない．

第三に，もし現在の世界が絶滅するのであれば，神御自身が本来「善き世界」として創造されたものが絶滅するのであって，神の業は破綻し，サタンが勝利を握ることを意味する．そうではなく，この世界が更新されることによってサタンの敗北が明らかにされるのである．

第四に，「キリストの生前の体」と「キリストの復活の体」との間で非連続性と同時に連続性を確認できるように，キリストに結ばれた信仰者の場合にもその類比性において「生前の体」と「復活の体」との非連続性と同時に連続性があることは確実である．この意味における非連続における連続性は現在の世界と新しい創造との関係においても妥当する．

5.「更新」(renovatio) としての新しい創造

上述のような理由で，改革派神学は「絶滅説」には立たない．「ベルギー信仰告白」第37条によれば「古き世をきよめる」と表現し，古い世界は火の中におかれ，清められるのである．これは古い世界の絶滅や新しい世界の「無からの創造」というような第二の創造を意味せず，単なる連続ではないとしても，「更新」(renovatio) であり，「再創造」(recreatio) を意味している．

このような基本的理解は，アルトハウスによれば，教会の古くからの正統的理解の線上にあり，エイレナイオス，アウグスティヌス，大グレゴリ

ウス，トマス・アクィナスなどが主張し，中世の神学の一般的な傾向でもあり，今日のカトリック神学も同様の立場である[402].

しかし，「更新」と理解した場合でさえ，古い世界と新しい世界との関係における「連続性と非連続性」の問題をどのような内容において理解するかについては見解の微妙な差がある．この見解の微妙な差は，現在の世における人間の倫理，あるいは文化的行為とその結実の終末的位置づけを規定する意味をもってくるので，決して小さな問題ではない．この点をめぐって，ローマ・カトリック神学の場合と改革派神学の場合を取り挙げて以下考察を深めることにする．

(1) ローマ・カトリック神学の場合

ローマ・カトリック神学の場合にも上に指摘したように「絶滅説」ではなく，連続と非連続の関係を「刷新」と考えるのである．「人類と世界を変革するこの神秘的な刷新を，聖書は『新しい天と新しい地』（Ⅱペトロ3：13）とよんでいます[403]」．しかし，「刷新」についての内容理解においては，セミ・ペラギウス的人間理解が前提とされており，人間の全面的堕落，全面的な霊的無能力性は否定される．すなわち堕落の結果，「人間本性は全面的に腐敗したわけではない」とされ，本来の固有な能力が傷つき，悪に傾くに至っていると見なされる[404].この人間理解を踏まえて，自然と恩恵の関係において「恩恵は自然を完成する」という神学的原理が機能することになる．すなわち，終末における「変容，刷新」の理解においても，自然的本性がある肯定的意味をもち，連続と非連続との関係において連続性の要素がよりポジティブに機能することになる．この文脈において「人間の努力が，神の国を築き上げる要素」として功績的色合いをもつことにもなるのである[405].

ローマ・カトリックの思想家テイヤール・ド・シャルダンの場合には，「絶滅説」とは異なるもう一つの極端な立場である連続性の全面的肯定の立場に立つ．進化論的・発展論的立場から，「終末としてその目標が神で

あるような進化による世界完成を期待した」のである[406]．ここには連続性を全面的に肯定する歴史内在的終末論の主張がある．ローマ・カトリック神学の基本的立場はすでにふれたように連続性の全面的肯定の立場ではない．しかし，テイヤール・ド・シャルダンの思想がK. ラーナーやスキレベークスの内在的終末論に影響を与えた事実が指摘されている[407]．このような影響やある種の受容が起こりうることはカトリック神学の中にそれに反応するアンテナが存在していることを意味する．すでに論及したように，カトリック神学に内在する連続性の要素のポジティブな機能を考慮するときに，このような受容は理解可能な事態であろう．

(2) 改革派神学の場合

　改革派神学の場合には，連続と非連続の関係を説明するに当たり，たとえばカルヴァンはペトロの手紙一3章10節の註解の中で「実質」（substantia）と「性質」（qualitas）とを区別し，連続と非連続との関係において「実質」は同じであり，新しい創造では「新しい性質」（nova qualitas）を受けるというしかたでその関係を理解したのである[408]．H. バーフィンクも，カルヴァンの理解を継承し，「実質」における変化なしに，存在するものの「再創造」（herschepping），「再生」（wedergeboorte）について語ったのである[409]．あるいは「実質的なもの」と「偶発的なもの」，「存在」と「形式」などの概念を用いてその連続性と非連続性を説明しようとしたのである．しかし，これらの概念の使用それ自体は，ローマ・カトリック神学の論理に通ずる．カトリック神学のミサ論においてパンとぶどう酒の外見的なものは偶発的なものとしてそのままとどまるが，実質自体がキリストの血と肉に変化すると主張される．上述の論理は，カトリック神学のミサ論の論理を逆転させ，偶発的なものは変化するが，実質自体は変化しないと主張しているのであり，論理的構造には共通のものがあると言える．この問題点は理解しておく必要がある[410]．

　さらに改革派神学において問題になるのは，アブラハム・カイパーに見

られる連続と非連続の関係理解である．カイパーも基本的には伝統的改革派神学の「再創造」の立場であるが，この点での彼の理解に関連して特に議論の対象になるのは「一般恩恵」(gemeene gratie) の問題である．「一般恩恵」とは，救済恩恵である「特別恩恵」とは区別された，堕落後においても信者・不信者になお共通に与えられている恩恵のことを意味する[411]．カイパーによれば，文化形成との関係では，「一般恩恵」は消極的には罪を抑制して文化の成立を可能にし，積極的には文化を促進せしめる働きをなす[412]．カイパーは，「一般恩恵」に基づく労働の実りとしての文化的成果はヨハネの黙示録21章24，26節に関連して新しいエルサレムの中へともたらされることを主張する[413]．つまり古き世における文化的成果が一定の連続性を保持して発展的な形で新しいエルサレムに持ち込まれ，位置づけられることを意味している．この神学的思考の背後にはカイパーの進化論的・文化楽観主義が潜んでいることが指摘されている．ここでは，古い世と新しい創造との関係理解においてポジティブな意味で連続性の要素が浮かび上がってくる．この点においてセミ・ペラギウス主義の芽が潜んでいると批判されることにもなったのである．すなわち，アルミニウス主義，カトリシズムとの共通根の存在の疑義が提示されることになったのである．

このような疑義の提示において最も先鋭的な役割を果たしたのがK.スキルダーであった．スキルダーはわれわれの議論の対象となっている連続性と非連続性との関連で，カイパーの「一般恩恵」に基づく連続性の要素を抉り出し，これを全面的に排除した．この連続性の排除という点で，象徴的な意味をもつのがキリストの来臨における「大変革」(katastorofe) の概念の強調であった[414]．確かにペトロの手紙二3章10-13節にあるように，「古い世は清められるために火と炎に包まれる」(「ベルギー信仰告白」第37条) のである．この点で決定的な意味において"非連続"が主張されることになる[415]．しかし，この主張は「絶滅説」とは異なる．そこに「清められる」という要素が残るからである．火と炎に包まれて裁きが

遂行されるのであるが，そこに「清め」が生起する．スキルダーの場合，「大変革」（katastorofe）には徹底的な否定的契機と同時に，その徹底的否定的契機を介しての肯定的契機も意味をもってくるのである[416]．

　この肯定的契機を理解するために，われわれは創造まで立ち戻らなければならないであろう．スキルダーは，改革派神学の契約神学に立脚し，創造における「わざの契約」の局面において人間が神の戒めに従うことによってより高次の栄光の状態におかれたであろうことを想定する．しかし，その場合に，終末における「大変革」に見られる裁きの要素はそこでは存在しないにしても，神の一方的な「衝撃的契機」（schok-moment），「上からの一方的介入」によってその事態は生起したであろうと考える[417]．すなわち，創造の状態における「わざの契約」においてさえも人間の業による功績が機能して発展的連続性において栄光の状態に移行するとは考えない．したがって，罪がなかった場合を仮定したときでさえ，終末時の神の国の完成において「文化命令」に従った人間の営みの実りが発展的連続性において永遠のエルサレムに持ち込まれることはない．換言すれば，その場合でさえ神の一方的な行為においてその実りは永遠のエルサレムへと持ち込まれたであろうと想定する．このような意味において，まして歴史的現実として罪と堕落の下におかれた古き世における人間の働きの実としての文化的成果は，それが神の民のそれであっても，いかなる意味でも発展的連続性において新しいエルサレムに持ち込まれることは考えられないことである．それは，罪と堕落の現実を踏まえ，徹底的な「大変革」をとおして火と炎に包まれ清められねばならない．徹底的な非連続を経なければならないのである．しかし，「恵みの契約」の完成としての終末的神の国において，恵みの契約の民の「文化命令」に従った労働の実りである文化的成果が無意味になるのではない．「大変革」をとおして裁かれ，浄化され，聖化を経て神の一方的な恵みの行為をとおして新しいエルサレムにおいて場所と意味をもつのである．徹底的な非連続における，神の恵みの一方的行為として生起する連続性の主張である．

以上のように，改革派神学の内部において連続と非連続をめぐる問題にかんして「絶滅」ではなく，「更新，再創造」であり，"非連続の連続"という神学的共通認識は存在するが，その場合でさえその内容理解においては全面的な一致に達しているわけではない．われわれとしては，この問題にかんして以下のような点を現時点における結論的要約として確認しておくことができるであろう．

　第一に，終末において神は御自分の創造の業を決して無にしないという事実である．ここでは，創造者なる神とその業の尊厳と権利が問題となる[418]．すでに指摘したように終末は始源と結びついている．創世記1章1節とヨハネの黙示録21章1節とは結びついているのである．始源は未来的終末を含んでおり，終末は始源を踏まえ，同時に始源以上のもの，始源の完成である．しかし，その完成には，歴史に入り込んだ罪の問題があり，それゆえに始源の終末的完成においては罪と腐敗の裁きと浄化の問題が加わる．この意味において，「古き世をきよめる」（ベルギー信仰告白第37章）という表現も生まれてくる[419]．

　第二に，以上のような意味において連続性を語ることが必要であるとしても，注意しなければならない点がある．非連続を主張し，同時に「更新」を介しての連続性を主張する立場において，連続性のポジティブな楽観的要素が入り込む危険性が伏在しうるという事実である．この場合には，「全面的堕落」（total depravity）という改革派神学の根本主張が事実上弱体化し，死の真剣さ，裁きの厳粛性が十分に考慮されていないという批判を被ることになる．セミ・ペラギウス主義の要素が神の国の完成という局面でも機能することになるからである．連続性のポジティブな要素は，功績主義と結びつき，歴史的過程における人間の文化に対する楽観主義をもたらしうる．むしろ，連続性の問題はこの世界自体の中に根拠があるのではなく，神御自身の中に根拠があることが承認されなければならない．神が御自分の業を決して放棄されないからである．したがって，終末における現在の世界から新しい世界への転換は，そこに連続性を洞察する

にせよ，徹底的な裁きを前提とした神の恵みの行為としての創造の完成として生起するものである．すなわちそこで機能するのは神の側からの一方的な業として，罪と腐敗が裁かれ，清められ，そして「大変革」をとおして完成へともたらされる神の徹底的な恵みの行為である．ここでは，廃絶論（アニヒラチオ）のように恩恵は自然を破壊するのではない．カトリシズムのように自然と恩恵が相互補完的に働き，恩恵が自然を完成するのでもない．全面的堕落を踏まえ，恩恵は自然を回復し，完成するのである．そのとき，この世界における文化と倫理は，蔑視でもなく，功績主義的楽観主義でもなく，神の恵みの光のもとで正当に位置づけられてくるのである．

G. 栄光の神の国におけるキリストの問題

1. 神の国の完成

古い世界の「更新」（renovatio）・「再創造」（recreatio），すなわち非連続における連続としての新しい創造において神の国は完成する．この時，被造物も，滅びへの隷属から解放され，神の子どもたちの栄光に輝く自由にあずかる（ローマ8：21）．聖なる都，新しいエルサレムが，夫のために着飾った花嫁のように用意を整えて，神のもとを離れ，天から下って来る（黙示21：2）．今や，神の幕屋が人の間にあって，神が人と共に住んでくださる（同21：3）．この新しいエルサレムには神殿はない（同21：22）．旧約の時代における幕屋・神殿は神の臨在のしるしであった．しかし，今や神御自身が人と共に住んでくださるのである（21：3）．ヨハネの黙示録21章22節の表現によれば「私は，この都の中に神殿を見なかった．それは，万物の支配者である，神であられる主と，小羊とが都の神殿だからである」．神が共にいてくださるこの新しいエルサレムでは，神の民は，その目の涙をことごとくぬぐい取られ，もはや死もなく，悲しみも

嘆きも労苦もない（同 21：4）．新しいエルサレムのすべての民は，神との交わりにおいて永遠の命のまったき祝福にあずかる．彼らは神を礼拝し，御顔を仰ぎ見る（同 22：3-4）．この永遠の命については項をあらためて後ほど取り挙げ，さらに踏み込んで論及する．

　以上のように，ここにはインマヌエル，"神共にいます"の完成された姿がある．すなわち，「わたしはあなたたちの神となり，あなたたちはわたしの民となる」という"アブラハムとその子孫"と結ばれた契約（創世17章）は，シナイ契約，ダビデ契約として展開し，その名をインマヌエルとよばれるイエス・キリストの受肉において成就し，ついには終末の神の国において完全に実現する．すなわち，新しいエルサレムにおいて「恵みの契約」の完成した姿があるのである．

2. 受肉の放棄？

　この栄光の神の国との関連で問題となるのは，完成された栄光の神の国，新しいエルサレムにおけるキリストの位置である．
　栄光の神の国におけるキリストの位置にかんして注目すべき主張は，A. ファン・ルーラーのそれである．ファン・ルーラーの終末論を扱ったときにすでに紹介したが，彼は次のように主張した．

> 「受肉は純然たる終末においては放棄され，その時（神の国には）三位一体の神と裸の存在としての事物（de drieënige God en de dingen in hun naakte）以外の何ものも残されていない[420]」．

　上記の引用において明白なように，終末的栄光の神の国においてはキリストの受肉は放棄されるとする．
　この理解と類似した思想は，初期キリスト教において4世紀のアンキュラのマルケロス（Marcellus）にも見られる．マルケロスによれば，先在

のロゴスはメシア・キリストとなって現れ，メシアとしての救済の業を終了した時に，ロゴスは神のところに帰り，父に吸収される．したがって，終末においては，父と子の区別はなくなるとする[421]．

このような議論において決定的意味をもってきたのは，聖書的にはコリントの信徒への手紙一15章24-28節である．

> 「次いで，世の終わりが来ます．そのとき，キリストはすべての支配，すべての権威や勢力を滅ぼし，父である神に国を引き渡されます．キリストはすべての敵を御自分の足の下に置くまで，国を支配されることになっているからです．最後の敵として，死が滅ぼされます．『神は，すべてをその足の下に服従させた』からです．すべてが服従させられたと言われるとき，すべてをキリストに服従させた方自身が，それに含まれていないことは，明らかです．すべてが御子に服従するとき，御子自身も，すべてを御自分に服従させてくださった方に服従されます．神がすべてにおいてすべてとなられるためです」．

ファン・ルーラー自身にとっても，この聖書の箇所が自らの立場の決定的根拠となっている．その場合，ファン・ルーラーは自らの立場の支持をカルヴァンに求める．カルヴァンは15章28節を註解して以下のように語るからである．

> 「その時，キリストは，御自身にゆだねられた御国を神に返されるであろう．そしてわたしたちが完全に神と結びつくようにされるであろう．そうすることによって，キリストは，御国をなくされるのではない．いわば，御国を，人間としてのご自身から神としてのご自身へと移されるのである．その時，わたしたちにも，御もとに近づく入口が開かれるであろう．その入口へは，今はわたしたちの弱さのために近づくことができない．このように，キリストは父に従われる．その時，おおいはとりのぞかれ，わたしたちは御威光のうちに臨在します神を，顔と顔とを合わせて仰ぐであろう．もはや，キリストの人間性が，私たちと神との間に介在して，神のご威光をしたしく拝するさまたげになることはないであろう[422]」．

この場合に問題となるのは，はたしてカルヴァンはこの註解の言葉に

よって「受肉の放棄」を語ったのかどうかという点である.

カルヴァンによれば,キリストの人格においてわれわれは神を知るのであり,キリストは父に至る道である.仲保者の役割が今や完全に全うされ,父への道が開かれるとき,キリストの人性が介在する必要はなくなる.カルヴァンの上記の言葉は,救済の経綸の道における仲保の完了のことを語っているのである.「人性の放棄」については何も語っていない[423].この意味で言えば,カルヴァンが語っていることは「認識論的であり,存在論的ではない」のである[424].

上記の当該聖書箇所そのものについて言えば,確かにキリストが御国を父に渡すことが語られている.しかし,このことは時代史的な意味で「キリストの国」から「神の国」への移行を語っているのであろうか.「キリストの国」と「神の国」とが峻別され,現在の「キリストの支配」が終わり,終末の「神の支配」が始まることを意味しているのであろうか.

この点に関連して,榊原康夫は当該聖書箇所の註解において次のように指摘する.

> 「キリストの王国が永遠に存続することと,そのとき『キリストと神の国』とよばれるほど『神の国』と『キリストの国』とは同一であること(エフェソ 5：5,黙示 11：15)とは,聖書の明白な教えです.ですから,パウロがここで言いたいことは,神の御業をこほとうとするあらゆる敵を滅ぼしてゆく支配としてのキリストの王国は終り,父なる神から子なる神に仲保者キリストとして委託されたことが,とどこおりなく完全に達成される,ということを強調したいだけなのです[425]」.

以上のことを踏まえて積極的に表現すれば,次の項でも扱うようにヨハネの黙示録 21,22 章において「キリスト中心性"と"神中心性」とが一つのこととして語られていることに注意すべきであろう.コリントの信徒への手紙一の当該聖書箇所では「人性の放棄」などがまったく問題になっていないのである.

改革派神学の伝統を振り返るとき,「キリストの人性の放棄」という教

説を支持する立場は存在しない[426]．信条的には，「ウェストミンスター信仰規準」を例にとれば十分であろう．すなわち，「ウェストミンスター大教理問答」問36，「ウェストミンスター小教理問答」問21の両方において，キリストの二性一人格の永遠性が明確に告白されているからである．

3．栄光の神の国における「キリスト中心性"と"神中心性」

　ヨハネの黙示録に注目するとき，栄光の神の国におけるキリストの位置は明確である．特にヨハネの黙示録21章，22章に焦点を合わせるならば，そこには終末の栄光の神の国，新しいエルサレムの姿が描かれている．新しいエルサレムにおいては「全能者である神，主"と"小羊とが都の神殿」（21：22）であり，「神の栄光が都を照らしており，（"そして"）小羊が都の明かり」（21：23）であり，「神"と"小羊の玉座が都にある」（22：3）．

　これらの表現の「"と"，"そして"」（καὶ）に注目すべきであろう．ここには神"と"小羊，すなわち十字架に屠られ，甦って立っている小羊（5：6）との一体的結びつきが示されている[427]．これらの表現によってわかることは，「キリスト中心」から「神中心」への移行は存在せず，「キリスト中心」か「神中心」かというジレンマも存在しない．終末の全構造は「キリスト中心性"と"神中心性」によって規定されているのである．両者は一体的である．その一体性は「神"と"小羊の玉座」（22：1，3）における「王座」が単数形で強調されていることによっても明確である．したがって，頌栄は一つのこととして「王座に座っておられる方と小羊」とに向けられるのである（黙示5：13）．

　同時に栄光の神の国における神の小羊と神の民との結びつきにも注目すべきであろう．花嫁は夫である小羊を待ち望む．主イエスは「わたしの父の国であなたがたと"共に"新たに飲むその日までは……」（マタイ26：29）と語られた．また「神の相続人，しかもキリストと"共同"の相続

人」(ローマ 8：17),「あなたがたの命であるキリストが現れるとき, あなたがたも, キリストと"共に"栄光に包まれて現れるでしょう」(コロサイ 3：4),「このようにして, わたしたちはいつまでも主と"共に"いることになります」(Ⅰテサロニケ 4：17) とも語られている. さらに, われわれはまた「神"と"小羊の玉座から流れ出て, 水晶のように輝く命の水の川」(黙示 22：1) にあずかる者なのである.「神」と「小羊」から流れ出る「聖霊」による永遠の命の水にあずかる者なのである (ヨハネ 7：39)[428].

このような性格をもつ終末の栄光の神の国においてキリストの位置は決定的位置を占め, それは単なる「神中心」でもなければ「キリスト中心」でもなく,「神の小羊の神中心的形象」(de theocentorische gestalte van het Lam) ともよぶべき本質をもつものなのである[429]. そしてここにキリスト教終末論のキリスト教終末論たる本質が示されているのである.

4. 結論的要約

以上のように, 栄光の神の国としての「新しいエルサレム」においては, キリストの救済の歴史, 同時に聖霊の救済の歴史もまた明確な場所を占め, しかも永遠的意味をもっていると結論づけることが許されるであろう. 教義学的に表現すれば, 栄光の神の国としての「新しいエルサレム」においては, 存在論的三位一体の神の聖定に基づく三位一体の神の経綸的働き, すなわち歴史的現実を含みこむ三位一体の神の救済史的働きの完全な終末的成就が証されているのである. したがって, 栄光の神の国は三位一体の神の経綸的働きの完成として一切の業は神の業としてもたらされ, 永遠に神の栄光を顕す. そこでは創造者なる神の業が, 贖い主なる御子キリストの業が, 完成者なる聖霊の業は永遠の刻印を帯びて存在する. そこではその神の救済史的働きにあずかり, 回復され, 完成された人間と世界が場所を得て, 一切の栄光を神に帰し, 三位一体の神の栄光をほめたたえ

ることになる．そこでは存在論的三位一体の神と経綸的三位一体の神は文字どおり一体的なのである．

われわれは，こうしてここでも，そしてここでこそ，あのパウロの頌栄的告白を共に告白することが許されるはずである．

「すべてのものは，神から出て，神によって保たれ，神に向かっているのです．栄光が神に永遠にありますように，アーメン」（ローマ 11：36）．

H. 栄光の神の国における「永遠の命」

1. 「永遠の命」の本質

最後に，終末に完成される栄光の神の国における永遠の命について考察を加えることにする．

O. ヴェバーによれば，「永遠の命とは死によっても脅かされることのない神との交わりにあるその命」のことである[430]．この定義をより厳密にキリスト教的に表現すれば，「永遠の命とは，死によっても脅かされることのない，キリストにある神との交わりにおけるその命」のことと言えよう．この命は単に永続的な命ということにとどまらない．それは罪が支配するこの世界における命とは質的に異なった命である．われわれはすでにこの世にあってキリストへの信仰をとおして，キリストにある神との交わりにあずかっている．この意味において永遠の命をすでに受けているのである．ヨハネが「はっきり言っておく．わたしの言葉を聞いて，わたしをお遣わしになった方を信じる者は，永遠の命を得，また，裁かれることなく，死から命へと移っている」（ヨハネ 5：24．他に 3：36，6：47）と明確に語るとおりである．

しかし，この世においてすでにあずかる永遠の命の他に，聖書はやがて与えられるべき終末的な永遠の命についても語る．すなわち，この終末的な「永遠の命」において「いつまでも主と共にいることになり」（Ⅰテサロニケ 4：17），「キリストの栄光をも受け」（ローマ 8：17），「天に蓄えられている……財産を受け継ぐ」（Ⅰペトロ 1：4）のである．また，「神の民に残されている安息」（ヘブライ 4：9）にあずかり，すべての「労苦を解かれて，安らぎを得」（黙示 14：13），「小羊の婚宴に招かれ」（黙示 19：9）るのである．

　このような終末における永遠の命の実体を新しいエルサレムにおいて見る．新しいエルサレムでは，すでにふれたように「神の幕屋が人の間にあって，神が人と共に住み，人は神の民となる．神は自ら人と共にいて，その神となり，彼らの目の涙をことごとくぬぐい取ってくださる．もはや死はなく，もはや悲しみも嘆きも労苦もない」（同 21：3－4）のである．そこは命の充満した世界である．ヨハネの黙示録 22 章 1 節によれば，「天使はまた，神と小羊の玉座から流れ出て，水晶のように輝く命の水の川をわたしに見せた．川は，都の大通りの中央を流れ，その両岸には命の木があって，年に十二回実を結び，毎月実をみのらせる．そして，その木の葉は諸国の民の病を治す」とある．父がつかわされた御子・神の小羊を通してのみ命の水は流れてくる．今やその水は都の真中を流れている．今や「園」ではなく，ここでは「都」に発展している．命にかんして言えば，川の両岸にある「命の木」は今や一本ではない．「命の木」は集合名詞として集合的に用いられており，両岸に多くの「命の木」が存在する．しかも毎月実るほどでいつでもその実を手にすることができる．木の葉にさえ癒す力がある．病と死から自由にされている世界．そして，「命の水の川」は都の大通りを流れているのであるから，誰しもがその水を飲むことができる．命に満ち溢れている世界である．ここで「神の僕たちは神を礼拝し，御顔を仰ぎ見る」（黙示 22：3－4）のである．

　この世で与えられている「永遠の命」とこのような終末時に与えられる

「永遠の命」とは区別されることはあっても分離されることはない．両者は一体的関係性の中にある（コロサイ3：3-4）．天上のキリストに結び合わされて地上で与えられる聖霊による「永遠の命」とキリストの再臨によって与えられる体の復活を伴った終末の「永遠の命」との区別性と関係性である．ここでも「すでに」と「いまだ」との関係性が理解されなければならない．この項においてわれわれが問題としているのは，後者のキリストの再臨による終末的完成における「永遠の命」，「新しいエルサレム」における「永遠の命」の問題である．すなわち「使徒信条」の告白する「永遠の命」，ニカイア信条（381年）の告白する「来たるべき世の命」の問題である[431]．

2.「永遠の命」の包括的理解の重要性

以上のように「永遠の命」について記すことができるが，今一歩踏み込んで考察するならば，終末における永遠の命は包括性において把握されなければならないのである．終末における「永遠の命」のもつ豊かさを包括的に理解するには，終末の「新しい創造」の世界全体の中でその命の在り様を洞察することが重要である．

創造においても神の息を吹き込まれて生きるものとなった人間存在の命の在り様は，人間存在だけを分離し，孤立的に理解されるべきではなく，創造全体の中で理解されねばならない．人間存在だけが孤立して扱われるとすれば抽象にすぎない．終末における「永遠の命」の場合も同様である．その命の在り様を再創造の完成としての終末の栄光の神の国全体の中で包括的に理解されねばならないのである．

この点で特別に注目したいのは，「インドネシア・トラジャ教会信仰告白」（1981年）の第8章「時の終わり」の第7項の"永遠の命"についての告白的表明である．同信仰告白は当該箇所で"永遠の命"について以下のように語っている．

「永遠の命は，神と人との間で，お互いに人間同士の間で，そして人間と自然の間で回復された関係における命である．そしてこれは，神がとこしえに礼拝され，栄光をささげられる，新しい天と地において完成されるであろう[432]」．

公的信条文書において，神と人，人と人，人と自然との関係において「永遠の命」を包括的に理解し，信仰告白的明晰さにおいて表明したものは「インドネシア・トラジャ教会信仰告白」が初めてであろう．この信仰的表明は高く評価されるべきである．神学的には，このような永遠の命の包括的理解はすでにファン・ルーラーによって強調されている．ファン・ルーラーは「永遠の命」の個人主義化された理解を鋭く批判し，永遠の命の包括的理解を主張したのである[433]．「永遠の命」の個人主義的理解の中には一片のグノーシス主義のパン種が潜んでいる危険性があると洞察されるべきである．

われわれは，以上のような「永遠の命」についての包括的理解に立脚して，以下のように対神，対自，対人，対世界との関係において「永遠の命」の諸側面についてさらに考察を進めることにする．

3．「永遠の命」における対神関係——「神を喜ぶこと」

終末における「永遠の命」の状態について，たとえばH. バーフィンクは伝統的な「visio, comprehnsio, fruitio Dei」の概念を用いる．すなわち，「神を見ること」（ヴィジオ・デイ），「神を知ること」（コンプレンヘンシオ・デイ），「神を喜ぶこと」（フルイティオ・デイ）の三つである[434]．

栄光の神の国において，完成された「永遠の命」に生かされる者は，顔と顔を合わせて「神を見る」のである．罪のうちに堕落した人間は神の顔をさけて隠れる（創世3：8）．心の清い者だけが神を見るのである（マタイ5：8）．罪人にとって，キリストの贖いと聖霊によってのみ神との交わ

りは回復される．これによって，神の御前に顔をあげて，神を仰ぐ道が開かれる．しかし，その場合でさえ，栄光の神の国の完成までは限界性の中にある．したがって，使徒パウロも次のように語る．「わたしたちは，今は，鏡におぼろに映ったものを見ている．だがそのときには，顔と顔とを合わせて見ることになる」（Ⅰコリント 13：12a），と．

さらにパウロは「神を見ること」と同時に「神を知ること」についても語る．「わたしは，今は一部しか知らなくとも，そのときには，はっきり知られているようにはっきり知ることになる」（Ⅰコリント 13：12b）とあるとおりである．

栄光の神の国においては「神を見ること」「神を知ること」と同時に，全き意味において「神を喜ぶこと」も起こる．「神を喜ぶこと」はアウグスティヌスが強調した点であり，カルヴァンにおいても終末的脈絡において語られることである（『キリスト教綱要』Ⅲ・25・10）[435]．この意味における「神を喜ぶこと」は，「ウェストミンスター小教理問答」第一問が語る「神の栄光をあらわし，永遠に神を喜ぶ」という人間の目的が究極的に達成されることを意味する．

さらに言えば，「神を喜ぶ」ことの中には「愛」も含まれているであろう．神と神の小羊の御座から流れてくる聖霊による命の水には愛が溢れている（黙示 22：1）．キリストにある神の愛が溢れ，同時にその流れにあずかる私たちの神に対する愛も含まれている．愛における交わりだからこそ，「神を喜ぶ」喜びは言葉に尽くせないのである．こうして神を見，神を知り，神を喜び，栄光の御国において神の僕たちは全き意味において礼拝をささげるのである．そこでは「もはや，呪われるものは何一つない．神と小羊の玉座が都にあって，神の僕たちは神を礼拝し，御顔を仰ぎ見る」（黙示 22：3-4）とあるとおりである．

しかし，この場合になお問いが残る．すなわち，問題になるのは「神を見る」（visio Dei）とは何を意味するのかという点である．この点について，以下の付論において項をあらためてさらに考察を加えることにする．

4.【付論】「神を見ること」(visio Dei) をめぐる問題性

　上述のように，H. バーフィンクは永遠の命の状態について「神を見ること」を挙げている．伝統的には「至福直観」(visio beatifica) という言葉で表現されてきた事柄である[436]．

(1) ローマ・カトリック神学の場合

　ローマ・カトリック教会においては，「至福直観」を存在論的な意味でとらえる．「至福直観」とは地上にある時とは異なり，いっさいの媒介なしに，直接的に「顔と顔とを合わせて神を見る」ことを意味する．

　1334 年のベネディクトゥス 12 世の「教書」は，天上の楽園にある聖徒たちの「神の至福直観」にかんして次のように述べている．

> 「……被造界の認識像なしに，顔と顔と合わせて直観的に神の本性を見るのである．神は自分自身を裸のまま，はっきりと，明白に彼らに示すのである．死者の霊魂は，そのような至福直観によって真の幸福を味わい，永遠の生命と安息を楽しむのである．さらに，後に死亡する者も，同じ神の本性を直接見，公審判の前に，永遠の命を持つ[437]」．

　この「教書」は聖徒の死後の霊魂の至福直観について語っているのであるが，いかなる媒介的要素もなしに，顔と顔とを合わせて直観的に神を見ることが考えられている．しかし，この場合に注意すべきことは当時の教会の理解を踏まえて，何らかの啓示なしに，自分の生得的な能力によって神の本質を手の中に"握り掴む"(grasp) ように目で見ることができることが考えられていたわけではなかったのである[438]．

　しかし，1439 年のフィレンツェ公会議はさらに一歩踏み出し，新しい要素が加わったのである．この公会議は「至福直観」について次のように語る．

「……肉体の衣を脱いだ後に浄化された霊魂も，すぐに天国に入る．そして三位一体の神自身をありのままにはっきりと直接に見る．ただし，各自の功績の多少によって，ある者は他の者よりももっと完全に神を直接に見るであろう[439]」．

このフィレンツェ公会議の教理的表明において，重要な役割を果たしたのがヨハネの手紙一3章2節の「御子をありのままに見る」という聖書の言葉である．当該箇所のラテン語ウルガタ訳の「彼があられるように彼を見る」（sicut est: as He is）という言葉を，「彼がご自身においてあられるように彼を見る」（ut in se est: as He is in Himself）と解釈し，「神の本質」（essentia Dei）を見ることができると理解したのである[440]．新しい要素とは，被造物の人間の生得的能力において神の本質を見ることができることが問題として現れ出たことである．この点に関連して注目すべきは，この教理的表明においては「至福直観」にかんして功績思想が意味をもっているという事実である．「各自の功績の多少によって，ある者は他の者よりももっと完全に神を直接に見るであろう」とあるとおりである．

こうして問題になったのは，被造物である人間が，天上の浄化された霊魂においてであっても存在論的な意味で自然的・生得的能力によって，はたして神の本質を見，また把握して知ることができるのかという点である．ローマ・カトリック神学において，この点は議論のあるところであったが，結論的には被造物としての生得的能力においてはそれはできないと見なされるに至ったのである．すなわち，神の本質を見，また知るには超自然的な特別な賜物が必要とされる．その超自然的な賜物とは「栄光の光」（lumen gloriae）なのである[441]．この超自然的賜物をとおして神の本質を見，知ることが可能とされる．このように，この「至福直観」においても「自然と超自然」のカトリック固有の問題が登場するのである．「恩恵は自然を完成する」の原理がこの終末的・究極的次元においても機能しているのである．

(2) 改革派神学の場合

　われわれがここで問題にしているのは，死後における天上の浄化された霊魂ではなく，終末の完成された御国において栄光の復活の体を与えられた人間の「至福直観」の問題である．しかし，両者の救済のステージの相違にもかかわらず，「至福直観」という点に関しては本質的に共通する神学的課題であろう．

　以上の点を踏まえた上で「至福直観」にかんして改革派神学の場合には，当然のことながら創造者と被造者との厳密な区別性を堅持する．したがって，いかなる意味においても「神の本質を見る」（visio Dei per essentiam）という意味において神を見ることを認めることはない[442]．つまり存在論的枠組みにおいて「神を見る」ことを考えないのである．たとえば，バーフィンクの場合は「贖われた者たちが神を見るのは，身体的眼においてではなく，自然と聖書によるこの時代のあらゆる啓示をはるかに超えるあるしかたにおいてである」と述べる[443]．この主張にはなおあいまいな部分が残る．K. スキルダーは，より明白に，「まさに天国において，あの"見ること"は，啓示に依存する．これは，当然自然啓示と超自然啓示，自然啓示と聖書啓示というあらゆる区別性が永遠に取り去られた啓示なのである」と語る[444]．

　「神を見る」ことについてそうであれば，「神を知る」ことにおいても，改革派神学における「神の不可把握性」（incomprehensibility of God）の主張が機能し，存在論的な意味において「神の本質を知る」ことを承認することはない．スキルダーにとっては，栄光の御国における「神を見る」ことにとどまらず，「神を知る」ことにおいても啓示に依存すると主張される[445]．

　しかし，スキルダーの主張するような意味において，あの栄光の神の国においても神を見ることは啓示に依存すると考えてもなお不分明なままであろう．そしてこの困難きわまりない神学的課題を見事に解明できるわけ

でもない.しかし,この問題について重要なポイントが残っているように思う.「神を見る」ことについての上述の議論において,いずれにしても抜け落ちているのは"キリスト論的な視点"であろう.栄光の神の王国においても目を注がなければならないのはキリストである.「新しいエルサレム」について論じたときにすでに言及したように,そこでは「神中心」と「キリスト中心」とを切り離すことはできない.「神の小羊の神中心的形象」(de theocentorische gestalte van het Lam)について語らなければならないのである.さらに,われわれは,新しいエルサレムにおける小羊と神の民との結びつきについても言及した.

聖書によれば,「神は前もって知っておられた者たちを,御子の姿に似る者としてあらかじめ定められ」(ローマ8:29),聖霊によってキリストに結び合わされて神の子とされ(ローマ8:17),終末の栄光の御国においてもキリストに結び合わされて「御子に似た者」(Ⅰヨハネ3:2)とされるのである.神の子とされたわれわれが,栄光の神の国において「神を知り,神を見,神を喜ぶ」のは,どこまでもキリストとの結びつきにおいてなのである.したがって,神の栄光の御国において「神を見る」(visio Dei)とは,小羊を見ること,キリストにあって神を見ることなのである.「神を見る」ことはキリスト論的視点なしに語ることはできないのである.

以上のように「神を見る」ことをめぐる問題点を確認できるであろう.また,改革派神学が確保しようとしている神学的一線も確認できるであろう.しかし,「神を見る」ことについては,すべてを明瞭に語りきることはできない.断片的に語る他なく,未解明の多くの点が残ることを率直に告白しなければならない.われわれは聖書が語る限界にとどまらなければならない.主が来られ,すべてが明らかにされるその時まで,われわれは期待をもって待ち望むほかはないのである.

5.「永遠の命」における対自関係――「自分を喜ぶこと」

　次にわれわれが問いたいことは，栄光の御国の永遠の命の在り様における対自関係である．永遠の命における対神関係において「神を見，神を知り，神を喜ぶ」ことが問題になることを見たのであるが，永遠の命はこの対神関係だけで終わるのであろうか．そこでは自己は無になるのであろうか．あるいは，自己の存在は，神を見，神を喜ぶことの中へと吸収されてしまうのであろうか．

　創造において，人間は神の似像として造られ，神の喜びの対象であった．神を喜ぶ人間は，神の喜びの対象としての自分自身をも喜ぶことが許されたはずであるし，またそのことが求められたはずである．神が精魂込めて創造し，"極めて良い"という満足の対象であった人間存在を，人間自身の側でも自分自身の存在を喜び感謝することなしにただ神を喜ぶだけであったなら，はたしてそれは神が喜んでくださることであろうか．

　われわれは確かに罪のゆえに堕落と悲惨の中にあった．しかし，そのようなわれわれを神は見捨てず，イエス・キリストを遣わして十字架にかかるほどまでにわれわれを価たかく尊い存在と見なし，救い出してくださったのである．神の栄光の御国において，栄光の復活の体を与えられて，その復活の体と贖われた魂と一つにされるわれわれは，神との交わりの中で神を崇め，神を喜ぶのであるが，神の喜びの対象である自分自身をも喜ぶことを忘れるならば，神は喜んでくださらないであろう．われわれは，終末の栄光の御国においては，まったく傷のない栄光の体を与えられ，本来の自分になるのである．さらに遡って言えば，聖定に基礎づけられた他ならぬ自己の固有な存在が，堕落後の再創造を経るにせよ，終末の栄光の御国においては完成に至るのである．聖定において意図され，そこに根拠をもつ自己の固有な存在が栄光の御国において完成に至ると考えることができよう．つまり，栄光の御国においては，永遠の命に生かされている他な

らぬ"わたし"，あるいは"あなた"の固有な人間存在の完成が含まれているのである．全き意味において"神を知る"とは，全き意味において"自分を知る"ことにも至るのである．そこでは"神を喜ぶこと"と"自分を喜ぶこと"とは一つのこととして起こるのである．神の似姿として創造された私の完成した姿がそこにある．

　以上のような意味において，自分自身を喜ぶことが「永遠の生命」の喜びには含まれている．この点も永遠の命の理解の中で，必ずしも十分には強調されてこなかった点である．

6.「永遠の命」における対人関係
――「隣人を喜び，聖徒の交わりを喜ぶこと」

　永遠の命の喜びは神を喜び，自己を喜ぶことにとどまらない．栄光の神の国においては神の御顔を仰ぎ見て，神を礼拝するのであるが，"わたし"や"あなた"だけがそうするのではない．礼拝するのは，額に神の名が記されている「神の僕たち」（黙示22：3-4）である．それは「あらゆる国民，種族，民族，言葉の違う民の中から集まった，だれにも数えきれないほどの大群衆」（黙示7：9）なのである．それは，キリストによって贖われた契約の民，小羊の花嫁としての栄光の教会，栄光の神の子たち，神の家族，キリストにある新しい人類である．ここではユダヤ人もギリシア人もなく，いかなる「差別」もない．この終末的栄光における共同体には「多様性」と同時に，キリストにあって神を崇め，ほめたたえることにおける「一致」がある[446]．

　そのような神の民として神を礼拝し，神との交わりの中で神を喜ぶことが起こるのである．しかし，ここでもわれわれは，神の御顔を仰ぎ見て，神を礼拝し，神を喜ぶことにとどまらない．神の民としての「聖徒の交わり」の喜びをも喜ぶのである．神を知り，自分を知ることがゆるされた者は，隣人をも知ることがゆるされる．地上では十分には知りえず，愛する

ことにおいても弱さと不十分さを逃れることはできない．しかし，終末的栄光の神の国では，神の前で隣人を十全に知り理解して共に愛し合う交わりの喜びを全き形で喜ぶことも起こる．神の民は，互いにそれぞれの肢体を「キリストの手紙」（Ⅱコリント3：3）として読みあうことが許され，相互の愛の交わりを喜びつつ，神を喜ぶのである[447]．神を喜ぶというときに，キリストの体の完成体である神の民が相互に喜び合うことをしないなどということはありえない．永遠の命とはこのような聖徒の交わりの喜びをも含むものなのである．

　この栄光の御国における聖徒の交わりとの関連の中で，地上で死の別れを経験した愛する兄弟や姉妹との「再会」の問題も出てくるであろう．この問題は牧会的にも重要な問題である．しかし，地上で死別によって失われた関係が終末的な栄光の御国において「再会」という形で成就すると単純に理解される場合にはあまりにも人間的な考えと言えよう．栄光の神の国の交わりは霊的な交わりである（マルコ12：25）．それはキリストにある聖徒の交わりの完成形態である．したがって「再び会う」とは単なる再会ではない．地上の親子関係も夫婦関係も超えた，キリストにある神の家族の交わりであり，兄弟姉妹としての交わりなのである．地上では夫婦，親子，あるいは親しい人間関係においてどれほど愛し合っていても完全には互いの存在を理解し，全き愛において愛しきれるものではない．しかし，栄光の御国においては生ける神の前で互いの存在を全面的に知り合い，理解し合い，キリストにおける愛において互いに全き形において愛することができ，同時にキリストにある兄弟姉妹として神を崇め，ほめたたえることが許されるのである．したがって，「再会」は人間的次元の再会ではない．霊的次元の再会である[448]．その現実をわれわれは栄光の御国の完成において初めて理解することになろう．

　われわれは，以上のような意味における永遠の命の喜びを聖餐式における聖徒の交わりにおいてすでに「前味」として味わっているのであり，終末の栄光の御国ではその完全な究極的喜びにあずかるのである．したがっ

て，われわれは，聖餐における聖徒の交わりを共にし喜びつつ，その時を確かな希望の内に待ち望むのである．

7.「永遠の命」における対世界関係――「世界を喜ぶこと」

　永遠の命は，対神関係，対自関係，対人関係だけではないであろう．永遠の命においては，対世界との関係も問題になるのである．対世界との関係においても，神の似姿として創造された人間は"神を喜び"，"自分を喜び"，"隣人を喜ぶ"だけではなく，「良き創造の対象」である神の栄光の舞台としての"世界を喜ぶ"ことも求められたはずである．麗しい創造の世界はある意味で神の似姿としての人間のために創造されたといっても過言ではないのである．創造された人間は，創造された世界を見て，それを喜び，神をほめたたえたに相違ないのである．

　さらに，創造において神の似姿としての人間に「地を耕せ，地を治めよ」という文化命令が与えられた．堕落した人間は，文化命令を正しく果たすことはできず，「バベルの塔の文化」をもたらすことになる．しかし，罪からの贖い主キリストを通して救い出された神の民は，神を礼拝し，神を喜ぶだけでなく，再び文化命令に従事し，聖霊の助けと導きをとおして神の栄光のために労働するようになる．したがって，地上の神の民の労働は「バベルの塔の文化」としてではなく，「神の栄光を顕す文化」として営まれるが，その労働の文化的成果は依然として汚れと欠けを免れることはできない．われわれの信仰における善き業の場合と同じである．しかし，そのような問題性を含む文化的成果さえ，「大変革」（カタストローフ）を伴うあの神の一方的な恵みの行為をとおして純化され，聖化され，栄光の神の国に受け入れられ，そこで永遠の意味をもつであろう．この点について「改革派教会世界会議」（RES）の「終末論研究報告」（1972年）は次のように語る．

「この新しい地で，神の御業はその美しさを完全に花咲かせる．そこでは，諸国の民が，彼らの力と学問と技術，知識と芸術の能力，あらゆる賜物と才能の発展など，すべてが純化され，聖化されて，それらを彼らの栄光として携えて永遠のエルサレムに来る（黙示 21：26）[449]」．

創造における「園」は，神の民の「労働」を用いて，今や神御自身の圧倒的な恵みの行為をとおして「都」へと完成されるのである．その「都」において，キリストの共同の相続人としての神の民は「神である主が僕たちを照らし，彼らは世々限りなく統治する」（黙示 22：5）と約束されているのである．

このようにして，永遠の栄光の御国においては，自らの労働の実として，「地を耕せ，地を治めよ」という文化命令の実りをも感謝のうちに喜ぶことが許されるであろう．栄光の神の国において「永遠の生命」の喜びにあずかっている者は，完成された新しい創造の世界を喜び，われわれの貧しい労働の実りが清められて，恵みのうちに神に受け入れられ，永遠の神の都で永遠の意味を与えられ，神の栄光を顕すものとされていることをも喜ぶのである．

創造の世界は，「きわめて良かった」と神が満足し喜ばれた世界であったが，終末時に完成される神の国において神は究極的な満足を示されるはずである．神の聖定すなわち神の永遠の御計画のすべてが完成に至ったからである．その御計画の全体が神の喜びの対象である．神を喜ぶ者は，この神の喜びの全体，その包括性において喜ぶことが求められ，また喜ぶことがゆるされている．神を喜び，自分を喜び，隣人を喜び，世界を喜ぶ．その喜びの完成した姿が，栄光の神の国である．「永遠の命」の実質は，キリストにある神との交わりであるが，それはこのような包括性において理解されなければならないのである．

8. 頌栄と祈り

　われわれは，終末の栄光の神の国について考察を加えてきた．しかし，「神を見る」ことで指摘したように，われわれには知ることができないこと，あるいは不分明なままにとどまることが他にも数え切れないほど存在する．われわれは，ここでも聖書の限界の原則を守らなければならない．聖書の学校の生徒として，聖書の語るところに従って語り，聖書の沈黙に従って沈黙する霊的知恵を必要とする．しかし，主イエス・キリストが再び来られるとき，神が知ることをよしとされることのすべてを，はっきりと知ることになるであろう．その時，ファン・ルーラーが語った次のような言葉が心に響く．

> 「それは確かに思いがけない大きな喜びでしょう．それはちょうど，クリスマス・ツリーのきらめきに輝いているクリスマスの部屋の戸が開いて，期待していたクリスマス・プレゼントがそこにあり，その素晴らしさに子供が圧倒されて，喜んでいるようです．しかし，アドヴェントの時期に待っている子供たちのように，私たちも恐らく永遠のクリスマスの日が来るまで私たちの好奇心を抑えなくてはならないでしょう[450]」．

　その時まで確かに好奇心を抑えなくてはならない．しかし，一つのことははっきりとしている．終末のあの新しいエルサレムは栄光に包まれた都であることである．三位一体の神が御自身の栄光のために定められた永遠のご計画は今やすべて目標に達する．父が子を通して聖霊において成し遂げられた救いの歴史は完全に実現し終局に達する．すべては「アーメン」となるのである．そこでは三位一体の神の栄光が輝くのである．「この都には，それを照らす太陽も月も，必要でない．神の栄光が都を照らしており，小羊が都の明かりだからである」（黙示 21：23）．この栄光に包まれて，神と小羊の玉座から聖霊によって命の水にあずかったわれわれもまた

いっさいの栄光を神に帰し，力の限り讃美し，告白するであろう．「救いは，玉座に座っておられるわたしたちの神と，小羊とのものである」（黙示7：10），と．さらに，み使いたちと共に，神の栄光を仰ぎつつ神を礼拝し，神をほめたたえるであろう．

　「アーメン，賛美，栄光，知恵，感謝，誉れ，力，威力が，世々限りなくわたしたちの神にありますように，アーメン」（黙示7：11）．

　われわれは，この栄光の時を待ち望む．「然り，わたしはすぐに来る」と語られた主の約束を信じ，「アーメン，主イエスよ，来てください」と待ち望む（黙示22：20）．そして，日ごとに心から祈りつつ，キリストの日に向けて心を高く上げて歩むのである．
　　天にまします我らの父よ，
　　ねがわくはみ名をあがめさせたまえ，
　　み国を来らせたまえ，
　　みこころの天になるごとく，地にもなさせたまえ．アーメン．

註

281 「時のしるし」にかんする内容的な分類のしかたにはいくつかの可能性がある．ここではA. A. フッケマの分類を採用しておく（A. A. Hoekema, *op.cit.*, pp. 137-63）．他には，たとえば1972年の「改革派教会世界会議」（Reformed Ecumenical Synod：略称・RES）の「終末論研究報告」は，「神との関係」「隣人との関係」「創造との関係」「個人的生活との関係」に分けて「時のしるし」のさまざまな事象と出来事を分類している（『改革派教会の終末論』87-88頁）．筆者の判断では，この研究報告の分類では後に言及する聖書の救済史的構造との関係性を十分に反映せず，その点で難がある．フッケマの分類の方が，救済史の構造との有機的関係において「時のしるし」を把握しており，分類の方法として神学的により妥当性があり優れている．

282 C. Hodge, *Systematic Theology* III, p. 790f.

283 H. Ridderbos, *Paul*, Kampen, 1966, p. 528; G. C. Berkouwer, *Wederkomst* II, pp. 19-21.

284 K. Dijk, *Over de laaste dingen*, Kampen, 1952, pp. 114-115.

285 A. カイパーでさえ，第一次世界大戦においてヨハネの黙示録9章16-21節が成就されたと見なしたのである（A. Kuyper, *Van de voleinding* IV, Kampen, 1931, pp. 157-160）．

286 O. クルマン『キリストと時』151頁．

287 同上．

288 A. A. Hoekema, *op.cit.*, pp. 137-138.

289 *Ibid.*, p. 138.

290 *Ibid.*, pp. 139-140; C. P. Venema, *op.cit.*, pp. 134-139. ここで紹介した諸見解の整理と分類は，H. フッケマ，またそれを踏襲するC. P. ヴェネマによっている．それぞれの見解の根拠となる文献も両者の上記箇所で紹介されている．

291 『マタイによる福音書』フランシスコ会聖書研究所，205-207頁．

292 A. A. Hoekema, *op.cit.*, pp. 8-12.

293 H. Ridderbos, *De komst van het konijkrijk*, Kampen, 1951, p. 445.

294 以下の論述は，A. A. Hoekema, *op.cit.*, pp. 154-162に多くを負っている．

295 『改革派教会の終末論』94頁．

296 以下の叙述は，A. A. Hoekema, *op.cit.*, pp. 162 – 163 を参考にした．
297 ドナルド・マッキム編，石丸新／村瀬俊夫／望月明監修『リフォームド神学事典』いのちのことば社，2009 年，303 頁．「千年王国論」の項を参照のこと．
298 本節の歴史的概観の叙述は，主として L. ベルコフ『キリスト教教理史』309 頁以下による．他に，P. Althaus, *Die Letzten Dinge*, S. 299ff.; C. P. Venema, *The Promise of the Future*, p. 234, cf. p. 189ff.; R. G. Couse, ed., *The Meaning of the Millennium: Four Views*, Downers Grove, 1977; R. G. Clouse, "Millennium", in: Walter A. Elwell. ed, *Evangelical Dictionary of Theology*, Grand Rapids, 1984, pp. 715 – 718;『新キリスト教辞典』いのちのことば社，1991 年，861 – 865 頁などを参考にしている．
299 L. ベルコフ『キリスト教教理史』309 頁．
300 R. G. Couse, ed., *The Meaning of the Millenium*, p. 9. 他に，福音主義神学の代表的組織神学者ミラード・エリクソンも「教会史の最初の 300 年間は，今日我々が千年期前再臨説と呼ぶものがおそらく支配的であった」と記している（森谷正志訳『キリスト教神学　第 4 巻』いのちのことば社，2006 年，417 頁）．
301 L. ベルコフ，前掲書，309 頁．
302 L. Boettner, *The Millennium*, Grand Rapids, 1958, p. 116.
303 岩井淳『千年王国を夢見た革命　17 世紀英米のピューリタン』講談社，1995 年，25 – 27 頁；近藤勝彦『救済史と終末論』教文館，2016 年，63 – 75 頁．
304『カトリック教会文書資料集』D803 – 808.
305『一致信条書』聖文舎，1982 年，47 頁．
306 大崎節郎訳「第二スイス信仰告白」（1556 年），『改革派教会信仰告白集　Ⅲ』一麦出版社，2011 年，167 頁．
307 岩井淳，前掲書，114 頁以下を参照のこと．
308 R. G. Couse, ed., *The Meaning of the Millennium*, pp. 10 – 11; *Evangelical Dictionary of Theology*, p. 717.
309 田村秀夫編『イギリス革命と千年王国』同文館，1990 年，266 頁以下；村上良夫，論文「ジョナサン・エドワーズの終末論」北陸大学紀要，第 26 号，2002 年，97 – 108 頁を参照のこと．
310 田村秀夫編，上掲書，268 頁．
311『スコフィールド引証・註解付き聖書』は 1967 年に改訂版が出版された．当時の代表的「契約期分割主義千王国前再臨説」に立つ 9 名の神学者が，ラディカルな改訂ではなく，極端な立場を抑制する形で改訂を行った（C. P. Venema, *op.cit.*, p. 207）．
312 L. Berkhof, *ST.*, p. 708.
313 R. B. Strimple, "Amillennialism" in: Darrel L. Bock ed. *Three Views on the Millennium and Beyond*, Grand Rapids, 1999.

314 C. P. Venema, *op.cit.*, p. 234.
315 Jay E. Adams, *Time is at Hand*, Philadelphia, 1970, pp. 7-11; A. A. Hoekema, "Amillennialism" in: R. G. Clouse, *The Meaning of the Millennium*, pp. 155-156.
316 C. P. Venema, *op.cit.*, p. 236; L. Berkhof, *ST*, p. 708.
317 Loraine Boettner, *op.cit.*, p. 12; C. P. Venema, *op.cit.*, p. 236.
318 C. P. Venema, *op.cit.*, p. 237.
319 A. A. Hoekema, *op.cit.*, p 174.
320 M. H. Smith, *ST* II, p. 800.
321 C. P. Venema は，彼の著『将来の約束』の中でこの叙述の方法を採用している（*op.cit.*, 219ff）．
322 A. A. Hoekema, *op.cit.*, p. 175.
323 C. P. Venema. *op.cit.*, p. 222.
324 宮平望訳「サヴォイ宣言」(1658年)，『改革派教会信仰告白集 Ⅳ』一麦出版社，2012年，450頁．
325 L. ベルコフ『キリスト教教理史』312頁．
326 C. P. Venema, *op.cit.*, p. 223.
327 L. Boettner, *op.cit.*, p. 14.
328 *Ibid*.
329 「再建主義」の日本語文献としては以下の論文が貴重な労作である．柏本隆宏，論文「キリスト教再建主義の神学思想に関する宣教学的考察（1）――予備的考察：反律法主義との対決」（西南学院大学大学院研究論集第1号，2015年，121-156頁）；「キリスト教再建主義の神学思想に関する宣教学的考察（2）――千年期後再臨説の歴史的・神学的背景」（西南学院大学大学院研究論集第2号，2016年，47-106頁）．他に，C. P. Venema, *op.cit.*, p. 223, pp. 228-229.
330 「Chalcedon Foundation」のホームページにおける「The Ministry of the Chalcedon Foudation」の項を参照のこと．
331 「セオノミー」という用語自体は，ギリシア語の「セオス」（神）と「ノモス」（律法）という言葉から合成されたものである．
332 ゲイリー・ノース『カルヴァンはセオノミストだったのか 申命記の説教におけるカルヴァンの律法観』福音総合研究所，1993年，23頁．他に2，3，10，26-28頁を参照のこと．
333 C. P. Venema, *op.cit.*, pp. 195-196.
334 L. Berkhof, *ST*, p. 709.
335 A. A. Hoekema, *op.cit.*, pp. 180-183.
336 G. E. Ladd, "Historic Premillennialism", in: G. Glouse, *The Meaning of the Millennium*, p. 35ff.
337 A. A. Hoekema, *op.cit.*, pp 183-186; M. H. Smith, *ST* II, pp. 796-797.

338 C. I. スコフィールド著『聖書を正しく学びましょう』(四版)，伝道出版社，1952 年，21 頁．他に，L. Berkhof, *ST.*, p. 710; L. Boettner, *op.cit.*, p. 149 を参照のこと．

339 C. I. スコフィールド，同上，21－28 頁．他に，L. Boettner, *ibid.*, p. 149ff.；『新キリスト教辞典』の「ディスペンセーション主義」の項（執筆者：高木慶太，1991 年，915－917 頁）を参照のこと．

340 A. A. Hoekema, *op.cit.*, p. 190.

341 *Ibid.*, pp. 190－191. 内容的観点から言えば，これら三つの立場は「艱難期前携挙説」(Pre-tribulational rapturism)，「艱難期中携挙説」(Mid-tribulational rapturism)，「艱難後携挙説」(Post-tribulational rapturism) というように分類できる（C. P. Venema, *op.cit.*, p. 214）．

342 A. A. Hoekema, *op.cit.*, pp. 191－192.

343 *Ibid.*, p. 194ff.

344 この関連で，邦語文献で参考になるのは「ディスペンセーション神学研究会・資料集」(1996 年第 1 回，1998 年第 3 回，2000 年第 4 回　日本メノナイト・ブレザレン教団立福音聖書神学校内)．同神学校では，「漸進的契約期分割主義」の立場で神学教育がなされている（第 4 回同神学研究会資料集，22 頁）．米国のダラス神学校はディスペンセーション神学の牙城ともいうべき神学校であるが，同神学校も現在は「漸進的契約期分割主義」の立場に立っている．

345 C. P. Venema, *op.cit.*, pp. 216－218.

346 *Ibid.*, p. 218.

347 K. バルト，井上良雄訳『教義学要綱』（『カール・バルト著作集　10』新教出版社，1973 年，165－167 頁）．

348 J. van Genderen, *BGD*, pp. 774－775.

349 ミラード・J. エリクソン，森谷正志訳『キリスト教神学　第 4 巻』いのちのことば社，1983 年，398－401 頁．

350 二段階・二種類の再臨の見解への詳細な反論については，A. A. Hoekema, *op.cit.*, pp. 164－171 を参照のこと．

351 『カトリック教会文書資料集』D150.

352 「再臨」という言葉の使用に関しては批判的見解も存在する．「再臨」という言葉は，ただちに「初臨」という言葉と結びつき，両者が並行的に理解されてしまうという批判である．しかし，すでに「ニカイア・コンスタンティノポリス信条」が「再び来る」という表現を用いているように，用語それ自体が問題ではない．むしろ，「初臨」と「再臨」との関係理解の内容規定が重要である．Cf. G. C. Berkouwer, *Wederkomst* I, p. 176.

353 『改革派教会の終末論』96－99 頁；J. Heyns, *Dogmatiek*, p. 407.

354 G. C. Berkouwer, *Wederkomst* I, p. 182.

355 Van 't Spijker, *Gemeenschap met Christus*, Kampen, 1995, p. 59.
356 芳賀力編『まことの聖餐を求めて』(教文館, 2008年) 所収の拙論「改革派教会の伝統の立場から」(同書 177 - 205 頁, 特に 184 - 188 頁) を参照のこと.
357 A. A. Hoekema, *op.cit.*, p. 126.
358 G. C. Berkouwer, *Wederkomst* I, p. 95ff.; J. Heyns, *Dogmatiek*, pp. 406 - 407.
359 A. A. Hoekema, *op.cit.*, pp. 239 - 244；『改革派教会の終末論』60 - 62 頁.
360 H. Ridderbos, *Paulus, Ontwerp van zijn theologie*, Kampen, 1966, p. 601.
361 『改革派教会の終末論』26 頁.
362 A. A. Hoekema, *op.cit.*, pp.251 - 52.「ウェストミンスター大教理問答」問 87 によれば,「墓に置かれた同じ体が, その時再び永遠にその魂に結合されて, キリストのみ力によって, よみがえらされる」と語られており,「墓に置かれた同じ体」が「その魂に結合されて」よみがえらされるのであるから, そこに人格の同一性・連続性は明らかである.
363 G. Vos, *The Pauline Eschatology*, New Jersey, 1979, p. 167.
364 A. A. Hoekema, *op.cit.*, pp. 245 - 250；『改革派教会の終末論』27 - 30, 102 - 105 頁.
365 J. モルトマン, 前掲書, 124 頁. この論点に関連して, 次のような O. クルマンの主張にも注意を払っておきたい.「それゆえ, ギリシャ的霊魂不滅の信仰とは違って, キリスト教の復活信仰は, 解放をも含む〈神の計画過程全体〉と結びついている」(『霊魂の不滅か死者の復活か』44 頁).
366 『改革派教会の終末論』105 頁.
367 同上, 104 - 105 頁.
368 同上, 33 - 34 頁.
369 同上, 36 頁；A. A. Hoekema, *op.cit.*, pp. 258 - 259, 262 - 264.
370 牧田吉和,『改革派教義学 2　神論』218 - 219 頁を参照のこと.
371 K. Schilder, *Wat is de hel?*, Kampen, 1932, p. 27v., p. 210v.
372 J. van Genderen, *BGD*, p. 786.
373 以下の分類の基本線は, J. van Gederen, *BGD*, pp. 787 - 789 に従い, 他に, B. Wentsel, *Dogmatiek, deel 3b*, Kampen, 1991, pp. 690 - 695 を主として参照した.
374 コンスタンティノポリス教会会議第 9 条 (『カトリック教会文書資料集』D411).
375 『一致信条書』47 頁.
376 本項は,『新キリスト教辞典』(いのちのことば社, 1991) 所収:「万人救済説」(牧田吉和担当) の項を参考にしている (同書, 1056 - 1057 頁).
377 J. van Genderen は, この立場の代表者としてオランダの倫理神学の流れに立つ P. J. Muller の名を挙げる (*BGD*, pp. 786 - 787).
378 P. Althaus, *op.cit.*, S. 188f.
379 『ブルンナー著作集　第 5 巻　教義学 III［下］』教文館, 1998 年, 282 頁.

380 同上，275－276頁．
381 同上．
382 E. Brunner, *Dogmatik Ⅲ*, Zürich, 1964, S. 473（私訳）．
383 『ブルンナー著作集　第5巻　教義学Ⅲ［下］』280頁．
384 同上，273頁．
385 K. Barth, *KD Ⅱ/2*, S. 177（私訳）．参照，K. バルト，吉永正義訳『教会教義学　神論　Ⅱ/1　神の恵みの選び　上』新教出版社，1982年，294頁．
386 *Ibid.*, S. 182（参照，K. バルト，同上，302－303頁）．
387 *Ibid.*, S. 462（参照，K. バルト，吉永正義訳『教会教義学　神論　Ⅱ/2　神の恵みの選び　下』新教出版社，1982年，207－208頁）．他にK. バルト『神の人間性』（寺園喜基訳：『カール・バルト著作集　3』新教出版社，1997年，373－374頁）．
388 *Ibid.*, S. 462（参照，同上，208頁）．
389 *Ibid.*, S. 463（参照，同上，209－210頁）．
390 Cf. G. C. Berkouwer, *De triomf der genade in de theologie van Karl Barth*, Kampen, 1954, pp. 110－113.
391 J. モルトマン，前掲書，124頁．
392 G. C. Berkouwer, *Wederkomst* Ⅰ, pp. 266－267.
393 *Ibid.*
394 カルヴァンの場合にもこの点は確認できる．Heinrich Quistorp, *Die letzten Dingen im Zeugnis Calvins-Calvins Eschatologie*, Gütersloh 1941, S. 1.
395 原田浩司訳「スコットランド信仰告白」，『改革教会信仰告白集』166頁．
396 この関連において興味深い事実は1561年・1562年版テキストでは「古き世を"焼き尽くす"（consmuer）」という表現であったが，1566年版テキストでは「古き世を"清める"（purger）」に変更されたという事実である．このことは後に言及する「絶滅説」（annihilatio）を非聖書的と見なしたことを意味する．その意味で「古い世を清める」という表現は新しい天と地を「再創造」として理解する方向性を示唆していると言えよう（Cf. W. Verboom, *Kostbaar belijden, De theologie van de Nederlandse Geloofs-belijdenis*, Zoetemeer, 1999, p. 309）．
397 G. C. Berkouwer, *Wederkomst* Ⅱ, p. 267.
398 K, Schilder, *Wat is de hemel?*, p. 114.
399 G. C. Berkouwer, *Wederkomst* Ⅰ, *op.cit.*, p. 277.
400 G. C. Berkouwer, *ibid.*, p. 278. ルター派の「絶滅説」については以下において確認できる．H. Schmid, *Die Dogmatik der evangelish-lutherischen Kirchen*, S. 477; Heinrich Ott, *Eschtologie, Versuch eines dogmatischen Grundriss*, Zollikon, S. 45. ただし，ルター派神学者が共通してこの立場を取っているわけではない．たとえば，ジェーコブス『キリスト教教義学』602頁を参照のこと．

401 A. A. Hoekema, *op.cit.*, pp. 280-281.
402 P. Althaus, *op.cit.*, S. 350.
403 たとえば，カトリック中央協議会訳・監修『カトリック教会のカテキズム』の1043（カトリック中央協議会，2002年，314頁）．他に，ロナルド・ローラー・他著，後藤平・他訳『キリストの教え――成人のためのカトリック要理』737頁を参照のこと．
404 『カトリック教会のカテキズム』405頁．
405 ロナルド・ローラー・他著，前掲書，734頁．
406 H. G. ペールマン『現代教義学総説』（新版），488頁．
407 同上，489頁．
408 カルヴァンは次のように註解する．「この世の諸元素については，『それらは一つの新しい性質をとるためにのみ，実際に消費されるであろう，また，その実質はいつまでも変わらないであろう．ちょうど，ローマ8：20，あるいはその他の章から結論しうるように』とだけ，わたしはいうであろう」（カルヴァン，乾慶四郎・久米あつみ訳『新約聖書註解 ⅩⅣ ペテロ・ユダ書，ヨハネ書簡』新教出版社，1965年，198頁）．
409 H. Bavinck, *GD IV*, pp. 699-702.
410 G. C. Berkouwer, *Wederkomst* Ⅰ, pp. 279-288.
411 「一般恩恵」については，牧田吉和『改革派教義学2 神論』316頁以下を参照のこと．
412 A. Kuyper, *De gemeene gratie, vol.* Ⅱ, Kampen, z.j., p. 601vv ; 牧田吉和，同上，317頁．
413 A. Kuyper, *De gemeene gratie, vol.* Ⅰ, Kampen, zj. p. 463v.
414 K. Schilder, *Christus en cultuur, Franeker, vijfde druk, geannoteerd door Prof. Dr. J. Douma,* 1978, p. 7; *Wat is de hemel?,* p. 52.
415 K. Schilder, *Wat is de hemel?,* p. 193.
416 K. Schilder, *Christus en cultuur,* pp. 85-86; *Wat is de hemel?,* p. 34.
417 K. Schilder, *Wat is de hemel?,* p. 92vv.
418 *Ibid.,* p. 218.
419 註396を参照のこと．
420 A. A. van Ruler, *TW* Ⅰ, p. 171: *De vervulling van de wet,* p. 92.
421 J. N. D. ケリー，津田謙治訳『初期キリスト教教理史 上』一麦出版社，2010年，275-276頁 ; *Die Lehrbuch der Dogmen- und Theologiegeschite,* herausgegeben von Carl Andresen, Bd. 1, 1988, Göttingen, S. 157ff.
422 J. カルヴァン，田辺保訳『新約聖書注解Ⅷ コリント前書』新教出版社，1966年，358頁．他に，カルヴァン『キリスト教綱要 第1篇・第2篇』（改訳版），Ⅱ・14・3，527-529頁を参照のこと．E. エメンも，博士論文『カル

ヴァンのキリスト論』において，カルヴァンの理解によれば，キリストの人性は永遠ではないとしている（E. Emmen, *De Christologie van Calvijn*, Amsterdam, 1935, p. 109）．
423 G. C. Berkouwer, *Wederkomst* II, p. 246.
424 吉田隆『カルヴァンの終末論』166－167頁，註43のR. A. Mullerの見解を参照のこと．
425 榊原康夫『コリント人への第一の手紙講解』聖文舎，1984年，771頁．
426 G. C. Berkouwer, *Wederkomst* II, p. 246.
427 "……"はすべて筆者によるもの．
428 G. R. Beasley-Murray, *Revelation (The New Century Bible Commentary)*, Grand Rapids, 1981, pp. 330－331.
429 G. C. Berkouwer, *Wederkomst* II, p. 254.
430 Otto. Weber, *Grundlagen der Dogmatik* II, Neukirchen, 1972. S. 758.
431 J. van Genderen, *BGD*, p. 791.
432 畠山保男訳「インドネシア・トラジャ教会信仰告白」（1981年），『改革派教会信仰告白集 VI』一麦出版社，2012年，519頁．
433 A. A. van Ruler, *TW VI*, pp. 188－190; A. A. van Ruler, *Ik geloof*, Nijkerk, 1968, pp. 155－156. モルトマンも「永遠の命」の包括的理解の方向性を指示している（『終わりの中に，始まりが．希望の終末論』蓮見幸恵訳，新教出版社，2005年，145－150頁）．
434 H. Bavinck, *GD IV*, p. 704.
435 G. C. Berkouwer, *Wederkomst* II, p. 171.
436 H. Bavinck, *GD. IV*, p. 704.
437 『カトリック教会文書資料集』D1000.
438 G. C. Berkouwer, *The Return of Christ*, Grand Rapids, 1972, p. 375.
439 『カトリック教会文書資料集』D1305.
440 G. C. Berkouwer, *The Return of Christ*, p. 375.
441 G. C. Berkouwer, *Wederkomst* II, pp. 177－179.
442 K. Schilder, *Wat is de hemel?*, p. 116.
443 H. Bavinchk, *GD. IV*, p. 704.
444 K. Schilder, *Wat is de hemel?*, p. 139.
445 *Ibid.*, pp. 118－119, p. 140.
446 J. van Genderen, *BGD.*, p. 793.
447 K. Schilder, *Wat is de hemel?*, p. 121.
448 *Ibid.*, p. 128.
449 『改革派教会の終末論』106頁．
450 A. ファン・リューラー，近藤勝彦・相賀昇訳『キリスト者は何を信じている

か──昨日・今日・明日の使徒信条』教文館,2000年,308頁.

参考文献

〈教義学,組織神学一般(主要な著作)〉
Althaus, P., *Die Christliche Wahrheit*, Band Ⅱ, Gütersloh, 1948.
Barth, Karl, *Die kirchliche Dogmatik*, Ⅱ/1: *die Lehre von Gott*, Zürich, 1942(カール・バルト,吉永正義訳『教会教義学　神論　Ⅰ/3　神の現実〈下〉』新教出版社,1979年).
――, Ⅱ/2: *die Lehre von Gott*, Zürich, 1942(カール・バルト,吉永正義訳『教会教義学　神論　Ⅱ/1　神の恵みの選び〈上〉』新教出版社,1982年;『神論　Ⅱ/2　神の恵みの選び〈下〉』新教出版社,1982年).
――, Ⅲ/2: *die Lehre von der Schöpfung*, Zürich, 1948(カール・バルト,菅円吉・吉永正義訳『教会教義学　創造論　Ⅱ/3　造られたもの〈下〉』新教出版社,1974年).
――,カール・バルト,井上良雄訳『教義学要綱』(『カール・バルト著作集10』),新教出版社,1973年.
――『カール・バルト著作集　3　教義学論文集下』新教出版社,1997年.
Bartmann, B., *Lehrbuch der Domatik*, Band 1-2, Freiburg, 1921.
Bavinck, H., *Gereformeerde dogmatiek*, dl. 4., Kampen, 6e druk, 1976.
――, *Magnalia Dei, Onderwijzing in de christelijke religie naar gereformeerde belijdenis*. Kampen, 2de druk, 1931(ヘルマン・バヴィンク,松田一男訳『信徒のための改革派組織神学』(上下),聖恵授産所出版部,1984-85年).
――, *Handleiding bij het onderwijs in den christelijken godsdienst, 2de, druk*. Kampen. 1932.
――, *Verzamelde opstellen, Wijsbegeerte der openbaring*, Kampen, 1921.
Die Bekenntnisschriften der evangelisch-lutherischen Kirche. 7. Auflage, Göttingen, 1976.
Berkhof, Hendrikus. *Christelijk geloof, Een inleiding tot de geloofsleer*. Nijkerk, 1973.
Berkhof, Louis. *Systematic Theology*. London, 1966.
――, *Manual of Chritian Doctrine*, Grand Rapids, 1938(ベルコフ・L,大山忠一訳『改革派神学通論』活水社,1959年).
――, *Summary of Chritian Doctrine*, Grand Rapids, 1960(ベルコフ・L.,井上明夫訳『キリスト教教理の要約』日本基督改革派四国中会教育委員会刊,1970年).

Berkouwer, G. C., *De triomf der genade in de theologie van Karl Barth*, Kampen, 1954.
Böhl, E., *Dogmatik, Darstellung der christlichen Glaubenslehre auf reformiert-kirchlicher Grundlage*, Amsterdam., 1887.
Bremmer, R. H., *Herman Bavinck als dogmaticus*, Kampen, 1961.
Brunner, Emil., *Dogmatik, Bd. Ⅲ: Die Lehre von der Kirche, vom Glauben und von der Vollendung*, Zürich, 1972（E. ブルンナー，近藤勝彦・大村修文訳『教義学Ⅲ　教会・信仰・完成についての教説　上』教文館，1998 年；大村修文訳『教義学Ⅲ　教会・信仰・完成についての教説　下』教文館，1998 年）．
Dabney, R. L., *Systematic Theology*, St. Louis, 1878.
Doekes, L., *Credo, Handboek voor de Gereformeerde Symboliek*, Amsterdam, 1979.
Grudem, W., *Systematic Theology*, Grand Rapids, 1994.
Haitjema, Th. L., *Dogmatiek als Apologie*, Haarlem, 1948.
Heppe, H., *Die Dogmatik der evangelisch-reformierten Kirche*, Neukirchen, 1958.
Heyns, J. A., *Dogmatiek*, Pretoria, tweede druk, 1981.
Heyns, W., *Gereformeerde geloofsleer*, Sneek, 1927.
Hodge, Charles., *Systematic Theology, vol. 1*. Grand Rapids, 1960.
——, *The Confession of Faith*, London, 1958.
Hoeksema, H., *Reformed Dogmatics*, Grand Rapids, 1966.
Honig, A. G., *Handboek van de gereformeerde dogmatiek*, Kampen, 1938.
Kamphuis, J., *Aantekeningen bij J. A. Heyns Dogmatiek*, Kampen, 1987.
Kraus, H. J., *Systematische Theologie im Kontext biblischer Geschichte und Eschatologie*, Neukirchen, 1983.
Kreck, W., *Grundfragen der Dogmatik*, München, Bd. Ⅰ－Ⅱ, 1973.
Kuyper, Abraham, *Dictaten dogmatiek*, deel Ⅴ, *Locus de Magistratu, Consummatione, Saeculi*, Kampen, zj.
——, *De Gemeene Gratie Ⅰ－Ⅳ*, Kampen, z.j.
——, *E Voto Dordraceno vol. Ⅰ*, Kampen, 1908.
——, *Het Werk van den Heiligen Geest*, Kampen, 1927.
Luthard, Chr., *Kompendium der Dogmatik*, Leipzig, 14. Auflage, 1937.
Lohse, L., *Epochen der Dogmengeschichte*, Berlin, 1978.
Murray, J., *Collected Writings of John Murray, vol. 2, Systematic Theology*, Edinburgh, 1977.
Moltmann, J., *Trinität und Reich Gottes, Zur Gotteslehre*, München, 1980（J. モルトマン，土屋清訳『三位一体と神の国　神論』新教出版社，1990 年）．
Nitzsch, F. A. B., *Lehrbuch der evangelischen Dogmatik*, Freiburg, 1892.
Orr, J., *The Progress of Dogma*, London, 1901.
Ott, H., *Die Antwort des Glaubens*, Berlin, 1972.

Pieper, F., *Christian Dogmatics, vol. 3*, Concordia, 1953.
Pomanzansky, M., *Orthodox Dogmatic Theology*, Platina, 1997.
Ridderbos, H., *Paul, Ontwerp van zijn theologie*, Kampen, 1966.
Reymond, R., *A New Systematic Theology of The Christian Faith*, Nashville, 1998.
Rohls, J. *Theologie reformierter Bekenntnisschriften*, Göttingen, 1987.
Schlatter, A., *Das christliche Dogma*, Stuttgart, 1911.
Schleiermacher, F., *Der Christliche Glaube, Bd. 1−2*, 7 Aufl. Berlin, 1960.
Schlink, E., *Theologie der lutherischen Bekenntnisschriften*, München, 1940.
Schmid, H., *Die Dogmatik der evangelisch-lutherischen Kirche*, Gütersloh, 1893.
Shedd, W. G. T., *Dogmatic Theology, vol. I−III*, Grand Rapids, 1889−1894.
Smith, M, H, *Systematic Theology, vol. 2*, Greenville, 1994.
Synopsis Theologiae Purioris, 1625, (ed. H. Bavinck 1881).
Van den Brink, G. en van der Kooi, C., *Christelijke dogmatiek*, 3de, druk, Zoetermeer, 2012.
Van Genderen, J. en Velema, W. H., *Beknopte gereformeerde dogmatiek*, Kampen, 1992.
Van Ruler, A. A., *Ik geloof*, Nijkerk, 1968(A. ファン・リューラー，近藤勝彦・相賀昇訳『キリスト者は何を信じているか』教文館，2000 年).
──, *Theologische Werk I−VI*, Nijkerk, 1969−1973.
Verkuyl, J., *De kern van het christelijk geloof*, Kampen, 1992.
Verboom, W., *Kostbaar belijden, De theologie van de Nederlandse Geloofsbelijdenis*, Zoetemeer, 1999.
Vos, G., *Biblical Theology*, Grand Rapids, 1954.
Vos, J. G., *The Westminster Larger Catechism, A Commentary*, Reformed & Presbyterian Publ. Company. 2002.
Warfield, B. B., *Studies in Theology*, Edinburgh, 1988.
Weber, O., *Gundlagen der Dogmatik, Bd. 1−2*. Neukirchen, 1972.
Wilhelmus à Brakel, *Redelyke Godtsdienst, vol. I−II*, Rotterdam, 1767.
Wollbii, Johannis, *Christianae Theologiae Compendium 1626* (ed. E. Bizer, Neukirchen, 1935).
市川康則『改革派教義学 3　人間論』一麦出版社，2012 年.
エリクソン，ミラード・J.，森谷正志訳『キリスト教神学』第 4 巻，いのちのことば社，2003 年.
岡田稔『改革派教理学教本』新教出版社，1969 年.
──『改革派神学概論』聖恵授産所，1985 年.
──『解説　ウェストミンスター信仰告白』つのぶえ社，1976 年.
オスターヘーベン，ユージン，石田学・伊藤勝啓・髙崎毅志共訳『教会の信仰』すぐ書房，1991 年.

カイパー，アブラハム，鈴木好行訳『カルヴィニズム』聖山社，1988 年．
カイパー，R. B., 山崎順治訳『聖書の教会観』小峯書店，1981 年．
『カトリック教会の教え』（新要理書編纂特別委員会編集），カトリック中央協議会刊，2004 年．
『カトリック教会のカテキズム』日本カトリック司教協議会教理委員会訳・監修，カトリック中央協議会刊，2002 年．
『カトリック教会のカテキズム要約（コンペンデイウム）』カトリック中央協議会刊，2014 年．
『カトリック要理』（改訂版），中央出版社，1984 年．
ラーナー，カール，百瀬文晃訳『キリスト教とは何か――現代カトリック神学基礎論』エンデルレ書店，1993 年．
熊野義孝『教義学 下』（熊野義孝全集 第 8 巻），新教出版社，1982 年．
ケリー，J. N. D., 津田謙治訳『初期キリスト教教理史 下 ニカイア以後と東方世界』一麦出版社，2010 年．
ジェーコブズ，H., 鍋谷尭爾訳編『キリスト教教義学』聖文舎，1970 年．
佐藤敏夫『キリスト教神学概論』（第 2 版），新教出版社，1969 年．
――『近代の神学』新教出版社，1964 年．
佐藤敏夫・高尾利数編，熊野義孝・松村克己監修『教義学講座Ⅰ 教義学要綱』日本キリスト教団出版局，1976 年．
ニーゼル，W., 渡辺信夫訳『カルヴァンの神学』新教出版社，1960 年．
――，渡辺信夫訳『福音と諸教会――信条学教本』改革社，1979 年．
――，登家勝也訳『イエス・キリストとの交わり』改革社，1983 年．
パネンベルク，W., 近藤勝彦・芳賀力訳『組織神学の根本問題』日本基督教団出版局，1984 年．
フォン・ラート，G., 荒井章三訳『旧約聖書神学 Ⅰ－Ⅱ』日本基督教団出版部，1980－1982 年．
ベルコフ，L., 森田勝美訳『キリスト教教理史』聖恵授産所出版部，1993 年．
――，大山忠一訳『改革派神学通論』活水社書店，1959 年．
――，井上明夫訳『キリスト教教理の要約』日本キリスト改革派四国中会教育委員会，1960 年．
ペールマン，H. G., 蓮見和男訳『現代教義学総説』（新版），新教出版社，2008 年．
牧田吉和『改革派教義学 1 序論』一麦出版社，2013 年．
――『改革派教義学 2 神論』一麦出版社，2014 年．
――『改革派教義学 5 救済論』一麦出版社，2016 年．
――『改革派信仰とは何か――改革派神学入門』（第 2 版），聖恵授産所出版部，2006 年．
マクグラス，A. E., 神代真砂実訳『キリスト教神学入門』教文館，2002 年．

メイエンドルフ，J.，鈴木浩訳『ビザンティン神学——歴史的傾向と教理的主題』新教出版社，2009 年.
H. ミューラー，雨宮栄一・他訳『福音主義神学概説』日本基督教団出版局，1987年.
ロナルド・ローラン，ドナルド・W. ヴァール，トーマス・C. ローラー他著，後藤平・清水百合枝，鈴木実，高橋勝訳『キリストの教え——成人のためのカトリック要理』中央出版社，1985 年.
水垣渉・袴田康裕『ウェストミンスター小教理問答講解』一麦出版社，2012 年.
袴田康裕訳『ウェストミンスター小教理問答』教文館，2015 年.
宮﨑彌男訳『ウェストミンスター大教理問答』教文館，2014 年.
村川満・袴田康裕『ウェストミンスター信仰告白』一麦出版社，2009 年.
矢内昭二『ウェストミンスター信仰告白講解』新教出版社，1969 年.
―― 『ウェストミンスター信仰基準の研究』日本基督改革派東京教会刊，1999 年.
―― 『改革派教会の霊的戦い』日本キリスト改革派東京教会刊，2006 年.

〈終末論参考文献〉
I．邦語文献（翻訳書を含む）
雨宮栄一『主を覚え，死を忘れるな——カール・バルトの死の理解』新教出版社，2002 年.
岩井淳『千年王国を夢見た革命　17 世紀英米のピューリタン』講談社，1995 年.
ウォルタース，A. M.，宮﨑弥男訳『キリスト者の世界観　創造の回復』聖恵授産所出版部，1989 年.
エリアーデ，堀一郎訳『永遠回帰の神話——祖型と反復』未来社，1963 年.
大木英夫『終末論』紀伊国屋新書，1974 年.
教皇庁教理聖省書簡，中井充訳『終末論に関する若干の問題について』中央出版社，1980 年.
熊野義孝『熊野義孝全集　第五巻　終末論・キリスト論，教会論』新教出版社，1979 年.
グリヤー，W. J.，鈴木英昭訳『終わりの日』聖恵授産所出版部，1983 年.
クルマン，O.，前田護郎訳『キリストと時』岩波書店，1969 年.
―― ，岸千年訳『霊魂の不滅か死者の復活か』聖文舎，1967 年.
ゲルハルダス・ヴォス，上河原立雄訳『神の国と教会』聖恵授産所出版部，1977 年.
近藤勝彦『救済史と終末論』（組織神学の根本問題 3），教文館，2016 年.
榊原康夫『創造と堕落』小峯書店，1966 年.
―― 『洪水とバベル』小峯書店，1968 年.
ザウター，G.，深井智朗・徳田信訳『終末論入門』教文館，2005 年.

佐藤敏夫『永遠回帰の神話と終末論』新教出版社，1991年．
スコフィールド，C. I.『聖書を正しく学びましょう』伝道出版社，1952年．
田中剛二『田中剛二著作集　第一巻　新約聖書の終末論』新教出版社，1982年．
田中秀夫編『イギリス革命と千年王国』同文館，1990年．
バルト，K., 小川圭治・岩波哲男訳『ロマ書講解』（第二版），平凡社，1968年．
フリーゼン，Th. C., 田中理夫・木田献一共訳『旧約聖書神学概説』日本基督教団出版局，1969年．
ブルトマン，R., 中川秀恭訳『歴史と終末論』岩波書店，1969年．
H. ベルコフ，藤本治祥訳『確かな希望』日本基督教団出版局，1971年．
W. ヘンドリクセン，鈴木英昭訳『死後と終末』つのぶえ社，1983年．
J. モルトマン，高尾利数訳『希望の神学』新教出版社，1968年．
──，蓮見和男訳『神の到来──キリスト教的終末論』新教出版社，1996年．
──，蓮見幸恵訳『終わりの中に，はじまりが──希望の終末論』新教出版社，2005年．
──，蓮見幸恵・蓮見和男訳『わが足を広きところに──モルトマン自伝』新教出版社，2012年．
C. H. ドッド，平井清訳『使徒的宣教とその展開』新教出版社，1962年．
──，室野玄一・木下順治共訳『神の国の譬え』日本基督教団出版局，1970年．
改革派教会世界会議終末論研究委員会（RES）研究報告，日本キリスト改革派教会憲法委員会第一分科会訳『改革派教会の終末論』聖恵授産所出版部，2000年．
山本和『歴史と終末』（現代教養文庫813），社会思想社，1974年．
日本キリスト改革派教会憲法委員会第一分科会編『改革派信条における終末論』（資料集），2001年．
牧田吉和『歴史的改革派諸信条における終末論』日本キリスト改革派教会憲法委員会第一分科会刊，2002年．
──『終末の希望に生きる──〔終末の希望についての信仰の宣言〕解説』日本キリスト改革派教会憲法委員会第一分科会刊，2007年．
改革派神学研修所編『終末論の課題と展開』2000年．
吉田隆『カルヴァンの終末論』教文館，2017年．
ラッド，ジョージ・エルドン，安黒務訳『終末論』いのちのことば社，2015年．

II．英語文献

Adams, Jay E, *Time is at Hand*, Philadelphia, 1970.
Allis, O. T., *Prophecy and the Church*, The Presbyterian and Reformed Publishing Company, 1974.
Bavinck, H., *The Last Things*, Grand Rapids, 1996.

Berkhof, H., *Christ the meaning of Hisotry*, John Knox, 1966.
Berkouwer, G. C., *The Return of Christ*, Eerdmans, 1972.
Boetner, L., *The Millennium*, Baker, 1958.
Clouse, R. G. ed., *The Meaning of the Millennium: Four Views*, InterVarsity Press, 1977.
Doyle, R. C., *Eschatology and the Shape of Christian Belief*, Paternoster, 1999.
Hendiksen, W., *Lectures on the Last Things*, Grand Rapids, 1951.
Hoekema, A. A., *The Bible and Future*, Eerdmans, 1986.
Holwerda, D. E., *The Holy Spirit and Eschatology in the Gospel of John*, Kampen, 1959.
Kik, J. M., *An Eschatology of Victory*, Phillipsburg, 1971.
Kromminga, H., *The Millennium*, Grand Rapids, 1948.
Ladd, G. E., *The Presence of the Future, The Eschatology of Biblical Realism*, Eerdmans, 1974.
Ridderbos, H., *The Coming of the Kingdom*, Presbyterian and Reformed Publishing, 1962.
Schep, J. A., *The Nature of the Resurrection Body*, Eerdmans, 1964.
Torrance, T. F., *Space, Time and Resurrection*, Grand Rapids, 1976.
Travis, S., *I believe in the Second Coming of Jesus*, Grand Rapids, 1982.
Venema, C. P., *The Promise of the Future*, Edinburgh, 2000.
Vos, G., *The Pauline Eschatology*, New Jersey, 1979.

III. オランダ語文献

Baarlink, H., ed., *Vervulling en voleinding*, Kampen, 1984.
Berkhof, H., *Christus, De zin der geschidenis*, Nijkerk, 1958.
Berkouwer, G. C., *De wederkomst van Chritus*, Kampen, vol. I, 1951; vol. II. 1963.
――：*De mens, Het beeld Gods*, Kampen, 1957.
Blei, K., *Christelijke toekomstverwachting*, 's-Gravenhage, 1986.
Dijk, K., *Het einde der eeuwen*, Kampen, 1952.
Hoek, J., *Hoop op God, Eschtologische verwachtiing*, Zoetermeer, 1999.
Hendriks, A, N., *Kerk en ambt in de thelogie van A. A. van Ruler*, Amsterdam, 1977.
Kuyper, A., *Van de voleinding* I –IV, Kampen, 1931.
Ridderbos, H., *De komst van het konijkrijk*, Kampen, 1951.
Schilder, K., *Wat is de hemel?*, Kampen, 1954.
――, *Wat is de hel?*, Kampen, derde vermeerderde druk, 1932.
――, *Christus en cultur, Franeker, vijfde druk, geannoteerd door Prof. Dr. J. Douma*, 1978 （K. スキルダー，山中良知訳『キリストと文化』すぐ書房，1974 年）.
――, *Christelijke religie (over de nederlandse geloofsbelijdenis), 6e druk*, Kampen, 1977.
Van Genderen, J., *De Bijbel en de toekomst*, Kampen, 1988.

Van Hoof, P., *Intermezzo. Kontinuiteit en diskontinuiteit in de thologie van A. A. van Ruler*, Amsterdam, 1974.
Van Ruler, A. A., *De vervulling van de wet. Een dogmatische studie over de verhouding van de openbaring en existentie*, 1947.
―, *Theologisch Werk vol. I −Ⅵ*, Nijkerk, 1969−1973.
―, *Theologie van het apostolaat*, Nijkerk, zj.
―, *Ik geloof*, Nijkerk, 1968.
Van 't Spijker, *Gemeenschap met Christus*, Kampen, 1995.
Velema, W. H., *Confrontatie met Van Ruler, denken vanuit het einde*, Kampen, 1962.
Wentsel, B., *Dogmatiek., deel. 4C, De Heilige Geest, de kerk en de laatste dingen*, Kampen, 1998.

Ⅳ．ドイツ語文献

Althaus, P., *Die letzten Dinge*, Gütersloh, 5 Auflage, 1949.
Kreck, W., *Die Zukunft des Gekommene*, München, 1966.
Ott, Heinrich, *Eschatologie, Versuch eines dogmatischen Grundrisses*, Zollikon, 1958.
Moltmann, J., *Theologie der Hoffnung*, München, 10 Auflage, 1977.
Quistorp, H., *Die letzten Dingen im Zeugnis Calvins-Calvins Eschatologie*, Gütersloh, 1941.
Sauter, G., *Zukunft und Verheissung*, Zürich, 2 Auflage, 1973.
Sauter, G., *Einfuerung in die Eschatologie*, Darmstadt, 1995.
Wolf-Dieter Marsh ed.: *Diskussion über die《Theologie der Hoffnung》von Jürgen Moltmann*, München, 1967.

Ⅴ．南アフリカ語（アフリカンス）文献

Heyne, J. A., *Die Chiliasme of die Duisendjaarige Ryk*, Kaapstad, sj.
―, *Christus en Socrates Sterwe*, Potchefstroom, 1968.
Van der Merwe, H., *Verwagting en Voleinding*, Pretoria, 1981.

Ⅵ．辞典関係・資料集関係

Christelijke Encyclopedie, deel Ⅰ−Ⅴ, Kampen, 1958.
Die Religion in Geschichte und Gegenwart (RGG), dritte Auflage, Band Ⅰ−Ⅵ, Tübingen, 1957−1962.
Evangelical Dictionary of Theology, Grand Rapids, 1984.
Evangelisches Kirchenlexikon Ⅰ−Ⅳ, Göttingen, 1956−1961.
『一致信条書』聖文舎，1982年．
大崎節郎編『改革派教会信仰告白集　Ⅱ』一麦出版社，2011年．
『信条集　前編』新教出版社，1972年．

デンツィンガー，H 編，浜寛五郎訳『カトリック教会文書資料集』(改訂版)，エンデルレ書店，1982 年.
『日本キリスト改革派教会宣言集』一麦出版社，2016 年.
日本キリスト改革派教会憲法委員会第一分科会編『改革派信条における終末論』(資料集)，2001 年.
『新キリスト教組織神学事典』東京神学大学神学会編，教文館，2018 年.
『新聖書大辞典』キリスト新聞社，1971 年.
『新キリスト教辞典』いのちのことば社，1991 年.
『ベイカー神学事典』聖書図書刊行会，1972 年.
ドナルド・K. マッキム編，石丸新・村瀬俊夫・望月明監修『リフォームド神学事典』いのちのことば社，2009 年.

あとがき

　2016 年 8 月に『改革派教義学 5　救済論』を刊行した後，筆者担当分として残された巻は「キリスト論」と「終末論」であった．本来なら順序として「キリスト論」を先行させるべきであろうが，『改革派教義学 7　終末論』を先に刊行させていただくことにした．理由は三つある．

　一つは個人的な理由である．筆者個人の年齢からしていつ個人的終末を迎えるかわからない人生の局面を迎えつつある．もちろん，肉体的な観点からは今後さらに高齢まで生きることが許されるかもしれないが，年齢的衰えからくる執筆能力は別の問題である．すでにその兆候は明白である．最後の著作になる可能性もある．いずれにせよ，迎えつつある自らの人生の終末的事態を踏まえて，個人的にも信仰的意味において終末論をじっくりと考えておきたいと願ったからである．自分の人生の最終局面を整え直すという意味をもたせたかったのである．

　二つ目は教会的理由である．筆者は高知県という地方にある教会で 10 年を超える年月を伝道者として奉仕してきた．現在は高知県最西南端の辺境の地といっても過言ではない地方都市の小さな群れで伝道と牧会に従事している．近辺には限界集落がいくつも存在し，地域自身も終末的事態と表現できる状況にある．そして教会自身も，おそらく日本の教会全体もそうであろうが，とりわけ地方の教会は大げさではなく，文字どおり高齢化と経済的困難による存亡の危機にある．このあとがきを記している時点でもここ一カ月の間に複数の葬儀式を行った．

　以上のように，筆者にとって終末論的課題こそ今まさに直面している問題なのである．とりわけ個人的終末論の問題は老齢の教会員にとって切実であり，牧師にとっても重要な牧会的課題である．神学的な明確な認識が

このような事態へのふさわしい牧会的対応を与えることになると確信している．この直面している事態が，先行して終末論に向かわせたもう一つの実存的動機である．

　三つ目の理由は，この「改革派教義学」の企ての目的に関係する．この「改革派教義学」は，伝道と牧会の現場にある牧師や伝道者，さらには神学生や教会役員に奉仕することを目的にしている．この目的にかなった，「終末論」にかかわるまとまった神学的著作は必ずしも多くはないように思う．高度に専門化した学術書やあるいは好奇心を駆り立てるセンセーショナルな書物は存在する．「キリスト論」にかんして言えば，キリスト教神学である以上，決定的に大事なテーマであるが，それだけにすでに多くの著作が上梓されている．われわれの企ての目的にかなった種類の書物も多い．しかし，「終末論」をめぐる状況はそれとは異なる．このような状況判断の中で，一定の神学的レベルを保った上で，上記の目的にかなった終末論の著作が必要とされていると判断し，「終末論」を先行させて刊行することにしたのである．

　しかしながら，終末論の書を記すのは容易ではない．筆者自身の力量不足の問題は当然のことである．そのことを前提にした上でも，終末論を取り扱うのは至難の業である．何と言っても，終末論にかかわる諸課題についての聖書的啓示がすべて明確に与えられているわけではないからである．また，啓示が与えられていても，その解釈はさまざまに分かれ，その結論を容易には引き出せないからである．このような理由で，本書の叙述において諸見解を提示することにとどめなければならなかった問題も多い．また，わからないことを率直に告白せざるをえないこともあった．このような意味で，この『改革派教義学 7　終末論』も欠け多き「途上の書」である．今後，さらに洗練され厳密化された，またより聖書的な「終末論」が構築されることを心から期待したい．筆者としては，たとえ欠け多き「途上の書」としても，神が本書を上記の目的に即して用いてくださり，いくらかでも教会のお役に立つことができたなら望外の喜びである．

本書について，内容的な観点から一言だけ付言するならば，心がけたことは，上述のように個人的終末論は重要ではあったがその狭い枠にとどまることなく，一般的終末論の諸課題をもできるかぎり展開するように試みたことである．あるいは，個人的終末論の諸課題でさえ，一般的終末論の広い枠組みの中で再考察するように努めたことである．これは神中心的神学を標榜とし，聖定論的神学を重んじる改革派神学にとって，神の御計画の全面的完成としての終末論を包括的終末論として捉えるように努めることは神学的必然に属するからである．

　今回も，編集担当の神戸改革派神学校袴田康裕教授に特別にお世話になった．遅筆である筆者を忠実な原稿督促をもって叱咤激励していただいた．それなしには執筆は進まなかったと思う．実際には原稿提出が遅れに遅れてしまったのであるが，ともかく脱稿にまでこぎつけることができたのは同教授の御蔭である．また，石原知弘牧師（神戸改革派神学校組織神学講師）には，校正の点で協力していただいた．お二人に，心から感謝したいと思う．さらに，今回も忍耐深く原稿を待ち続けてくださり，本書の刊行に全面的に協力してくださった一麦出版社西村勝佳社長にも心からの謝意を表したい．

　終わりに，すでにふれたように筆者は現在宿毛教会で牧師として奉仕が許されている（厳密な身分は日本キリスト改革派宿毛伝道所定住代理宣教教師）．前任地山田教会からこの地に赴任して1年半を超えようとしている．会員十人ほどの小さな群れである．小さな群れではあるが，長い年月信仰に生き抜いてきた兄弟姉妹の筋金入りの信仰に深く教えられている．彼らとの聖徒の交わりの喜びに励まされている．この愛する宿毛教会の兄弟姉妹たちに本書をささげたいと思う．終末論が彼らの慰めと希望につながるようにと願いつつ本書を執筆したからである．

　もし神が許してくださるならば，執筆能力も支えられて残された最後の巻『改革派教義学4　キリスト論』を書き上げ，読者の皆様にお届けしたいと思う．

2018年12月1日　宿毛教会牧師室にて　　　　　　　　　　牧田吉和

改革派教義学　第 7 巻 終末論

発行
2019 年 1 月 25 日　第 1 刷

定価
〔本体 4,500 ＋消費税〕円

著者
牧田吉和

発行者
吉田　隆

発行所
神戸改革派神学校

神戸市北区菖蒲が丘 3 丁目 1-3　〒651-1306
Tel. (078) 952-2266　Fax. (078) 952-2165

発売所
株式会社　一麦出版社

札幌市南区北ノ沢 3 丁目 4-10　〒005-0832
Tel. (011) 578-5888　Fax. (011) 578-4888

印刷
㈱アイワード

製本
石田製本㈱

装釘
須田照生

© 2019, Printed in Japan
ISBN978-4-86325-052-9　C3316　￥4,500E

―麦出版社の本

改革派教義学 第1巻 序論
牧田吉和

A5判 定価(本体4000+税)円

教会に仕える「教義学」を問う。本書において、教会形成の現場から、教会形成に仕える「教義学」とは何かを考え抜く。

改革派教義学 第2巻 神論
牧田吉和

A5判 定価(本体4500+税)円

改革派神学は神中心的神学である。神中心的神学にとって、「神論」こそ「教理の中の教理」である。教会的実践を視野におきつつ、「神論」の意味を問う。

改革派教義学 第3巻 人間論
市川康則

A5判 定価(本体4000+税)円

「三位一体の創造者なる神のかたちである人間」──ここに、人間について知りうること、知るべきこと、なすべきことのすべてが凝縮して与えられ、教えられている。

改革派教義学 第5巻 救済論
牧田吉和

A5判 定価(本体4200+税)円

神学は救済の意味を個人的・教会的枠内で問う傾向を強めらら救済の包括的意味を問う！

改革派教義学 第6巻 教会論
市川康則

A5判 定価(本体5400+税)円

教会形成は神の国の伸展と、そのための宣教行為の中心的な方法であり機会である。これをおろそかにして、キリスト教信仰に正しく生きることはできない。本書はこの聖書的教説・主張の展開の試みである。

改革派教義学 別巻 弁証学
市川康則

A5判 定価(本体4800+税)円

弁証学は福音宣教の本質を成す。キリスト教はその本性上「弁明の宗教」である。告知《これが真理である》と批判《それは真理でない》は一体であり後者を担うのが弁証学である。その現代的模索の試みである。

日本キリスト改革派教会宣言集
――附解題 日本キリスト改革派教会憲法委員会第一分科会

A5判 定価(本体2400+税)円

創立宣言から70周年記念宣言、四大公同信条と解題を収録。教会と国家、聖書、聖霊、福音の宣教、予定、伝道、終末の希望、そして福音に生きる教会、善き生活についての信仰の宣言。